De nupero schismate anglicano paraenesis ad exteros tam reformatos quam etiam pontificios quâ, jura episcoporum vetera, eorundemque a magistratu seculari independentia omnibus asserenda commendantur. Ab Henrico Dodwello, ...

V.

DE NUPERO
SCHISMATE
ANGLICANO
PARÆNESIS ad EXTEROS

Tam

Reformatos quam etiam *Pontificios*

Quâ,

JURA

Epifcoporum vetera, eorundemque a
Magiftratu Seculari

INDEPENDENTIA

Omnibus afferenda commendantur.

Ἁμαρτία ὲ μικρὰ ἡμῖν ἔςαι, ἐαν τὲς ἀμέμπτως ἡ ὁσίως
ωεοσενε[ᾳνζας τὰ δῶεα τ' Ἐπισκοπῆς ἀποβάλλωμβρ.
Clem. Rom. Ep. ad *Cor.* N. 44

Ab HENRICO DODWELLO, A.M. *Dublinenfi.*

LONDINI.
Impenfis RICHARDI SMITH ad infigne Angeli & Bibliorum extra *Temple-Bar.* MDCCIV.

Eorum, quæ per fingulas
Sectiones tractantur

INDEX.

A 2

8 A

INDEX

INDEX.

?

INDEX.

INDEX.

55. *Non*

INDEX.

Pacis

Pacis Catholicæ Ecclefiæque Primævæ ftudiofis Epifcopis, aliisq; Ecclefiarum Rectoribus, tam Reformatis, quàm etiam Pontificiis.

Dolebitis pioculdubio vicem noftram, Viri verè Reverendi, & jure quidem *merito* dolebitis, fi quid' fortaffis ad avidas *Concordiæ* aures atque mentes de *Schifmate*, quo noftræ jam lacerantur Ecclefiæ *Britannicæ*, fama retulerit. Multo autem *magis* dolendum effe cenfebitis, fi & caufam intellexeritis quæ nos à chariffimis in Chrifto *vifceribus*, quæ à *Patribus Fratribúfque* Chriftianâ cognatione conjunctiffimis, quæ *Cleri* fummos *cultores* à *Cleri* tamen *Communione* invitiffimos impræfentiarum alienârit. Eft enim ea, ut nobis videtur, Caufa ipfa *Pacis* atque *Concordiæ*. Itaque ut Pacem *Solidam* affequamur, Pacem *fubdolam temporaneamque* abdicare cogimur. *Difcordiámque* tantif-

I.
Communis Ecclefiæ noftræ cum *exteris* caufa facit ut exempli noftri *incommoda* ab illis metuenda fint.

B   per

)

per amplectimur, dum *firma* concedatur *Principiisque* consentanea *concordia* Hæc si ita se habere constabit, non magis *nostra* causa, quàm *vestra*, agi videbitur. Ita ergo *nostri* miserebimini ut interim prospiciatis ne quid mali exempli à nobis ad *vos* redundet quod *vestram* quoque *Concordiam Communionemque* precariam faciat, nec *diutius* duraturam quàm faveat *Secularis Magistratus*. Tanta præsertim cùm sit *Secularium* plerorumque licentia, & (cum Religionis causa agitur) securitas atque tepiditas. Nec committetis ut penes tales sit, *Ecclesiæne* speciem retenturi sitis aut *Communionis*, si quando illis *alia* ab *Orthodoxâ* Communio videbitur esse defendenda.

2
Schismatis nuperi causa nullatenus Episcopis nostris imputanda.

Animos certè, in hâc tantâ rerum nostrarum conversione, *Pacis* Ecclesiasticæ studiosos, quà nobis licuit, semper ostendimus. Sic enim *fidem* Coronæ nostræ datam observavimus, ut nihil tamen illa fecerit ad *Communionem* cum negantibus abrumpendam. salvis *Ecclesiæ Episcoporumque* Juribus, adhuc salva erat nostra *Communio*, & ne quidem Divini cultûs gratiâ *Conventus* alios à *publicis* nobis proprios habuimus. Nihil nos movebat defectio à receptis Ecclesiæ nostræ dogmatibus de *Obedientiâ* Principibus præstandâ, etiam in illicitis, saltem *passivâ;* deque *non resistendo,* quicunque demum fuisset repugnandi

nandi prætextus. Nihil publicarum Precum scandala dum nulla imponeretur *Communionis* conditio ut illas *probaremus* Nihil intentata *jurantibus* opprobria, contenti *ipsi* si nullam illis opprobriis ansam dedissemus. Nihil editæ in nos adeo duræ *Leges*, quæ nos plerisque *Patriæ Juribus*, propter *Legum patriarum* observantiam, excludebant. Ita nihil *affectibus*, nihil Adversarum partium *irritamentis*, nihil etiam *persequentium* immanitati indulgendum esse duximus.Quæcunque *corporibus fortunisque* tantummodo damnosa essent, utcunque toleravimus. Dum salva esset nobis in Adversariorum Communione salutis spes, adhuc in illorum *Communione* permansimus. Neque inde ipsi *recessimus*, neque *præceperunt* ut recederemus *fideles Episcopi*. Tantum abest ut id præceperint, ut ne quidem quidpiam ab iis *actum* fuerit, quod saltem *occasio* fuerit ut *recederetur*. Nulla erant in deficientes vel *censurarum Ecclesiasticarum* fulmina. Nullæ lapsorum ab Ecclesiæ documentis *Episcoporum exauctorationes* Nihil pro *Auctoritate* gestum in ipsos Ecclesiæ JuriumqueEcclesiasticorum *eversores* inclementius. Ita nimirum *invitis Episcopis nostris* facta est discessio.

Sed

3
Tota e-
rat Adver
Iariorum
dum *Epif-
copis* a I.u
ei tantum
po eftate
de... tis
tui ciunt
fi ceffores.

Sed verò tam eximiam Patium *nostrorum* patientiam in contemtum verterunt Adverfarii. *Cenfuras Ecclefiafticas* incipiunt illi, qui erant ipfi prius cenfuris Ecclefiafticis, per Sacros *Ecclefiæ* Canones, *obnoxij*. Nec eo contenti. Aufi funt cenfuris Ecclefiafticis fævire *Judices* ipfi nihilominus ne quidem *Ecclefiaftici* Etiam *Epifcopos* gradu dejicere, qui gradum ipfi *Ecclefiafticum nullum* fuerant confecuti A Senatu *Laicorum* Decretum editur, ut *Epifcopi* qui novum jusjurandum non fufcepiffent, officio pellerentur. Elapfo fpacio, nec fufcepto Jurejurando, *Palatijs, Reditibus, Juribus* omnibus officio Epifcopali *annexis*, fpoliantur. Hucufq, nihil querimur redundatur ad veftiam fraudem exempli *Refumat* licet, quæ *dedit*, manus *Laica*. Lædent hæc *Patrum* noftrorum *fortunas* Non lædent *Subditorum Confcientiam* Nulla enim eft à *Chrifto* obligatio quá teneantur Subditi ad Jura Epifcoporum *Legalia* in *Magiftratum* afferenda. Eft tamen certè ad ea afferenda quæ dedit ipfe *Chriftus*, quæ dedit hoc ipfo fine, ut, vel *invito Magiftratu*, Ecclefia falva permaneat, etiam in *Perfecutione*, quæ nullus (inquam) vel *dedit*, vel dare *potuit* terrenus *Magiftratus*. Huc tamen ufque progreffa eft Adverfariorum violentia. Pelluntur tandem ipfâ etiam cura *Animarum Altaria* ipforum *Altaribus adverfa* eriguntur. Sufficiuntur in illorum
locum

locum *adverfi* etiam *Epifcopi* Implentur *Sedes* etiamnum *viventium*. Et quidem à *Collegis* implentur *Epifcopi*, cùm nondum vacarent, cùm nondum exuti effent poteftate *Epifcopali* deceffores à Poteftatis *Auctoribus Epifcopis*, cùm necdum fummoverentur à Poteftate aliquâ cujus Sententia *rat i* habenda effet in *Cælis*, ne *Deus* illos *Epifcopos* agnofceret quos violentia expulerat *humana*. Adhuc ergo illibata manferunt vincula *fidei* datæ debitæque *deceffortbus* Adhuc proinde, falvâ *Confcientiâ*, obfequium *illis* debitum *negare* non potuimus, nec præftare *Succefforibus* ab *unitate Catholicâ*, à *Chrifto* ipfo, ab omnibus *Chrifti beneficiis*, pro ævi *Cyprianici* doctrinâ, alienis. Fecit hæc *neceffitas*, ut, fi chara effet nobis *animarum* propriarum *Salus*, *Communio* illa antiqua cum Patribus Fratribùfque prioribus *chara effe non* potuerit Imo fugienda potius, fi quidem *Deus* effet, etiam *Patribus Fratribúfque* omnibus anteferendus.

Hic veftrum appellamus, Viri Ornatiffimi, Judicium, Ecquid fecerimus quod à *Pacis Unitatifq*, ftudio videri poffit alienum? Sed eâ demum *Lege* appellamus, ut tales porro fitis quales fuppofuimus, *Pacis Catholic c*, *Ecclefiæque Primævæ* verè ftudiofi Eâ, inquam, *Lege*, ut normam illam *Pacis Catholicæ* in judicando fequamini quam ipfa illa *Ec-*

B 3 *clefi*

clefia Primæva fecuta eft, cujus *cultum* in vobis adeo fufpicimus atque veneramur. Nec fanè eft cui à vobis Judicibus metuamus, ne duræ videantur hæ, quas proponimus, Arbitrii *Leges.* Sunt enim planè tales quæ *vobis* Sententiam ferentibus, necefsariæ videbuntur in idoneo de Pace *Judice.* Pacem, in *Singulis* Ecclefijs, non aliam probabitis, quàm quæ faciat eadem ad Pacem *Ecclefiæ Catholicæ* Nec *Sequeftrem,* hujus *Pacis* alium magis audiendum exiftimabitis, quàm illam ipfam *Ecclefiam Catholicam Primævam.* Eft enim ea demum vera, apud *vos* habenda *Reformatio,* quæ *recentioris Ecclefiæ* errores ad illam *Ecclefiam* exigat quam certiffimò conftet omnium fuiffe *puriffimam.* *Puriffimam* autem eam, quam nos *Judicem* delegimus, Ecclefiam agnofcitis *Primævam.* Saltem de ejus Puritate *Certitudinem* maximam habetis. Poterunt & juniores etiam Ecclefiæ effe *puræ.* *Primæva* Ecclefia alia quam *pura* effe ne quidem potuit. Præfertim fibi *confentiens* in fide receptarum ab *Apoftolis* Traditionum. Huc fpectant Argumenta *Irenæi, Tertulliani,* & *Vincentij Lirinenfis.* Exceptione omni certè majora, quà ad *Primævam* illam *Antiquitatem* referuntur, de quâ agebant *Irenæus* atque *Tertullianus,* non autem ad *mediam* illam *infimamque* quas malunt *Romanenfes* Romani *Pontificis* partibus addicti. Mittimus jam quæ alibi difputata

tata funt de Primorum Seculorum fide in Traditionibus arceffendis in nuperis ad *Irenæum* Differtationibus. Hæc certè caufa apud alios, quàm *Vos*, Judices peroranda eft, qui, quam commendamus, *Antiquitatem* ipfi ex animo colitis atque veneramini Utcunque tamen, componendis *nuperorum* diffidijs æquiorem *arbitram Ecclefiam* nullam defignare poffumus quàm fit illa, de quà loquimur, *Primæva.* Erat illa ab *hodiernarum* partium Studijs remotiffima. Emanavit illa à *Chrifto* & *Apoftolis* omnino *puriffima*, talifque qualem Deus illam effe volebat. Necdum aderant malorum irritamenta *divitiæ typhufque Secularis.* Nec, fi vel maxime adfuiffent, cito poterant Ecclefiam ita depravare, ut in errore *univerfa* confentiret. Imo fanitatem *integram* arguit *Difciplina* illorum temporum feveriffima, et tamen *ubique* vigens & recepta. Arguit *Deus* ubique præfentiffimus, editifq fuæ præfentiæ *indicijs* manifeftiffimis Ecclefiæ Difciplinam *confirmans.* Arguit *zelus* ille vividus contraria omnia *Mundi, Carnis, Diaboli,* & *terrena* etiam *Magiftratûs* (falvo tamen debito *obfequio,* & *candore* animi planè *Chriftiano*) fuperans, facilliméque profternens. Adeft *hodiéque,* etiam apud *litigantes, hujus* Ecclefiæ honor & exiftimatio, quæ facillimè efficiat ut ad illam *arbitram* controverfiæ omnes deferantur. Majori certè multò quàm fit unius cujufpiam

recentioris

recentioris, quantumvis celebris, *Ecclesiæ*. Estque illa sanè *Catholicæ Pacis* ineunda methodus longè omnium facillima, si & *singulæ*
Ecclesiæ sibi *invicem* singula *Pacis* causâ concedant, nec in *unius* conditionis *omnes* tran-
sire cogantur. Imo si nulla *alteri* concedat,
sed *sibi* potiùs, ut scilicet *pura ipsa* pro *corrup-
tæ* normâ habeatur. Hoc autem fiet si ad
primævum Statum quæque redeat. Cæte-
rum illud quo minùs fiat, nullus est qui
debeat obstare sui *pudor*, nulla alieni exempli
seu *Invidia* seu *Æmulatio* Sic ergo ad *Concordiam* illam *Ecclesiæ Catholicæ Primævam*
Ecclesiæ *hodiernæ* promtissimè redibunt, si
& *dogmata*, quibus *Concordia* illa *antiqua* nitebatur, *hodierna* denuò, quasi è postlimi-
nio, revocârint, & nuper orta Pacique ini-
mica *Scandala* communi omnes consensu
repudiârint.

Non au-
tem e præ-
conceptis
hodierna-
rum etiam
Ecclesia-
rum opini-
onibus,

Has ergo *cautelas* ita *vobis*, ut opinor, non
invitis, ut contrà potiùs *faventibus*, & vestra
quoque suffragia conferentibus, inter posue-
rimus. Si nempe verè *Primævam Antiquitatem* præconceptis omnibus à *partium* studio
opinionibus anteposueritis. Alioqui fateor
in *omnibus* Ecclesiis hodie reperiri *novitates*,
quæ si pro *normâ* habeantur, *Antiquitatis
Primævæ* cultum exclusuræ sint· Imo has
ipsas esse querimur, quæ *Concordiam* illam
Communionis Catholicæ, qualis apud *Primævos*
viguit

viguit *Chriftianos*, impediant. Proinde illos
Judices appellamus, qui fuas etiam *Communiones* & *Ecclefias* ad *Ecclefiam Catholicam
Primævam* exigendas effe concedant. In his
nimirum *neceffarijs* ad Pacem Concordiam-
que *Catholicam* In *alijs* enim *Coævarum*
Ecclefiarum *Jus Authoritatémque*, in fuâ
cujufque ditione, conftare oportere arbitramur. Videamus ergo quæ demum fuerit
Concordia Ecclefiæ *Catholicæ* primis illis feli-
ciffimifque temporibus, & quibus demum
fundata, quamque certis, *Ratiocinijs*. Sic
enimo ptime conftabit Ecquid nos admife-
rimus illi *Concordiæ adverfum*, Ecquid item
præter mifcrimus quod eidem *Concordiæ* videri poffit, pro noftrâ parte, neceffarium

Sunt autem duo *Primævæ Ecclefiæ* Inter- 6.
valla cautè invicem fecernenda, quâ quidem A-γε φ.δ-
ad *noftra* tempora deducitur Argumentatio. Sinyne
Prius aliud, dum Ecclefiæ Catholicæ *Uni-* drio Ful a-
verfæ Primatum tener et Epifcopus *Hierofoly-* debant in
mitanus Parem nempe illi quem fimiliter Clero
tenuit Pontifex *Templi Hierofolymitani Judæ-* *Chriftiano*
us in *Synagogas Judæorum* per Orbem Terra- *mitano* A-
rum *ubique* difperfas Et parem illi quem poftoli,
fibi vendicat per *Chriftianum* Orbem *uni-* Cui ta-
verfum Pontifex *Romanus.* Jam enim alibi fuerit, a-
probatum eft *Chriftianæ Ecclefiæ Hierofolymi-* pud Chri-
tanæ, Regimen ita cum Regimine *Templi* ft inos e-
Hierofolymitani contendere Scriptores Sacros Ordinis
nomen-
ue

ut fibi invicem, quà licuit per *Oeconomiæ* diverfitatem, accuratè refponderint. Erant in *Synedrio* Ἀρχιερεῖς & (*a*) Πρεσβύτεροι. Ἀρχιερεῖς nempe, ut videtur, *Pontifices*, & *Expontifices*, & *Segenes* feu *vicarii Pontificum*, qui totius Δωδεκαφύλυ nomine Sacris *Publicis* præeffent. Imo κỹΘ. Ἀρχιερατικόν *Act* IV 6. Omnibus enim è *Stirpe Sacerdotali* oriundis locum fuiffe in *Synedrio* docet prædicto loco S. *Lucas* Nec modò *Evangeliftæ*, fed *Jofephus* etiam, *plurali* nomine Ἀρχιερεῖς memorat, quibus fuæ fuerint in *Publico* illo *Concilio* partes His ergo in Synedrio *Hierofolymitano Chriftiano* refpondebant (*b*) *Apoftoli*, ipfi quoque pro *Tribuum* numero *duodeni*. Fieri poteft ut hic idem fuerit numerus *Collegii Archieratici Judæi*, atque inde exemplum ad *Chriftianos* emanârit. Ita fcilicet ut è *Sacerdotali familiâ* primarii *duodeni* in hoc fuerint *Collegium* cooptati. Nec moror aliter fentientes *Rabbinos* quibus de Seculo *Apoftolico* nihil ferè exploratum fuiffe video. Huc certè crediderim fpectâffe S. *Jacobum* Collegii Chriftiani *præfidem*, cùm Epiftolam fuam Διασπορᾷ infcribit Δωδεκαφύλῳ. Quod fcilicet Tribuum *omnium* nomina infcripta habuit in *Pectorali* fummus *Judæorum Pontifex*. Habebat enim in fronte *laminam Pontificalem* S. etiam *Jacobus*, fi quidem fidem habeamus *Epiphanio*. Quidni itaque &
Pectorale

(*a*) St. Matth. XXVI 57 59. XXVII 1 12 20 41 XXVIII 11, 12 S Marc XIV 43 53 XV 31 S Luc XXII 52 66 XXIII 10 Act IV 5, 6

(*b*) Act. XI 24 6 22 23. XVI. 4

Hær. XXIX. 4. LXXVIII. 14.

Pectorale fimiliter habuerit? *Collegas* autem
certè *Apostolos* hoc ipfo *Tribuum* numero
habuiffe manifeftum eft. Quafi nimirum
Tribus *fingulæ* fuum habuerint, qui earum vices geffetit, *Apostolum* Inde fortaffe *Judæ* proditoris locum fuppletum legimus, non item aliorum, qui poftea de-
cefferint, *Apostolorum.* Non modò propter
ter vaticinium Regii Prophetæ cujus mentionem fecit confilii illius Auctor *Apostolus.*
Idem non incommodè ferebat *numerus* ipfe *Tribuum* cum *Josepho binæ* accenferentur.
Non autem ferebat ut plures tredecim,
quocunque demum prætextu, cenferentur.
In eo tamen difcrepabant à Judæorum
Pontificibus Apostoli, quod cùm utrique a
genere & *ftirpe* æftimarentur, primarium
tamen locum tenerent apud *Chriftianos* qui
à communi cum *Domino* ipfo *Stirpe* oriundi effent, qui locum tamen ipfe nullum
habebat in Stirpis *Aaronicæ* genealogiis,
μὴ γενεαλογέμενΘ. ἐξ αὐτῶν, ut jam olim obfervavit Auctor ad *Ebræos*, vii 6. 13. 14.
Sed ne quidem illud incommodè pro *illius*
Seculi *ratiociniis* Nam *Evangelica* omnia
αἰώνια cenfent *N. T.* Scriptores · αἰώνιον
ἐυαγγέλιον, αἰώνιον Διαθήκην, &c. Illo nempe *ratiocinio* quo apud *Platonicos Archetypa*
exemplaria *cæleftia* omnia αἰώνια credebantur: *Terreftria* autem Ectypa πρόσκαιρα,
finémque habitura. Sic enim *vifibilia in-*
vifibilibus

visibilibus opponit Apoſtolus, 2 *Cor.* iv. 18.
Planè ut *Platonici.* Quod nempe *Legis* externa quoque *Symbola* omnia ad *Evangeli-
corum Archetyporum,* quæ in Decreto *Divino*
antiquiora erant, imitationem efficta exiſtimarent primævi *Chriſtiani* Proinde *Sacerdotii* enim αἰωνίε rationem potiorem apud
Chriſtianos habendam eſſe conſtabat quàm
προσκαίρου *Æternum* autem *Sacerdotium*
aliud à *Levitico* fuiſſe probat idem Apoſtolus. Et quidem *ratiociniis* ex ipſo veteri
Canone deductis Id quoque probat, in *Dominum* noſtrum rectiùs convenire *Æternum* illud *Sacerdotium* quàm in præſides
Templi Hieroſolymitani Leviticos. *Æternum*
certè & *Cæleſte Sacerdotium* Λόγῳ concedit
etiam *Philo.* Ex iiſdem nimirum hypotheſibus quibus imbuti fuerant *Apoſtoli* ipſi antea quàm ad *Chriſti* cultum accederent.
Itaque cùm *Chriſtum* Dominum Noſtrum
Λόγον agnoſcerent, conſentaneum erat ut
eundem pro *Æterno & Cæleſti Pontifice* haberent. Et planè hoc *ſupponunt N T. Ratiocinia,* præcipuè verò Auctoris ad *Ebræos.*
Proinde apud *Chriſtianos* anteferendi erant
in *Sacerdotio* qui γένᾳ habebant commune
cum Λόγῳ Incarnato *Pontifice,* omnium *San-
ctiſſimo* præ illis qui de χλύει gloriari poterant
Judæorum duntaxat Αρχιερατικῷ. Cur verò Αρ-
χιερέων nomine communi non veniret *primum* hoc *Eccleſiæ Hieroſolymitanæ* Collegium,

pro

pio exemplo Collegii *Archieratici Judaici,* ea
ciat in *ratiociniis* illius *Ævi Platonicis* ratio
admodum fanè confentanea. *Archetypa* omnia *unici* agnofcebant *Platonici, multitudinem* autem in folis ponebant *Ectypis.* Similitei Aigumentatur Auctor ad *Ebræos. Tem-
porineum* fuiffe vincit *Sacerdotium Mofaicum*
hoc ipfo Aigumento, quòd fuiffent πλείονες
ἱερεῖς, Διὰ τὸ θανάτῳ κωλύεσθαι παραμῄνειν,
vii. 23 *Æterno* autem *Sacerdoti* nulla potuit effe *viciffitudo* aut *fucceffio,* quòd *unus*
omnibus *Seculis* fufficiat υἱὸς εἰς τὸν αἰῶνα
τελελειωμῄνος Λόγος, v. 28. *Collegium* ergo
nullum in hoc *Æterno Sacerdotio* agnofcebant, quod poterat tamen agnofci non ab-
fuide in *Collegio Judaico,* quo Λόγος *Vifibilis* nunquam cenfebatui, fed totum conftabat ejufdem natuiæ paiticipibus *hominibus,*
pioinde non abfurdè ad idem *Collegium* ie-
feiendis. Eiat & alia in hypothefibus *Platonicis* ratio quæ obftabat quo minùs in eofdem
cum *Ectypis* numeros veniient *Archetypa*
Quod fcilicet *Veritatem* folis concedeient *Archetypis* Ita cum *Æterno Saceidote* collati
Sacerdotes Ectypi ne quidem fuiffent pro *veiis*
Sacerdotibus habendi Immeiitòcigo communi erant *nomine* appellandi, qui *rem* nomine fignificatam communem non habebant
Cum ergo Λόγος ipfe *Vifibilis* piimus fuiffet
Novi Sacerdoti Collega, ieliquos *nomine* illo
tempeiaie decuit, ne quem fibi *paiitatem* c
Λ.3 e

Λόγυ *collegio* vendicaie videientur Itaque *Collegium* modeſtioii aliquo vocabulo inſigniendum arbitrari ſunt, quod *Miniſtros* Chiiſti ſonaie potius quàm *collegas*. Ita *Servi* nomen & *Apoſtoli* quaſi tantundem valens uſurpat S. *Paulus* Ita S. *Judas* ſe quidem *Jacobi fratrem*, *Chriſti* autem quamvis ieverà *cognatus* fueiit, & non tamen ſe *cognatum* ſed *ſervum*, appellat Et quidem *Patriarcharum Apoſtolos, miniſtros Patriarcharum* fuiſſe, qui ieditus eoium collegeiint, docet *Epiphanius*. Non tamen ſequitui veiè *Sacerdotes* non *fuiſſe*, qui cùm ad *Chriſtum* ipſum confeiientui, non fuerint *Sacerdotes appellandi*, Hæc enim iatio eadem procedit in *Sacerdotibus Judæoium*, quos tamen alioqui Sacræ Liteiæ *Sacerdotes*, quà quidem nomen illud *hominibus* tiibuitur, appellant. Nihil ergo obſtat quo minus etiam *Apoſtoli* tantundem apud *Chriſtianos* piæſtarent, quod piæſtiterant olim apud *Judæos* Levitici *Sacerdotes*, & *Sacerdotij* omnia etiam *beneficia* contuleiint, licèt à *nomine* proptei illam, quam dixi, cauſam abſtinuerint

(*a*) Deum ſolum *Sapientem* agnoſcit, & tamen ipſe quoque *Sapientiam* profitetur, idem (*b*) Apoſtolus. *Chriſtum Solum* veteres apud (*c*) *Eusebium* volunt fuiſſe *Martyrem*, non minùs ipſi *Martyres* propterea appellandi. *Deus* (*d*) Solus *immortalis*,

Hei *Ebion*

(*a*) Rom. xvi 27
(*b*) 1 Cor 11 6.
(*c*) H E L V. c. 2
(*d*) 1 Tim vi. 16.

lis, funt etiam *animæ* humanæ nihilominùs
fuo quodam inferiori fenfu, ipfæ quoque fi-
militei *immortales* Pro *Audientium* captu, vel
Loquentium decoro, nunc ufurpantur, nunc e-
vitantur, iftiufmodi loquendi foimulæ, dum
tamen *Sententia* fibi confentanea utrobique
ieperiatur Iidem eigo eiant, licèt *nominibus* diveifis, *Pontifices* & *Apoftoli.*

Non tamen duodenaiio *Apoftolorum* numero explendo fufficiebant, qui communem
Stirpem cum *Domino* vendicabant Itaque aliunde arceffendi qui *Tribuum* numeium æ-
quarent. Num illi fueiint è *Stirpe Aaronicá*
nihil occuirit unde colligamus. *Judæos* tamen omnes fuiffe nihil eft cur dubitemus,
dum nondum conftaret, ante Hiftoiiam de
Cornelio, effentne *alij* quàm *Judæi* in novum *Peculium* admittendi. *Piimos* autem
fuiffe Domini *cognatos Apoftolos,* fanè manifeftum eft. Ita certè S. *Paulus,* dum ab
Apoftolorum *Auctoritate* Aigumentatur,
primum locum Domini *fiatribus Apoftolis*
concedendum effe ftatuit. Μὴ ἐκ ἔχομῄη
ἐξεσίαν ἀδελφἠν γυναῖκα πθιάγειν, ὡς ᾐ οἱ λοιποὶ Ἀπόϙολοι, ᾐ οἱ ἀδελφοὶ τῶ κυείν, ᾐ Κηφᾶς;
1 *Cor.* 9. 5. Τὲς λοιπὲς Ἀπϙύλες intelligit,
ni fallor, *Hierofolymitanos,* quà nempe *Gentium Apoftolis,* fibi atque Barnabæ, opponebantur. Sic enim fimiliter ad *horum* Apoftolorum *Auctoritatem* provocat, quafi fum-
morum

*In Apofto-
lorum Col-
legio pri-
mum lo-
cum habe-
bant Do-
mini cog-
nati.*

7

moium rei *Chriſtianæ* Judicum. *Gal.* 1. 17.
19 11. 9. Et in his *primo* loco ponit *fratres Domini*,præponitque *Cephæ*, qui reliquorum *non fratrum* primus numeraii ſolebat.
Ita nempe ut S. *Joanni* pıælatus fuerit, *Gal.*
11. 9. ac honorem illum conciliavit ut ςύλοις
Eccleſiæ accenſeietui, quòd fuiſſet à Domino ſingulari quodam amore *dilectus.* Idque
ſanè verum fuiſſe conſtat quòd S. *Jacobum*,
cùm *Epiſcopus* eſſet *Hieroſolymitanus*, S. Pe-
tro præponat idem Apoſtolus, *Gal.* 11. 9.
Et quòd *primarias* habuerit paites in *Concilio Hieroſolymitano, Act.* 15. Ne quidem illo ipſo excepto S. *Petro* Loquitui enim in illo Concilio *ultimus* S *Jacobus*. Et in ejus
verba Concilij *decretum* conditum eſt. Quæ
ſanè notæ ſunt illius qui Publicis Concilijs
præſidebat, pro moribus illius Seculi *Romanis*. Conſtat denique ex eo quòd dum ſupei-
eſſet *Stirps* illa *Domini* alium nullum unquam in *Epiſcopum* delegerint *Hieroſolymita-
num*, quàm qui inde fuiſſet oriundus. Tres
erant Apoſtoli quos *columnas* appellat S. *Paulus*, loco jam laudato, *Gal.* 11. 9. Propter
primaiium illum, quem tenuerint, locum
intei ſui ordinis *Apoſtolos*. His γνῶσιν à Do-
mino creditam teſtatur *Clemens Alexandrinus*. Quaſi nimiium illis *Solis* crediderit ipſe *Dominus*, eorum autem deinde operâ ad
reliquos Apoſtolos emanâiit. Ad eundem
planè modum quo *Traditionem* de Lege
Oralem

Oralem a M *se* ad *Aaronem,* ab *Aarone* ad *filios Aaronis,* a *filiis* denique ad *Magnum Synedrium* volunt descendisse *Rabbini.* Huic enim *Orali Traditioni* respondebat γνῶσις seu sensus Iesus *mysticus,* non aliis utique quàm *primariae admissionis* Discipulis impertiendus. Hoc enim sensu γνῶσιν intelligit Auctor Epistola *Barnabae* plane Apostolicus. Potiùs tamen γνῶσις ad *vocem* in *Transfiguratione* editam fortassè referenda est. Hi enim *omnes* intererant, & quidem *Soli* cùm *vox* illa ederetur. Et suam inde Auctoritatem sumat S. *Petrus,* quòd ipse *vocem* illam *in Sacro monte audierit,* 1 *Pet.* v. 1. 2 *Pet.* 1 17, 18 Et suam S. *Joannes* in Epistolâ Primâ indubiâ *Quod vidimus oculis nostris, quod perspeximus & manus nostrae contrectaverunt de verbo vitae.* C. I. I. C IV. 14. Ἧν πρὸς τὸν πατέρα ἢ ἐφανερώθη ἡμῖν I 2. Gemina illa sunt cum verbis ejusdem de Λόγῳ in Evangelio, Ἧν πρὸς τὸν Θεόν, C. I v, I. Et v, 4 Ἐν αὐτῷ ζωὴ ἦν Et v, 14. *Et vidimus gloriam ejus, gloriam quasi unigeniti à Patre.* Vel inde intelligimus non *inanem* illam *Clementis* esse traditionem, quam adeò apertè agnoscunt ipsi illi, de quibus loquitur, *Apostoli.* Sed *ante* resurrectionem fuisse γνῶσιν illam necesse est cujus *participes* *tres* illos Apostolos fecerit ipse *Dominus.* Non autem *post* resurrectionem, ut intellexit ipse *Clemens.* Et tamen horum etiam Suffragus *Primatum* S. *Jacobo* concessum scribit

C

bit idem *Clemens*, ut *Collegio* præficeretur *A-postolico* Alteri certè ab illo *Jacobo* qui S. *Joannis* frater fuerat, *Zebedæi* filius, cùm hic *filius* fuerit *Alphæi* seu *Cleopæ*. Inde intelligimus in illius *Jacobi* Scriptis, cujus habemus Epistolam, ne quidem *expectanda* esse verba quæ in *aliis illius* Triadis Apostolis adeo *diserta* observavimus. Imo alium à *tribus* fuisse *Jacobum* Episcopum *Hierosolymitanum* innuunt verba ipsa *priora Clementis*. Quippe qui à *tribus* illis primariis *Apostolis* honorem illum consecutus fuerit. *Mentem* tamen *traditorum* non videtur assecutus ipse *Clemens*, cum huic numero ternario *Jacobum Justum* quem eundem in posteriori loco *Episcopum* agnoscit *Hierosolymitanum*, accenset. Eâ, ut videtur, causâ, quòd *Natalium* rationem in *Apostolatu* præcipuam habuerint. Nec sanè aliter in proximâ Electione factum *Simeonis Cleopæ*, in quâ *Apostolorum*, *Discipulorum*, *Cognatorumque* Suffragia agnoscit *Eusebius*, è Λογφ, seu *Traditione* aliquâ quæ ad illius ætatem emanârit. *Hist. Eccl* III. 11. *Græc.* Faciunt hæ duæ *Electiones* adeo sibi consentaneæ, nè quid temerè in earum alterutrâ contigisse suspicemur Primi ergo *Apostolorum* erant *Domini cognati*. Qui reliquam *duodenarij* numeri partem supplebant, è *secundo* Cleri *Hierosolymitani* ordine delecti sunt, ut opinor, qui communi *Presbyterorum* ordine censebantur. Eo non incommodè retulerim

quod

quod S. *Petrus* fe Πρεσβυτέρων συμπρεσβύτερον
appellat, 1 *Ep.* v. 1. Et quod S *Joannes* fe quidem Πρεσβυτέρν nomine infignierit Ep. II.
& III fi quidem ille idem fuerit cum *Apoftolo* Ita certè S. *Petrus* in illâ ipfâ Epiftolâ
de qua nunquam legimus, ejufne fuerit, in
in *Ecclefiâ* fuiffe dubitatum. Faciebat
nimirum ad *humilitatem* illam q â Scrip-
toribus illorum temporum adeo delectatos
legimus, ut fe indignos *Apoftolatu* profiterentur, qui tamen alioqui fuerint *Apoftolorum* non cognatorum *primarij* Hoc nempe
nomine, quòd ex inferiori *Presbyterorum* claf-
fe in *Apoftolatum* adfcripti fuerint, ne quidem adfcribendi, fi quidem fuiffent *fideles
cognati* qui numerum *duodenarium* explerent.
Nihil certè iftiufmodi in *cognatorum Apoftolorum* SS. *Jacobi* & *Juda*, Epiftolis legimus.
Hæc ergo dum *honore* fummo effet *Apoftolatus*. Hic dum perftaret *honor*, nec ulla incum-
beret neceffitas *officium* laudandi, in eo *mode-
ftiam* fuam commendabant *fummi* etiam *Apoftoli*, quòd fe *indignos* tanto honore profiterentur, & invidiam illius amolirentur atque
declinarent Ita fe *minimum Apoftolorum*
cenfet S. *Paulus*, nec *indignum* qui vel *nomine* tenus vocaretur *Apoftolus*, qui tamen alibi fe ne *fummis* quidem *Apoftolis* parem diffi-
tetur. Ita *contemptiffimos* hominum *Apoftolos* facit *Collega* illius in *Apoftolatu gentium*
S. *Barnabas*. Ita δέλυς Domini frequentiùs
quàm Αποστόλυς fe appellant, non S. modò

C ɔ

Paulus

Paulus, verum etiam συγ𝑆ειᾶς Apostoli SS.
Jacobus atque *Judas,* quos tamen *primos* jam
probavimus Planè pio exemplo præceptóque *Domini,* ut. qui fuiffent omnium *Domini,* ij *fervos* fefe omnium, pio *humilitate*
fuâ piofiterentur. Hoc ergo *primum* erat
Cleri *Hierofolymitani* Chriftiani *Collegium*
quod *Collegio Judæorum* fummo refpondebat
Archieratico

§
A Secundo Chri
ftianorum
Hierofoly-
mitanorum
Collegio
Presbyte-
rorum,
manavit
exem-
plum ad
exteras
Ecclefias.

Secundum Ecclefiæ *Hierofolymitanæ* Collegium commune habebat cum *Secundo* Synedrij *Judaici* Collegio, etiam *nomen* nempe
Presbyterorum. In Collegio *Judaico* erant,
ut videtur, XXIV. Eo enim retulerim
XXIV. *Presbyteros,* quorum meminit Liber
Apocalypfeos. Defcribitur ibi *Ecclefia Hierofolymitana* quà Synedrio *Hierofolymitano*
refpondebat. In *fe* certè nihil habebat infigne quod illo *numero* concludendum erat.
Habebat autem *Synedrium* illo ipfo numero
Ephemerias tam *Sacerdotalium* familiarum,
quam *Leviticarum.* Et quidem in illis quoque *familijs,* pariter ac in *alijs* aliarum
Tribuum *familijs* pro jure veteri *Patriarchico*
præfidebant *primarum* familiarum filij *primogeniti,* quos רשי אבורי appellant Sacræ Literæ.
Hi, quia, *Natalium* ordini primum locum
acceptum referebant, proinde rectè Πρεσ-
ϐύτεροι appellandi erant. Hanc enim vocem *Helleniftæ* adhibent ad *Natalium*
illam

illam Prærogatīvam defignandam   Nec
erat necefle ut *annis* admodum provecti
fuerint hujufmo'i *Presbyteri.*   Satis crat fi
antiquiffimæ familiæ *hæredes* fuiffent, & filij
proinde *primogeniti,* q'od poterat etiam in
Pueros convenire.   Sed verò quia *Natilibus*
Judicij jura illa debebantur, proinde factum
ut tantundem valeret *Judicis* nomen atque
Presbyteri.   Ita de *puero* legimus *Daniele,*
cum *Judex* fieret, *Senectutis honorem à Deo*
illi *collatum,* Hift *Sufann* v. 50. Hoc ergo
exemplo *Ecclefia Hierofolymitana Presbyteros*
totidem complectebatur quot *Synedrium,* ut
Ephemeriarum numero refponderent , & *Sy-*
nedrij Hierofolymitani in *Synagogas* jura in
Ecclefias exteras tueretur *Ecclefia* quoque
Hierofolymitana.   Ab illâ autem *Ecclefia* ad
Ecclefias *exteras* tranfijt exemplum *Presby-*
terorum.   Sed tùm demum tranfiiffe videtur, cùm jam *diffidium* feciffent à *Judæorum*
Synagogis *Chriftiani,* propriofque *fibi* cul-   De jur.
tûs Divini gratiâ, cætus coegiffent.   Quis La*cor*
autem fuerit illius diffidij progreffus, alibi   *Sacerd.* in
videre licet.   Hæc autem fi *origo* fuerit   *Grot c. 3.*
Presbyterorum Chriftianorum, fic nullus effe
pot* r* locus *Presbyteris* (quos comment* funt
Presbyterani) *Laicis* , nam *Sacerdotalium* familiarum erant illæ ἐφημερίαι. Fateor quidem λαὅ mentionem occurrere in *Synedrio*
Hierofolymitano γραμμαῖων τȣ̃ λαȣ̃, S.
Matth. II. 4. Πρεσβυτέρων τȣ̃ λαȣ̃, S. *Matth*
                    C 3   XXVI.

XXVI. 47 XXVII. 1. Imo λαῷ ipsius
qui ἄρχυσιν apponebatur, S *Luc.* XXIII.
1 ; Sed λαὸς ille non *Plebs* erat *Israelitica,*
sed *Levitica,* quæ sola locum habebat in
E' *............,* nec quippiam habebat affine
cum *I* *...ıs Christianıs* Utcunque tamen
λαῷ illi (quicunque demum is fuerit) nul-
lu fuiſſe videtur locus in Conciliis *Christia-*
norum Hierosolymitanis. Unicum enim *nu-*
merum XXIV *Presbyterorum in Christianorum*
confeſſibus memorat *Apocalyptes,* cùm tamen etiam *Levitis* fuerint רשי אבוד Et
planè alii erant *Christianorum* illi Apocalyptici *Presbyter. à Presbyteris Levitarum.* Se-
dent illi in *thronis coronis* inſigniti, quæ certè
Regii erant (ſic enim ſolent appellari) *Sacer-*
dotii, non autem *ministrantium* ſervienti-
umque *Levitarum* Nec ſanè neceſſarius
erat tantus ministrantium numerus ad *Sacri-*
ficia Chriſtianorum *Eucharistica* in quibus
verſabatur *æternum* Evangelii *Sacerdotium*
Fieri præterea poteſt ut *Judæorum* exemplum
imitati fuerint *Christianı* in *Subjectis* Metropoli *Civitatibus* pariter ac in *Civitate*
ipſâ *Metropoliticâ.* Hoc quale fuerit docet
certiſſimus Auctor *Josephus.* Ita enim Le-
giſlatorem loquentem introducit: 'Ἀρχέτω-
σαν ἡ καθ' ἑκάστην πόλιν ἄνδρες ἑπτὰ, οἱ κỳ
τ̀ἰω ἀρετὴ ὴ τ̀ἰω ἐπὶ τὸ δίκαιον σπεδὴν προ-
ἀσκηκότες. Ἑκάστῃ ἡ ἀρχῇ δύο ἄνδρες ὑπηρέ-
ται διδόσθωσ᾽ ἐκ τῆς Λεϑιτῶν φυλῆς. Hinc
intelli-

Joseph
Ant L 4
c. ult.

intelligimus cur illos nunc Ἄρχοντας, nunc
Πρεσβυτέρους appellarint *Evangelistæ.* Intelligimus λαὸν hunc qui Ἄρχεσιν opponebatur, rectè nos modò de *Plebe Leviticâ*
fuiffe interpretatos. Intelligimus denique
hos *Urbium* Ἄρχοντας quibus infcivierint
Levitæ, non alios utique fuiffe quàm *Sacerdotes.* Nam & de *Lege* confuli folitos
Sacerdotes docent *Prophetæ* Et ad *fummum*
Pontificem, Prophetam & *fenatum* ab illis *Ur-*
bium Judicibus provocationem fuiffe docet
ibidem ex ejufdem Legiflatoris Perfonâ idem
Jofephus ἀνέρχιον ἀναπεμπέτωϚ τ̓ δίκλυ εἰς
τ̓ ἱερὰν πόλιν. Καὶ συνελθόντες ὅ,τε Ἀρχιερεὺς
κỳ ὁ προφήτης, κỳ ἡ γερυσία, κỳ τὸ δοκεῖν ἀπο-
φαινέσθωϚ Sic hodie legimus. Sed è loco
Deut. XVII. 9. 12. pro προφήτης legendum
κριτὴς, Si quidem *diverfus* fuerit à *Sacer-*
dote Summo Alioqui legerim, ὁ κỳ προφήτης
& ad Oraculum *Pontificis* per *Urim* libenter
retulerim. Sic tamen etiam conftabit à
Sacerdotibus illam fuiffe provocationem, quæ
facta eft ad *Summum Sacerdotem. Levitæ*
autem illi, qui *bini* fingulis apparebant *Ju-*
dicibus, erant ἱερογραμμαῖεις, ut oftendit ad
locum *Jofephi* doctiffimus *Bernardus.* Nec
alii, ut opinor, à τῷ λαῷ γραμμαῖεῦσι, quorum mentionem in Sacris Literis modò
obfervavimus. Ita difcemus, qui fuerint
Πρεσβύτεροι (*a*) κατ᾽ ἐκκλησίαν, & (*b*) τῷ πόλιν
in Apoftolorum Hiftoriâ. Habuit certè

C 4   (*c*) *Gaius*

Jer. xviii.
18.
Ezek. vii 6
Hag II
12
Mal II
6, 7.

(*a*) Act.
xiv 22 &
xv 17.
(*b*) Tit.
i, 5, 6.

(c) Ap
Cypr Ep
24 Edit
Ox
(d) Ep
ad Iaoi
um Anti-
ochenum
ap. ruf.
H E vi
c 42 Gr.

(c) *Gaius Diddensis Presbyter* suum *Diaconum.*
Necquicquamconstat in contrarium quin potuerit habere *binos Septenarium* ergo *Diacono-*
rum numerum, cujus meminit in Ecclesiâ *Ro-*
manâ Cornelius, id) & in Curiae quantumvis *magnâ* Canon Acceffitenfis de illis
intellexerim *Diconis* quorum proprium
munus erat ut inserviret *Episcopo* Hi e-
nim *oculi Episcopi*, & *Septem* erant apud
Reges *Persarum* qui *oculi Regis* appellaban-
tur Hi etiam respondebant *Spiritibus* λει-
Τεργικοῖς, qui numerabantur ipsi quoque
Septem. Utcunq, tamen nos *Episcoporum*
apparitores his, de quibus ago jam, temporibus *recentiores* existimo.

9.
Hinc le-
quitur pri
mo hoc sl
poftolorum
Spacio Ec-
clefias
Chrift i-
nas omnes
fuod tas
fuiffe Fi-
ch-f æ Hie
rofol, m 't
& c.

Hæc ergo utriusque *Chri* Collegia tàm
Judæi quàm *Christiani Hierofolymit ini*, cùm
adeo accuratè fibi invicem refponderint,
facile inde coligimus, ut Clero *Hierofo-*
lymitano Judæo parebant omnes per orbem
universum dispersæ *Judæorum Synagogæ*, ita
Clero *Hierofolymitano Chriftiano* obfcquium
debuisse omnes orbis universi *Ecclefias.*
Jam vidimus ab *urbibus* subditarum *Pres-*
byteris (sic enim illos appellant Sacræ
etiam *Tiftimenti* Literæ) appellationem
fuisse ad *Pontificem Maximum* & *Synedrium*
Hierofolymitanum, Similiter ab *Antiochenis*
& *Ecclefiis Syriæ* & *Ciliciæ* provocatum ad
Apoftolos & *Presbyteros* legimus Ecclefiæ *Hie-*
rofolo-

rosolymitana Tenuit enim uti obique eadem
provocandi *ratio.* quod *secundum* duntaxat
Presbyterorum Collegium commune cum
Colonijs habebat Urbs *Metropolitana,* primum autem & superius sibi *proprium* retinuerit Qua ergo ratione uti ubique *summo
Collegio* obnoxij erant Urbis ipsius *Metropolitanæ Presbyteri ,* eadem par erat *Coloniarum
Presbyteros* (qui certè *Metropolitanis Presbyteris majores* esse non poterant) summo
utriusque Cleri Hierosolymitani *Collegio* fuisse pariter obnoxios *Urbem Hierosolymitanam Judæorum* omnium quacunque orbis
parte degentium Μητέρπολιν censet apud
Philonem Agrippa. Et paria de eadem Urbe
Christianorum omnium *Metropoli* habet *Irenæus.* Verba ejus ipsa damus *Græca* è Cate-
na *Novi Collegij Oroniensis Græca* Αὗται
φωναὶ τῆς ἐκκλησίας ἐξ ἧς πᾶσα ἔχηκεν ἐκκλησία τὴν ἀρχὴν. Αὗται φωναὶ τῆς Μητερ-
πολεως τῆς τ καινῆς Διαθηκης πολιτῆς Αὗται
φωναὶ τῶν Ἀποσόλων· Αὗται φωναὶ τῶν Μαθη
τῶν τ μερὶ τῶ ἀληθῶς τελείων μ τὴν ἀνά-
ληψιν τ Κυρίε διὰ τ πνδύματΘ· τελειωθεν-
των ἐπικαλεμένων τὸν θεὸν τ ποιήσαντα τὸν ε-
ρανὸν, τὴν γῆν, ἡ τὴν θάλασσαν, τὴ διὰ τῶν
προφητῶν κεκηρυγμένον, ἡ τὸν μετὰ παιδα δὲ ὃν
ἔχρισεν ὁ θεὸς, ἀλλὰ νοερῶς εἰδότων. Οὗ γδ ἦν τότε
ΟὐαλεντῖνΘ· εἰα, ἐδὲ Μαρκίων, ἐδὲ οἱ λοιποὶ
αὐτῆς τε ἡ τῆς τε τομῶν αὐτοῖς καταςροφεῖς.
Quantò hæc majora sunt quæ de Ecclesia
Hiero-

Hierosolymitanâ scribit Vir *Apostolicus* quàm
sint illa quæ de *potentiore principalitate Urbis Romanæ* captant *Romanenses*? *Voces Apostolorum* non pro Sententiâ Ecclesiæ *Romanæ*
Iren 1 3 habet, in quâ *nullum* erat *Apostolorum Col-
c 3 *legium*, sed pro Sententiâ Ecclesiæ *Hierosolymitanæ*. Hanc ait *Ecclesiam* fuisse, *ex qua
omnis Ecclesia habuit initium*, ne quidem illâ
ipsâ Ecclesiâ *exceptâ*, quam adeo prædicant,
venerantúrque, *Romanâ* Hanc ait *Civitatem* fuisse *Civium Novi Testamenti omnium*
communem. Planè ut *Agrippa* Urbem
Hierosolymitanam censuit *omnium* communem fuisse *Judæorum*. Ait *Metropolim* fuisse,
ut proinde *Civitates Christianæ* aliæ omnes,
etiam *Romanæ*, illius fuerint tantummodo
Coloniæ, nec proinde majoris fidei in *Originibus Christianis*, quàm sint *Coloniæ*, cùm
de *Originibus* agitur Civitatis *Metropolitanæ*.
Hanc ait, non *Romanam*, *Civitatem* fuisse
cujus *Cives* habendi essent, non *Veteris* modò *Testamenti*, verum etiam *Novi Cives*
omnes. Loquitur autem de *externâ* quoque *Christianorum* Civitate *Hierosolymitanâ*
Innuit ergo Jura *Christianitatis* omnia ab
hac *Civitate* esse arcessenda. Ut ne quidem *Civitas Romana Christiana Civem Christi*
aliter recerit quàm eo jure quo *Coloniæ* jus
dederint *natis* in se *Colonis* ut Civitatis *Metropolitanæ Cives* haberentur, ejúsque *Juri-*
bus

bus omnibus fiuerentur. Idque sanè, pro
Novi Testamenti *Ratiociniis Platonicis* tum
receptis veriffimè. *Jura* enim *Christianitatis*
πολ. τείας nomine defignauit etiam Gentium
Apoftolus,& πόλεως μ̅ς̅ ὺ̅σης Nec aliam intelligit *Ciuitatem* quàm *Hierofolymitanam*,quam   Gal.iv.26.
Christianorum omnium matrem agnofcit. Ita-
que *Metropoliticum* illius *Ciuitatis* Jus fupponit *Apoftolus* pariter ac *Agrippa* atque
S. *Irenæus.* Non me quidem fugit, ad *fu-*
pernam cœleftémque Hierofolymorum Ciuitatem
effe referenda. Sed ne quidem *tereftrem*
excludit fi ad modum *ratiocinandi Platoni-*
cum ab *Apoftolis* receptum attendamus. Sic
enim Jura *Cœleftia* & *Myftica* conferre cen-
febantur *Veteris* etiam Teftamenti *Symbola,*
ut qui *Symbolis* illis caruiffet, Is ne quidem
ad *Cœleftii* Jus habere crederetur. Præcipuè verò apud *Christianos* illa erat in ufu
Argumentatio, qui *Myftica Judæorum ratio-*
cinia in ufus fuos converterant. Ita quorum *nomina* in *Ecclefiæ Matriculas* per *Bap-*
tifmum relata fuerant, eorum *nomina* fcribi
credebantur in *Cœlis.* Et qui *panem* perce-   S Joan vi.
perant *Euchariſticum, panis* illius *participes*   32, 33, 50.
habebantur qui è *Cœlo* defcenderat. Et   I Joan.i 3
qui κοινωνίαν cum *Apoftolis* colebant, ij cum
Patre Filioque κοινωνίαν affequebantur, &
Jura Myftica illius κοινωνίας omnia. Nam
ad *Ciuitatem* jura referendas effe manifeftum
eft tot illas *Ciuitatum* κοινωνίας quarum men-

I   tio

tio occurrit adeo frequens in *Nummis In-
scriptionibusque*, aliisque *Veterum* monumentis. Ita porro receptus erat hic Argu-
mentandi *Canon* ut vice versâ colligeretur,
qui his *externis Symbolis* destitueretur, ei
nec aditum patere ad *beneficii* Symbolorum
Mystica & *Caelestia*. Imo his ipsis *ratiociniis* nitebatur omnis illa, quae tum viguit,
Ecclesiae Disciplina. Propterea enim *Ecclesiae
censuras* metuebant, quod *Mysticam* nullam
esse crederent sine *externâ visibilique* κοινωνία.
Ita non *renatos* per *Baptismum Regno Cae-
lesti* excludendos docet ipse Dominus
Joann iii. 3. 5. Et *pane Eucharistico* mul-
tatis, ne quidem spem *Caelestis* superesse credebatur. Et qui *aliam* ab *Apostolis* κοινωνίαν amplexi essent, his nec ulla speranda
erat κοινωνία cum *Patre Filiove*. Imo alia
potiùs *contraria* omnia metuenda supponit
in Epistolâ, quam dixi, Catholicâ primâ
S. *Joannes* Apostolus Itaque, si ad hujus
Canonis normam procedatur, illa quoque
Sequela valuerit necesse erat, spem nullam
esse *Civitatis Hierosolymitanae Caelestis* nisi per
Terrestrem. Ita qui *Caelestis Civis* fieri
cupiebat, hic voti compos antea fieri non
potuit quàm fuisset admissus in *Terrestrem*.
Jerusalem fateor, quae *nunc est* nihili aesti-
mandam docet Apostolus, Gal. iv. 25.
Non tamen simpliciter *Terrestrem*, quam
peculii utriusque communem fuisse vidimus.

Eam

Eam ergo defignabat quæ jus *nullum* contulit ad *Cœleſtem*, quæ de *carne* potiùs *Abrahami*, quàm fide, gloriabatur, illius proinde *degenera* proles. Hæc enim caufa erat quam oppugnabat, *Judæorum* in *Chriſti* nomen *infenforum*. *Novi* autem *Peculii Civitatem* ita nufquam vilipendit, ut contrà planè neceffariam fecerit ad jura *Civitatis Cœleſtis*. Hoc planè fupponit ἐϊκαντελϛμὸς, *Rom.* XI. 17, 19. qui *participes* fecerit τῆς ρίζης ϰȷ πιότηϊȢ *naturalis Olivæ*. *Promiſſiones* intelligit *Patriarchis* factas, quarum Nos, qui *olivâ agreſti* oriundi eramus, Jus nullum ab *origine* noſtrâ habebamus. *Semini* enim *Patriarcharum Promiſſiones* illas factas effe conftat Itaque, ut *jus* illud confequeremur, neceffe erat, ut quaſi *rami adfcititii*, eorum *trunco* infereremur, ut *Ifraelitæ* haberemur, & *genere* Patriarcharum oriundi. Idque erat fanè, pro noſtris hifce hypothefibus, veriſſimum. *Ecclefia* enim *Hierofolymitana* tota ex *Judæis* conftabat, erantque tam *fide*, quàm etiam *Stirpe*, *Ifraelitæ*, *Act.* II. 39 III. 25. Itaque cùm *aliis Ecclefiis* nullus concederetur ad *falutem* aditus, niſi in unum cum *Hierofolymitanâ* corpus *Stirpemque* tranfirent, hic fanè ἐϊκαντελϛμὸς rectè appellandus erat. Hinc etiam conftat, cur in *Peculii* juribus πρωτεία *Judæis* femper conceſſerit ipfe Gentium Apoftolus. Non modò quòd *primi* erant

Rom I. 16. II. 9 III. 1.

in

in Peculium *vocandi*, sed quòd etiam in *Peculio novo* jam *constituto primi* fuerint censendi. Ad *illos* enim, eorumque *Civitatem*, accesserunt *Gentiles*, non vice versâ ad *Gentilium Civitatem* aliquam accessere *Judæi* Denique & illud intelligimus, cur de *Judæorum Majoribus* ita loquatur * *Clemens Romanus*, quasi etiam *ipse* iisdem esset oriundus. Et tamen ejus vel *nomen* illum *Gentilem Romanumque* fuisse prodit. Imo *Gentilem* illum agnoscunt verba *Clementis*, Ep. ad Jacob. Pseudo-*Clementinis* præfixa. Sic enim ad se S. *Petrum* dixisse refert. Σὺ γὰρ δι᾽ ἐμοῦ τῶν σωζομένων ἐθνῶν εἶ κρείττων ἀπαρχή. Minus autem certa sunt quæ de ejus, cum gente *Flavia* affinitate tradunt Fabulatores. Sed qua *Christianus*, *Civis* erat *Hierosolymitanus*, & communem cum *Urbe Hierosolymitanâ* habuit *originem*.

* Ὁ πατὴρ ἡμῶν Ἰακώϛ, N 4 Post locum Deut. Ἐφ᾽ ᾗ δὴ υἱεὶς Κυρίε λαὸς αὐτῷ Ἰακώϛ N. 29. Sequitur, paucis interpositis, Ἀγίᾳ ἂν υἱεὶς ὑπάρχοντες ποιήσωμῳ, &c N 30 Ὁ πατὴρ ἡμῶν Ἀβραάμ. N. 31.

10 Hoc ipsacio Ecclesiæ universæ Disciplinam exercuit Ecclesia Hierosolymitana, ejusque Ministri Judærum.

Hæc ergo, cùm ita se habuerint, facilè inde colligimus, unicum fuisse, in hoc universo intervallo, *Christianis* omnibus *Unitatis Principium*, *Episcopum Hierosolymitanum*. Ad eundem planè modum, quo & *Judæis* omnibus, quantumvis invicem dissitis, *Unitatis Principium summus* erat *Pontifex* qui rem sacram omnium nomine procurabat

Hierofolymis. *Ecclefiæ* enim omnes *Synagogis* respondebant, quæ *integra* pei fe *Corpora* non conftituebant, fed minutiores tantummodo Civitatis Hierofolymitanæ por-
tiones. Eiant enim in ipfis etiam *Hierofolymis* multæ *Synagogæ,* quibus accenfebantur
exterarum Civitatum 'Synagogæ, quocunque
demum intervallo invicem fepaiatæ, communi jure cum *Synagogis Hierofolymitanis.*
Eodem, ni fallor, exemplo quo *Italiam* uni-
verfam in *quatuordecim Regiones* divifit *Au-
guftus* pro numero *Regionum* ipfarum *Ur-
bicarum.* Illo fortaffe confilio, ut conftaret, quâ *Urbis Regione* fuffragium laturæ
effent. Jam enim antea ad *fuffragia* de rebus *Urbicis* admiffi fuerant *Itali* Novum
enim genus *Suffragiorum* de *Magiftratibus
Urbicis* ab *Augufto excogitatum* teftis eft
Suetonius. In eo autem à *Synagogis* dif- ^{Suet}
crepabant *Ecclefiæ Chriftianæ,* quod *Templi* ^{Aug c 4.}
jura cum *Synagogarum* juribus immifta ha-
berent *Coloniæ* Ecclefiæ *Hierofolymitanæ,*
cùm *Templi* jura nulla prorfus fuiffent *Synagogis.* Locum huic difcrimini fecit *na-
tura Sacrificij Euchariftici Chriftiani* loco
nulli certo adftricta, in hoc admodum a-
liena ab exemplo *Sacrificij Judaici.* Sed vel
in illo quoque *Euchariftici Sacrificij* jure
Prærogativæ quædam fuiffe videntur *Ecclefiæ Hierofolymitanæ.* Saltem *aliquantifper.*
Paulatim *aucta* fuiffe videtui Reꝗorum
J *Ordi-*

Ordinariorum Poteſtas in Eccleſiis *exteris*, permiſſu Eccleſiæ forte *Hieroſolymitanæ.* Ita fuiſſe *neceſſe* erat, ſi quidem verè *Epi-ſcopi* fuiſſent *Angeli Apocalyptici.* Sed de illis Sententiam *noſtram* inſrà explicabimus. Primis autem temporibus vix ferè alii po-teſtatem in *obnoxias* Eccleſiæ Hieroſolymi-tanæ *Eccleſias* exercuerunt quàm Eccleſiæ Hieroſolymitanæ *miniſtri* miſſi *Hieroſolymis* ad res eorum in partibus remotioribus pro-curandas. Ἄνδρας ἐκλεκτὺς qui à *Synedrio* mitterentur, appellat S. *Juſtinus* Martyr

Dialog. cum *Tryph.*

Ἐκλεκτὺς & δεδοκιμασμθὺς *Eccleſiæ Hieroſo-lymitanæ* miniſtros, in *Sacris* N. T. Literis legimus. Hoc autem cenſu complector, non *Apoſtolos* tantummodò ſed & *Evan-geliſtas*, & omnes cujuſcunque generis περι-οδευτὰς, ſeu *Prædicatores Itinerarios*, nec certæ alicui Eccleſiæ *affixos.* Hos enim omnes Eccleſiæ *illius* Miniſtros fuiſſe con-ſentaneum erat quæ *ſola* curam Eccleſia-rum reliquarum *omnium* habebat. Nec fe-rè alii primis illis temporibus Eccleſiarum *aliarum* diſciplinam exercebant, etiam poſt *divortium* à *Synagogis*, cùm jam ſuos ſibi proprios *Presbyteros* aliæ quoque haberent Eccleſiæ, & quidem κατ πόλιν. *Munus* ſanè Eccleſiarum *publicis* obeundis ita vacabant ut tamen *Diſciplinæ* partem nullam, aut *Regiminis*, adminiſtrârint. Nec legimus unquam ab his *Eccleſiarum Presbyteris* ſeu

‡   *exautorátos,*

exauctoratos, cùm ita mererentur, *Presby-*
teros , feu *novos* in demortuorum loca *fuf-*
fectos   Nec *pulfum* aliquem *Communione*,
nec *horum* Presbyterorum Decreto *reftitu-*
tum   Apoftolis conftituta prima *Presbyteria*
tribuit Hiftoria ipfa Apoftolorum.   *Apofto-*
lis & viris ἐλλογίμοις Auctor Apoftolicus
Clemens Romanus. Ἐλλόγιμοι illi non alii
fuiffe videntur, quàm qui alibi ἐν λόγῳ
fuiffe dicuntur, qui fcilicet *magni* habebantur, quà fcilicet *infimi* ordinis hominibus opponebantur, qui ὐδ᾽ ἐν λόγῳ, ὐδ᾽ ἐν
ἀριϑμῷ.   Omnes autem Ecclefiæ *Corinthi-*
acæ Presbyteros feu *Epifcopos*, ab horum *al-*
teris conftitutos fuiffe teftatur.   *Apoftolos*
intelligit non *omnes*, fed folos *illos* à quibus
fua, cujus nomine fcribit, Ecclefia *Romana*,
& illa quoque, ad quam fcribit, *Corinthi-*
aca, fuerant fundatæ, nempe SS. *Petrum*
atque *Paulum.*   Utriufque operam in Ecclefia *Corinthiacâ* plantanda agnofcit S. *Pau-*
lus ipfe, 1 *Cor.* 1   12. Et hic ipfe S. *Cle-*
mens, N. 27. Imo in Ecclefia etiam *Ro-*
mana S. *Clemens*, cujus *filentium*, ut credebatur, in contrarium vertit Cl. *Spanhemius*,
ut S. *Petri* partes nullas in *Romanâ* Ecclefiâ excolendâ fuiffe probaret. Hic autem ipfe
Clemens teftatur ,*duobus* ad minimum, *Apofto-*
lis aggregatam fuiffe *ingentem electorum mul-*
titudinem, οἵτινες πολλαῖς αἰκίαις κ̀ βασάνοις
διὰ ζῆλον παϑόντες ὑπόδειγμα κάλλιςον ἐγβόντο,

J   D   ᾽EN

'ΕΝ 'ΗΜ'ΙΝ, N. 6. Si paffi fuerint apud
Romanos qui *Apoſtolis* aggregati funt, cui,
quæſo, dubitemus quin *Romæ* etiam prædi-
carint, quibus aggregabantur, *Apoſtoli?*
Spectat enim ad *Eccleſi* fundationem ipſa
illa συνάθροισις ad *Apoſtolos*, ut infra vide-
bimus, §. 34. Ita certe Eccleſiæ *Iconienſis*
origo defcribitur, *Act* XIV 4. *Diviſa eſt
multitudo Civitatis & quidam quidem erant
cum Jud·is, quidam verò cum Apoſtolis.*
Et nomen S *Petri* fupplevit *Junius*, cujus
fupererant in MS°. poſtremæ etiam *liter* c.
Nec ab aliquo dubitatum, rectené fupple-
verit. Hinc intelligimus verba *Clementis*,
'Απόςολοι ἡμῶν, N. 44. quæ non intellexit
moroſus Viri Apoſtolici Cenſor editus à Cl.
Clerico. Communes enim Eccleſiæ ſuæ
pariter ac *Corinthiac* e fundatores eoſdem
illos fuiſſe indicat *Apoſtolos.* Id ergo volebat *Clemens*, primos Eccleſiæ Corinthiacæ *Presbyteros* ab ipſis *Apoſtolis* SS. *Petro* &
Paulo conſtitutos eſſe. Sic tamen ut & *alij*
in *mortuorum* locum ſuffecti, ne quidem ipſi fuerint à Schiſmaticis ſpernendi, quaſi inferiori Auctoritate poteſtatem ſuam adepti,
quam fuerant illorum deceſſores. Ait enim
Apoſtolos ipſos illius Eccleſiæ fundatores li-
tem prævidiſſe futuram de nomine 'Επισκο-
πῆς Διὰ ταύτην ἓν, inquit, τὴν αἰτίαν πρό-
γνωσιν εἰληφότες τελείαν, κατέςησαν τὰς προειρη-
μένες ἢ μεταξὺ ἐπινομὴν δεδώκασιν, ὅπως
ἐ.. *ἐὰν*

ἐὰν κοιμηθῶσιν (non *Apostoli,* fed conftituti
ab Apoftolis *Presbyteri*) διαδέξωνται ἕτεροι
δεδοκιμασμένοι ἄνδρες τὴν λειτυργίαν αὐτῶν.
Hoc nempe agebat, ut *par* videretur *fuf-*
fettorum atque primariorum Presbyterorum
Auctoritas, ab iifdem fcilicet *Apostolis* ori-
unda Ipfos enim illos, cum *Ecclefiam* illam *fundarent* de *fuccessione* etiam profpex-
iffe, & *Regulas* etiam *Successionis* prafcrip-
fiffe eafdem quibus deinceps Succeffio fuerat eoufque continuata. Proinde ipfa illa
virorum ἐλλογίμων *Auctoritas* in fufficiendis
Successoribus ab eifdem *Apostolis* emanârit,
ut penes nullos alios fuerit *Successorum* fuf-
fectio praeterquam ἐλλογίμ ꜹς. Fieri etiam
potuit ut ab illis ipfis *Apostolis* miffi fuerint,
poftquam *Corinthо* difceffeiant Apoftoli,
ipfi illi ἐλλόγιμοι Sic enim *Cretæ Titum*
reliqueiat S. *Paulus* ut *constitueret per civi-*
tates Presbyteros, ὡς ἐγὼ (inquit) σοὶ διετα-
ξάμην. Hic fane legimus διατάξεων Poteftatem *Apostolis* propriam, qualem me-
moiat *Ignatius.* Et plane talem de Regiminis *successione* qualem fupponit *Clemens.*
Proinde & ἐπινομὴ *Clementina* ad talem a-
liquam de *successione* Διάταξιν omnino referenda eft, quicquid defignârit voce illa
S. *Clemens* Fieri poteft ut *hæreditatem* intellexerit, & *Præcepta* de *hæredibus* in mortuorum loca fufficiendis. Magis autem eo
propendeo ut *fecunda* intellexerit *Apofto-*

D 2 *lorum*

lorum de *Successione* præcepta quâ *primis* opponebantur eorundem Præceptis de Ecclesiæ ejusdem primâ *fundatione Apostolorum* curam cum *Mosis* cura confert in stabiliendo *Sacerdotio* In *Mose* autem observaverat *Sacerdotio* illum consuluisse per διαπταγμέια in ταὶς ἱεραῖς Βιβλοις, & per νειομοθτημένα Similiter ergo judicandum erat de his *Apostolorum* Διαταξεσι. Hic scilicet *Auctoritate* suâ usos *Apostolos*, & *Potestate*, quam in *singulas* Ecclesias habebant, ιομοθετικῆ. Sic tantundem valebit S. *Clementi* Ἐπινομὴ, quod *Platoni* Ἐπινομὶς Nempe *Legem* designavit, post Leges *alias* jam constitutas, *accessoria* Talem scilicet qualis erat apud *Mosem*, Lex *Deuteronomii*, quam etiam ipsam aliquoties advocat, sub Ἐπινομὶς titulo *Philo* Quippe quæ *accesserit* ad Legem *Sinaiticam*. Similiter enim ad *Legem* illam, qua Ecclesia *Corinthiaca* constituta est, *accessit* Lex illa quæ etiam *Successioni* prospexerit. Quanquam & illo quoque sensu Ἐπινομὴ appellari potest quo & *Evangelii* Legem *novam* agnoscimus, quæ etiam ipsa ad *Mosaicam* accesserit Ad *Legis* certe significationem spectat vox Δεδώκασιν, ut *Legem dare* dicimus, qui quid sua *Auctoritate* aliis imposuerit. Recte ergo *Apostolis* hanc *Successionis Legem* acceptam retulerimus. Sic fuerint ἐλλόγιμοι illi Apostolorum *Legati*, seu *Vi-*

Phil de Rer Div Hæred P 503 516 de Creat Princip P. 724

ᴏᴄ. *cᴀʀɪɪ,*

caru, ut quod ipfi fecerint, id ipfis tribueretur *Apoftolis,* vel faltem *fummo* Apoftolorum *Collegio.* Itaque fufpicio eft illos
ἐλλογίμυς *Itinerarios* fuiffe qui ab *Hierofoly-*
mis miffi ies *Hierofolymitanorum Corinthi*
procurarent, eofdemque adeo cum ἐκλεκ-
τοῖς. Nam & in illâ quoque Succeffoium
conftitutione Ecclefiæ *Corinthiacæ* παισης agnofcit tantummodo συνευδοκίη. Nondum
ergo fucceflorum in demortuoium loca
fufficiendoium *Jus* habebant proprii Ecclefiæ *Corinthiacæ Presbyteri* Et ne quidem *excommunicandi* aut *abfolvendi,* aut
pœnas aliquas ἀταξίας imponendi. Alioqui vix ullæ effe poterant tam manifefta
ἀταξίαι, cùm ad *Corinthios* fcriberet S. A-
poftolus. Nec fanè *luctum* illis fuafiffet,
ut è *medio* illorum *tolleretur inceftus,*
1 *Cor.* v. 2. Penes *alios* fuiffe ut *tolleretur*
innuit ipfa illa *luctûs* mentio. Magis enim
in proclivi erat ut ipfi illum tollerent, utque hoc fuaderet Apoftolus, fi ipfis Poteftas
aliqua collata effet quæ ad toll'endum fuffe-
cerit. Ita certe ad *Rogatianum* Epifcopum
S. *Cyprianus* in caufâ immorigeri *Diaconi,* Ep iii.
ipfum hortatur ut de fuâ dignitate immi- Edit. Ox
nutâ pœnas fumeret Contrà potius om-
nem illam, in incefti caufâ, Difciplinam
fibi potiùs quàm illis tribuit Apoftolus.
Ego, inquit, *abfens corpore, præfens autem*
Spiritu, jam judicavi, ut præfens, eum qui

D 3 *fic*

ſic operatus eſt, in nomine Domini noſtri Jeſu Chriſti, congregatus Vobis & meo Spiritu, cum virtute Domini noſtri Jeſu tradere hujuſmodi Satanæ in interitum carnis, &c 1 Cor V. 3, 4, 5. Sententiæ à ſe decretæ executionem *Corinthijs* tantummodo mandavit. Sic in *Excommunicatione.* Nec minùs in *Abſolutione Cui autem aliquid donâſtis, & Ego. Nam & Ego quod donavi, ſi quid donavi, propter vos in perſonâ Chriſti,* 2 Cor. II. 10. Nec ſanè aliter cùm ſcriberet ad eoſdem *Corinthios Clemens.* Nullas legimus in Schiſmaticos Spiritualium donorum obtentu tumentes *Presbyterorum cenſuras.* Et ne quidem, quod eò ſpectârit, aliquod *Clementis* ipſius *conſilium* Ne quidem *minantur* illo *Ævo cenſuras Eccleſiaſticas* alii quàm iſtiuſmodi Eccleſiæ *Hieroſolymitanæ* legati *Itinerarij* Minatur *virgam* S *Paulus* Minatur S. *Joannes Presbyter* ſi quidem idem fuerit cum Apoſtolo. Non ſunt tamen ſpernenda Argumenta quibus contrarium probat *Dionyſius Alexandrinus.* Fieri poteſt ut ad *ſecundum* potiùs Cleri Hieroſolymitani *ordinem* fuerit reſerendus Ita *Presbyterum* ſe hoc ipſo conſilio appellare potuit ut à *cognomine Joanne Apoſtolo* diſtingueretur. Sic tamen etiam Eccleſiæ *Hieroſolymitanæ* nomine hanc Poteſtatem exercuerit. Eundem S. *Joannem* ab exilio reducem, rogatu *Aſianorum* , rem Eccleſiaſticam ordinâſſe, ſcribit

Dionyſ. Alex ap. Euſ Hiſt. Eccl. vii **Gr.**

ſcribit *Clemens Alexandrinus.* Ita ſcilicet ut
alibi *Epiſcopum* fecerit , alibi κλῆϱόν τινα,
unum, ut videtui, *Clericum*, alibi *Eccleſias*
ὅλας. Eccleſias ἁρμόσαι dicitui. Neſcio an
eâ voce ad *Lacedæmoniorum* Ἁρμοσὰς ſpectâi it,
qui eiant Legati ab ipſâ *Spartî* miſſi ad
Urbes *exteras* in *Spartæ* ditione poſitas, &
reſpondebant *Athenienſium* Ἐπισϰόποις, qui
etiam ipſi non ex *Urbibus* quibus præeiant
delecti ſunt, ſed ex *Athenis* eò miſſi.   Et
quidem Apoſtolatum Ἐπισϰοπῆς nominc de-
ſignari ab *Helleniſtis* jam olim obſervavit
S. *Petrus* Apoſtolus, *Act.* i 20, 25. Eſt &
alia vocis ſignificatio quæ etiam ipſa cim
loco ſatìs aptè convenit, qua Ἁρμοστὴς μνηστὴρ
appellatur.   Sic etiam commodè cum officio *Apoſtolatus* confertui   Sic enim S. *Paulus.* ἡρμοσάμην ὑμᾶς ἑνὶ ἀνδϱὶ, παρϑένον
ἁγνὺν ϖϱαστῆσαι τῷ Χϱιστῷ, 2 *Cor.* XI. 2.
Non video autem cur ad hæc vocaii opor-
tueiit S. *Joannes Apoſtolus* ſi ad hæc eadem
pi æſtanda ſuffeciſſent *Eccleſiarum* ſingularum
Presbyteria   Si non ſuffecerint, ſic *alios* fuiſſe veriſimillimum eſſet *Angelos* Eccleſiarum
Apocalypticos ab inſtitutis locorum *Presbyte-*
riis.   Illis enim Poteſtas eiat *Regiminis* admodum abſoluta.   *Solus* enim *laus* omnis
attribuitui *vigentis* Diſciplinæ, & ſolis itidem *neglectæ* exprobratui *opprobrium*   Immeritò ſanè, ſi quam Poteſtatem cum illis
communem habuiſſent locorum *Presbyteria.*

Eiant

Harpocr
Ἁρμοστ
Vid
Mauſſic
& Valeſ
in not
Mauſſaci.

Poll L. iii
c 3. n. 4

Erant ergo etiam ipsi fortasse *Hierosolymita-*
norum legati, sed *Apostolus* ipsis obnoxii, *Do-*
minus certè eorum medio *præsens* sub *septem*
Astrorum symbolo repræsentatur.   Ad eundem planè modum quo etiam in *Nummis*
Imperatorum *consecrationes* repræsentari videmus, nunc *vivorum* coronis *septem radiis*
insignitis, nempe *radiatis*, nunc *mortuorum*,
etiam *stellis* eodem numero *septenis*.   Proinde ἀποθέωσιν *Domini*, pro *Romanorum*
Principum consuetudine, repræsentavit *Apo-*
calyptes.   Ut proinde *oculis Domini septenis*
Spiritibus responderint *Angeli Apocalyptici*
qui *discurrebant per universam terram, Zach.*
iv. 10.   Utrobique sunt *septena* etiam *Can-*
delabra, ut dubitari vix possit quin, ut ex
Daniele alia, ita ex hoc ipso *Zachariæ* loco
saltem hæc acceperit *Apocalyptes*.   Sic fuerint etiam *hi* Ecclesiarum præfecti non è
loco oriundi, sed missi *Hierosolymis Itinera-*
rij   Nam non *alibi* prædicaverat ipse *Do-*
minus, nec *alibi* proinde ejus post mortem
Apotheosis repræsentanda erat quàm quo loco
mortem fuerat perpessus.   Sic etiam *Timo-*
theo præcipit S *Paulus* de *Episcopis Diaconis-*
que constituendis, deque *Presbyterorum accu-*
sationibus, & de *duplici benè præsidentium*
Presbyterorum honore.   Et quidem *soli*, quod
tamen faciendum non erat de *officio* cum
Presbyteris communi.   Sed verò munus illius non *fixum* fuisse sed *Itinerarium*, multa
ſ   argu-

arguunt. *Rogatum* illum *manfiſſe Epheſi* te-
ſtatui Apoſtolus, 1 *Tim* 1. 3 Erat ei go,
cum *rogaretur*, *Itinerarius*. Arguit *opus E-*
vangeliſtæ, 2 *Tim* iv. 5 Arguunt tot illius
cum S *Paulo itinera*, & commune illius cum
Apoſtolo nomen in *Inſcriptionibus* Epiſtola-
ium ad *Theſſalonicenſes* Similiter *Tito*, &
quidem *ſoli*, de *conſtituendis* in *Cretâ* $\varkappa$ *mí-*
$\lambda\iota\nu$ *Presbyteris*, idem piæcipit Apoſtolus,
Tit 1 5. *Relictum* illum fuiſſe ait, *ut ea*
quæ deerant corrigeret Comitem utique *Apo-*
ſtoli cùm *relinqueretur*. Et ſanè *Comitem*
S. *Pauli* alia quoque loca docent, non magis utique *certo* alicui loco *adſtrictum* quàm
ipſe fuerit *Apoſtolu*ᵣ. Paiitei *Itinerarius* videtur fuiſſe *Diotrephes*. Qui potuit *ex Ec-*
cleſiâ ejicere, *v.* 10. Ei paiuiſſe neceſſe erat
cæteros omnes Eccleſiæ *Presbyteros* qui dandæ *Euchariſtiæ* poteſtatem habebant. Itaque ſi *Presbyter* fuiſſet, alius à πρωτοϰαϑέδρῳ
eſſe non potuit πρωτείας affectator. Nihil
autem potuit obtendeie πρωτοϰαϑέδρος cur
ſe *Hieroſolymitano Presbytero* opponeiet. Potuit *Itinerarius* qui ejuſdem Eccleſiæ *Hieroſo-*
lymitanæ Auctoritatem habebat quam S *Jo-*
annes ipſe *Presbyter* Vix tamen eſt cur dubitemus quin miſſi illi à Cleio Hieroſolymitano *Itinerarii* Cleio ipſi obnoxii fueiint
utriuſque Collegii tam *Apoſtolorum* quàm
Presbyterorum. Hoc ergo nomine *Diotrephi*
minatur S. *Joannes* quod Cleri *Hieroſolymi-*
tani

tani Auctoritate miſſus, in *ſe* tamen qui ipſe
Cleri illius *membrum* fuit, minus quam o-
portuit obſequioſum præbuerit atque reve-
rentem.   Hac, ut videtur, cauſa *Caius*, ad
quem data hæc Epiſtola eſt, *Diotrephem* potius quam S. *Joannem* negligendum cenſuit.
Ipſe, ut videtur, Eccleſiæ *Presbyter* (cui
præerat *Diotrephes*) & *Peregrinantium* Religionis ergò hoſpitiis præfectus   Erat enim
ea hujus Epiſtolæ, ni fallor, occaſio, quod
illius generis *Peregrinis* Symbola *Hospitalitatis* dederit S *Joannes*, quas acceperit *Caius*,
rejecerit autem *Diotrephes*. Talis denique
fuerit *Archippus*, cujus mentio *Col.* IV. 17.
Nam συςρατιωτην illum agnoſcit Apoſtolus,
Philem. v. 2. nempe *comitem* in *itineribus*
Evangelii propagandi cauſâ ſuſceptis. Nam
Itinera iſtiuſmodi ςρατειας nomine deſignat Apoſtolus, 1 *Cor.* IX. 7. Agit enim de
obſoniis militaribus illo ςρατειας nomine de-
bitis, quæ etiam ſibi ipſe Evangelii propa-
gati cauſâ vendicat.   Perperam, ni laborem
ſuum hac in cauſa ſuſceptum haberet pro
ςρατεια   Sic diſciplinam omnem Eccleſiæ
Catholicæ ab Eccleſiâ *Hieroſolymitanâ* admi-
niſtratam fuiſſe conſtat, hoc *primo* ſaltem
intervallo.   Similiter enim *Synedrium Hie-
roſolymitanum* è *Synagogis* ejeciſſe legimus.
Non item *Urbium* aliarum Synedrio ſubdi-
tarum *Archiſynagogis*, niſi *præeunte Synedrio.*

Itaque

Itaque hoc faltem fpatio *Principium Uni-*   ⅠⅠ
tatis Ecclefia erat ipfe *Chriftus,* qui Veteris   Princip-
Noviqie Seculi *Unitas* ab eo incipiebat.   um Unita-
Inde *Chriftianos* omnes συμπολίτας ἁγίων ap-   tholice
pellat Apoftolus, *Eph* 1. 19 Ἁγίες hîc vo-   erat Epi-
cat quos τὸς ἁγίες θεῦ ἀνθρώπες, S *Petrus,*   *Hierfoly-*
2 *Pet.* 1. 21   Qui fcilicet afflatu Spiritûs S.   *mitanus.*
Scripturas ediderant, *v* 20 Hi, cùm fue-
rint omnes *Cives Hierofolymitani,* qui *utriufque* Fœderis *Scripturas* exararint, proinde
non eft cur *Civitatem* illam aliam intelliga-
mus quàm *Hierofolymitanam* Sequitur ergo · *Superædificati fuper fundamentum Apoftolorum* [Novi Fœderis miniftroium] *&
Prophetarum* [Veteris] *ipfo fummo angulari
lapide Jefu Chrifto.* In quo *omnis ædificatio
conftructa crefcit in Templum Sanctum in Domino,* Eph. 11. 20, 21. *Templum* illud quo,
Myftico illo *Templi* ufu, facta eft allufio, aliud effe ne quidem potuit ab *Hierofolymitano.*
In illo enim *Templo* conveniebant *Utriufque*
Fœderis *Peculia,* cùm fcribeiet Apoftolus.
Quanquam enim à *Synagogis Judæorum* dif-
cefferint *Chriftiani,* à *Templi* tamen ufu
nunquam difcefferunt Itaque in eo pofita
eft *Unitas Chriftianorum* quòd in Corpus
Civium *Hierofolymitanorum* coaluerint, &
in *unum* cum illis *Corpus* qui *Templi* etiam
Sacrificia communia habebant, licèt à *Judæis* Templi præfidibus in *Templum* non
admit-

admitterentur *incircumcisi* nisi præputium
exuissent, factique essent etiam *Justitiæ
Proselyti*. Hinc ut puto πάροικοι se & πα-
ρεπίδημοι inscribunt Primævi *Christiani*.
Stylo, ut videtur, *Hellenistico Judaica* διασ-
πορέας, dum & ipsi in exitio essent ab Urbe
Patria *Hierosolymitanâ*. Quæ certè intelligebant *Judæi* de Urbe *Hierosolymitanâ*, etiam *terrestri*. Et proinde *Apostoli* qui erant
ipsi quoque stirpe *Judaicâ*, recepto apud
Gentem suam *Patriæ* studio imbuti. Sic
loquitur etiam sæpe *Philo* Sic & *Martyres*
coram *Firmiliano*, apud *Eusebium* de *Mar-
tyribus Palæstinis*, *Jerusalem Civitatem* agnoscunt, sed *Cœlestem* fateor, cui tamen *jus*
obvenerit per *Terrestrem*, pro sententia saltem Peculii *Veteris*. Itaque ne *Christo* quidem *Unitatis Principio* potiri credebantur,
ni Ecclesiam *Hierosolymitanam* omnium
summam agnoscerent, & debitum ei obsequium præstarent. Et sanè ita necesse
erat dum Collegium *Apostolorum* solius esset
Civitatis *Hierosolymitanæ*. *Singulis Apostolis*
Potestatem fuisse in omnes *exteras* Ecclesias,
nihil est cur dubitemus. Nam ab *Extraordinariis* ubique constituta sunt Ecclesiarum
exterarum Presbyteri. Extraordinariorum
autem Rectorum *summos* Sacræ *Literæ* ipse
agnoscunt *Apostolos*. Sed verò, si *singulis*
etiam *Apostolis* Orbis universi Ecclesiæ *universæ* paruerint, multò magis *Apostolorum*

Collegio

Collegio obſequium debuiſſe neceſſe erat, cui etiam *finguli* parebant *Apoftoli*, & magìs adhuc Collegii Apoftolici *præfidi*, tam *primæ* ſedis *Prærogativis* omnibus inſignito, quàm *Principij Unitatis*. Hanc enim poſtremam Prærogativam, quæ *Synedrij* etiam *Judaici Præfidi* conveniebat, ne quidem vendicare ſibi potuit *Apoftolorum* omnium commune *Collegium* Nec ſanè erat hoc intervallo quiſquam alius qui *Dominum* ut *Principium Unitatis* repræſentare poſſet præter *Epifcopum Hierofolymitanum* Illius ergo *Communionem* ſolvebant omnia, quacunque demum Orbis parte Schiſmata.

Et quidem ita loquuntur *proximi* hiſce temporibus Scriptores. *Ecclefiam* ad *Trajani* tempora, πάρθενον, καθαράν & ἀδιάφθορον fuiſſe teſtatur *Hegefippus*, (non quidem Ecclefiam *Hierofolymitanam* de *nomine* defignavit *Hegefippus*,) quæ nec ipſa fortaſſe tum *locum* habuerit in ruderibus *Hierofolymitanis*. Saltem maximâ ex parte, cum pauca admodum & obſcura *tuguria* ibi fuiſſe tradat *Epiphanius*. Sed unum erant aliquantiſper cum Chriſtianis *Hierofolymitanis* Corpus Chriſtiani *Pellæi*. Et quidem *primos* illos Heterodoxorum motus in *Pereâ* fuiſſe, quâ ſita erat *Pella*, idem docet *Epiphanius*. Erant autem ambo origine *Judæi*, tam *Hegefippus* quàm *Epiphanius*. Ne dubitemus quic-

12 Ecclefiæ ille *Hierofolymitanæ* Primatus *proximis* poſt Apoſtolos temporibus notus fuiſſe videtur.

Hegefippus Ap Euf. Eccl. Hiſt. iii. c λ) Gr.

quicquam illos affciuiffe quod non ab oiiginibus hauferint illorum locorum *Judaicis* fibi exploratis. Conftat ergo è ftatu Ecclefiæ *Hierofolymitanæ* de ftatu Ecclefiæ *Catholicæ* pronunciaffe *Hegefippum* Immerito fanè nifi Ecclefiam *Catholicam* moderata effet Ecclefia *Hierofolymitana*. Et fanè illam *Apoftolorum* Auctoritatem, quæ folius Ecclefiæ erat *Hierofolymitanæ,* cauſam fuiffe quæ obftiterit quo minùs Hæiefes aborirentui, ibidem ipfe agnofcit *Hegefippus* Mox enim illis extinctis, tum demum in lucem publicam prodierunt Hærefefque fuas palam funt profeffi Nec foifitan incommodè huc ietuleiimus τὸ ϰατέχον, 2 *Theff.* ii. 6. Nam poft ἄφιξιν fuam, *intraturos* prædicit *lupos rapaces non parcentes gregi,* *Act.* xx. 29. *Hæreticos,* ut videtur, qui, poft *mortem* fuam (hanc enim pei ἄφιξιν defignare potuit) in apricum prodituri effent, pio mente *Hegefippi* Sic enim oibem univeifum *Chriftianum* perftiinxit *fupremus* ille *Cleri Hierofolymitani* giadus, tantaque omnium veneiatione fufceptus eft ut fi quam decietoriam fententiam ab eo accepiffet nova *Hærefis,* nullum dèinde in quâcunque oibis Ecclefiâ refugium fuerit inventura. **Poftea** ad *paritatem* redactis Ecclefiis, jam longè facilioi erat *difcordia* in *cenfuris* confirmandis quàm cùm uni Ecclefiæ *Hierofolymitanæ* ieliquæ *univerfæ* parendum crederent.

derent. Hinc illa jam deinceps audacia quæ planè talem fupponit Ecclefiæ *Hierofolymitanæ* poteftatem qualem jam fuiffe probavimus Idem fupponit Traditio illa quæ ad *Eufebij* tempora defcendit, de *Apoftolis* aliifque Domini tam *cognatis* quàm *difcipulis* & Peregrinationibus Evangelii caufâ fufceptis domum reverfis ut *Simeonem Cleopæ* Epifcopum *Hierofolymitanum* conftituerent. Vel inde intelligimus quanti intereffe credebatur ut fedes *illa* impleretur. Nufquam enim id factum de *aliâ* quavis fede legimus, ne quidem *Romanâ.* Intelligimus præterea, ne *tum* quidem, tot annis poft moitem S *Petri,* adhuc *fupremum* illud *Apoftolorum* Collegium ab illâ obligatione folutum quæ *proprium* illud fecerit Ecclefiæ *Hierofolymitanæ.* Itaque, ut *Primatum* aliquem habuiffet S. *Petrus* (quem Nos Epifcopo *Hierofolymitano* fubditum probavimus) non tamen ad Ecclefiam *Romanam,* fed *Hierofolymitanam* potius fpectâffet *illius* in *Primatu,* fi qua demum fuiffet, *fucceffio.* Hæc autem obiter. Senfit præterea vera effe quæ diximus, qui tertio tandem feculo, fub *Clementis Romani* nomine & Perfonâ, *Recognitiones* aliaque *Poetica,* potius quàm *Hiftorica,* prima Seculi monumenta fuppofuit. S. *Jacobum* ille, non S. *Petrum,* Ἐπίσκοπον vocat Ἐπισκόπων. Pio Stylo fcilicet

licet *Orientis.* Ibi enim in *supremis* iftiufmodi titulis fimilis obtinuerat confuetudo.
Sic *Parthi Arfacidæ* & *Tigranes* Βασιλέας fefe
Βασιλέων appellabant.   Sic Dominum noftrum Βασιλέα τῶν Βασιλευόντων, & Κύριον
τῶν κυριευόντων Sacræ quoque Literæ agnofcunt, quas fortè aliquatenus in hoc Domini *fucceffore* imitatus hic Poeta eft.   Poftea fublato Ecclefiæ *Hierofolymitanæ* Primatu, odiofæ effe cœperunt illæ *Epifcoporum* in
collegas elationes.   Epifcopum *Romanum*
Pontificem Maximum Ironicè vocat *Tertullianus.*   Id nempe innuens inter *Chrifti*
Pontifices neminem alio *majorem* effe cen-
fendum.   Illum etiam ipfum titulum, ut
quis *Epifcoporum* vocaretur *Epifcopus*, à *Chriftianis Epifcopis* alienum judicat in Concilio
Carthaginenfi S. *Cyprianus.*   Eo magis au-
diendus, quod fi tuliffet Lex Ecclefiæ *Catholicæ* ut quis unus *Epifcopus* ita appellaretur, ipfe potiffimùm honore illo fuerit
infigniendus.   Erat enim Provinciæ *Proconfularis* in *Africa* primariæ *Metropolitanus*,
ipfiufque Concilii *præfes.*   Eundem illum
faftum typhúmque fecularem reprimunt quarto Seculo Ecclefiæ *Africanæ* Patres; fta-
tuuntque ut *Provinciarum Metropolitani*
primarum duntaxat *Sedium Epifcopi* vocarentur.   Hoc ipfo, ut videtur, confilio, ne *Suf-
fraganeorum Epifcoporum* haberentur *Epifcopi.*
                                                    Addit

Addit infcriptio Ἐπιτομῆς τῷ τὴν Ἱερεσαλὴμ ἁγίαν τῶν Χριϛιαιῶν Ἐκλησίαν διέποντι, κὴ τας πανταχῆ Θεῆ περνοίᾳ ἱδρυνθείσας καλῶς Χριϛῆ τῆ Θεῆ ἡμῶν Ἐκκλησίας Erat ergo illa (ut credidit Auctor) Chriftianorum *omnium* communis *Ecclefia*, & reliquis etiam leges dedit *ubique* Dei Providentia fundatis. Nec multum difcrepat Epiftola ejufdem *Clementis* nomine præfixa *Clementinis*, & verfa à *Rufino*. Ne *Juniorum* interpolationibus hæc deberi fufpicemur S autem *Petri* Epiftola in iifdem *Cler entinis* ita loquitui quafi nullus fuerit inter Chriftianos *Epifcopus* prætei S. *Jacobum*. Appellat enim illum Κύριον & Ἐπίσκοπιν τῆς ἁγίας Ἐκκλησίας, *urbis* nomine ne quidem memorato Ita Auctoi vetuftiffimus *Ebionita*, non admodum *longè* ab his originibus remotus Idem ignotus Auctor in eo quoque Suprematum agnofcit S. *Jacobi*, quòd S. *Petrus*, apud illum, rerum à fe geftarum S. *Jacobo* iationem reddendam crediderit, idemque *Clementi* piæcepeiit ut de *Prædicatione* fuâ adminiftratoque à fe munere eundem *Jacobum* redderet certiorem. Idem denique fenfiffe videntur, quicunque demum fueiint, qui piimi *Epiftolas Catholicas* in unum coegêie *Codicem* à temporibus poft Seculum *Secundum* antiquiffimis. Hinc enim ratio erat apertiffi.na cur illo, quem hodieque fervant, ordine difponerentur.

E *Primum*

Primum locum habet Epiſtola S. *Jacobi*, proptei illam ipſam, quam piobavimus, illius, etiam inter Apoſtolos, πρωτεῖαν, cum in ſede conſtitueretur *Hieroſolymitanâ Proximæ* occurrunt illius *Apoſtoli* Epiſtolæ, qui Apoſtoloium *noncognatorum primus* numerabatui, quique pioinde, Domino etiamnum ſupeiſtite, *primus* legitur, S. *Petri.*

1 Cor ix. 5. Et quidem pioximum illum S. *Jacobo* Apoſtoliſque Domini cognatis cenſet etiam S. *Paulus.* Tertio poiio loco illius Apoſtoli leguntur Epiſtolæ qui locum etiam ipſe habuit in piimo Apoſtolorum *ternario,* & quidem eundem quem in Epiſtolarum *Catholicarum* Codice ejuſdem tenent etiam Epiſtolæ, *tertium* ultimúmque. Hoc certè eodem oidine illos, quos Eccleſiæ *Hieioſolymitanæ* Collegiique *Apoſtolici* ςύλες fuiſſe tiadit, recenſet etiam S. *Paulus, Gal* ii. 9.

Clem. Al. 1p *Euſ* H E. ii. i. Neglexit oidinem *Clemens Alexandrinus,* qui tamen eoſdem illos *tres* à Domino teſtatur in *Apoſtolatu* fuiſſe περπτιμημ᾽ϑ᾽ς pioptei eximiam illam γνῶσιν quam Dominus illis non item aliis, conceſſeiit, *Apoſtolis.* Huc foitè ieſeienda *quod audivimus, quod vidimus,* &c *de verbo vitæ,* 1 Joann. i. i. *& annunciamus vobis vitam æternam quæ erat apud Patrem, & apparuit nobis,* v 2. Non aliena ab illis S. Petii, *Speculatores facti illius magnitudinis,* 1 Pet. i. 16. *Et hanc vocem nos audivimus,* &c. *v.* 18. Quaſi ſimiliter
               ſuum

fuum quoque *Apoftolatum* commendaret S.
Joannes à μεταμορφώσει Domini, cui ipfe e-
tiam interfuerit, quæ γνῶσις fuerit de quâ
loquebatur *Clemens.* Huc etiam fortaffe
quod *laminam* Sacerdotalem huic etiam A-
poftolo attribuerit *Polycrates*, qui ipfius me- Ap. *Euf.*
moriâ vixit non admodum longinquâ. H E. v ᷏ᷔᷓ Gr.
Fieri poteft ut in Synedrii Collegio *Archie-*
ratico, jura quædam propria fuerint *prima-*
riis Collegii *Pontificibus*, feculo faltem illo
Apoftolorum, in quibus locum habuerit *la-*
mina aurea. Inde proclive erat ut ad hos
tres primarios fimiliter defcenderit *Apofto-*
los. Docent autem hæc omnia, *primo* faltem inter *Apoftolos* hofce, quos dixi, *loco*
fuiffe *Apoftolos* , & eodem, quo dixi, *ordine.*
Poft hos *primarios Apoftolos*, fequitur poftremo *Judas*, qui, quanquam fuerit *ordi-*
nis Apoftolorum cognatorum *primarii*, nullo
tamen fuerit in ordine *primus.* Id quo
que, pro his, quas dedimus, rationibus fatìs congrué. Erat tamen *Joanni Presbytero*
anteponendus nifi dubitatio, aliufne fuiffet
Presbyter ab *Apoftolo* effeciffet ut primam
Apoftoli indubiam Epiftolam aliæ dubiæ
fequerentur, ne fortè à fitu Auctoris vero
fejungerentur. Sufpicor denique idem in-
nuere *Infcriptionem* harum Epiftolarum.
Tantundem enim valere cùm *Catholicæ* vo-
cantur ac fi vocarentur *Apoftolicæ.* Et quidem *Apoftolorum* illorum è quibus confta-

E 2   bat

bat Collegium *Hierosolymitanum.* *Fides*
certè *Catholica* eadem erat atque *Apostolica.*
Nomen autem accepit *Catholicæ* cùm post
Apostolorum excessum è *consensu* Ecclesiarum ab *Apostolis fundatarum* esset explo-
randa, ex illo *Ecclesiarum Apostolicarum* consensu (ut vulgo creditur) ita appellata.
Atqui certum est de *fide* non aliâ quàm
Apostolorum omnem illam fuisse inquisitio-
nem, cum ipsam illam *Apostolorum* fidem
dubiam fecissent adeò diversæ invicem de
illâ *Hæreticorum Traditiones* Fieri ergo
potest ut vice versâ *Catholica* nomen propterea acceperit quòd fuerit *Apostolica.* Ita
Apostolica omnia, propter eandem rationem,
Catholica fuissent appellanda. Et hæ adeò
Epistolæ ubi jam constitisset illas à Collegii
Hierosolymitani Apostolis fuisse exaratas. Eo
etiam potissimùm consilio ut à S. *Pauli*
Epistolis hac appellatione distinguerentur,
qui erat etiam ipse *Apostolus,* non tamen
è Collegio Apostolorum *Hierosolymitano.*
Hoc tamen quo minùs fidenter asseram,
obstat, quòd S. *Barnabæ* Epistolam nonnulli
Catholicam appellarent, cùm fuerit nihilominus S. *Pauli* in *Apostolatu* collegæ D. *Bar-*
nabas Sed ne quidem illud obstat quo
minùs *singulari* quodam *jure* Collegij Apostolorum *Hierosolymitani* Epistolæ *Catholi-*
carum vocabulo essent insigniendæ. Κήρυγμα
Apostolorum (sic enim loquuntur secundi
                           Sæculi

Seculi Scriptores, à quibus etiam cœpiſſe
videtur appellatio *Catholicæ*) λόγον ζωῆς appellant Saciæ novi Fœderis Literæ. Et
λόγον καθολικόν memorant Scriptores *Ægyp-
tii*, qui illo demum Seculo dogmata *Plato-
nico-Ægyptia* ediderunt ſub nomine *Her me-
tis Trismegiſti.* Sed magis fortaſſis eo facit
quod *Principum Romanorum* miniſtii qui reditibus *fiſci* colligendis operam dabant, tam
Rationales, Λογικοί, quàm *Catholici* tuerint
appellati. Et *Apoſtolorum* ſimile ſub *Judæorum Patriarchis* officium deſcribit *Epiphanius* qui *Patriarcharum reditus* undequaque
collegerint. Nec admodum alienum erat
id quoque munus à noſtris quoque *Chriſtianorum Apoſtolis* Nam & ipſi *viduarum* &
pauperum curam habebant *Ecclefiarum Eleemoſynis* ſuſtentandorum. Et proinde *Eleemoſynas* colligebant non modo *Hierofolymis*,
verum etiam in *exteris Ecclefiis*, pio exemplo *Synedrii Judaici* cui etiam ab *exteris Synagogis* decimæ mittebantur in uſus *pauperum Hierofolymitanorum.* Imo has ipſas
Eleemoſynas pio *Tributi* jure exigebant *A-
poſtoli Hierofolymitani*, & cum *gentium Apoſtolis* paciſcebantur ut quotannis legitimè
ſolverentur. Agnovit denique hunc Ecclefiæ Hierofolymitanæ *Primatum* etiam *E-
piphanius*, Hær. lxx. N. 10. Ἅμα δὲ (inquit) καὶ πεντεκαίδεκα Ἐπίσκοποι γεγόιασιν ἐκ
ωἐριτομῆς, καὶ ἐχρῆν τότε τῶν Ἐπισκόπων ἐκ

E 3 ωἐ*ιι*

ωξρτομῆς ὄντων ἐν Ἱερυσαλὴμ ῥαπιτασαθέντων τὸν
ΠΑΝΤΑ ΚΟΣΜΟΝ τύτοις συνέπεαξ χ̓
μετ᾿ αὐτῶν ἐπιπλεῖν [Loquitur de *Paschate*]
ἵνα μία τις γένηται συμφωνία, χ̓ μία ὁμολογία,
μία ἑορτὴ ὀπιτελυμένη . Hic *Orbem Universum*
obnoxium censet *Episcopis* primis *Hierosoly-*
mitanis.   Et quidem dum essent Episcopi
è stirpe *Judaicâ.*   Ego diutius obnoxium
non existimo, quam dum superesset *ultimus*
è *stirpe* Domini *Apostolus,* qui *secundus* erat
Episcopus Hierosolymitanus

13.
Hodierni
Regiminis
Ecclesiasti
ci consti-
tutio, licet
emanarit
ab *Aposto*
lis, est ta-
men *Scrip*
tu N. T.
omnibus
recentior,
& proinde
non ibi ex-
pectanda.

Et quidem ad *Trajani* tempora, *Simeo-*
nisque Cleopæ Martyrium, descendit Jus illud
Ecclesiæ *Hierosolymitanæ* Multis postea annis quàm excessisset S *Petrus* , & quàm
Scripta Novi Testamenti *Canonica* omnia fuerint exarata.   Et tamen expectant Adversarii ut ex his ipsis *Scriptis* Regiminis Ecclesiastici *formam* eliceremus hodieque *ob-*
servandi.   Ideone restaurandum censebunt
Primævum illum Ecclesiæ Hierosolymitanæ
Primatum ? Atqui jamdiu periit ipsa illa
Ecclesia, quæ tum *prima* censebatur, *Hiero-*
solymitana.   Periere *prætextus* omnes cur fuerit aliis Ecclesiis anteferenda.   Nulla jam
in universo terrarum orbe est *Ecclesia* tota
constans è *Judæis* in quâ locum habere
posset *Gentilium* ἐδκεύλερισμὸς qualem descrip-
sit *Gentium Apostolus* Nedum aliqua quæ
Judæorum pariter ac *Gentilium* communi
jure *Metropolitico* fruatur.   Periit cum Apostolis

ftolis etiam *Apoftolatùs Officium*, in quo,
præterquam *Judæ* proditoris, nulla unquam
erat alterius Apoftoli *fucceffio*. Periit denique, fub *Trajano*, ftirps ipfa *Domini*, quâ
demum fublatâ, jam nihil fupererat de quo
piæ aliis gloriari potuerit Ecclefia *Hierofo-*
lymitana. Succeffit in illius locum, fub
Hadriano, Ecclefia tota conflata è *Gentilibus*
Romanis, quibus jus nullum effe potuit in
Civitatem, è quâ prodiere, *Romanam*.
Quid ergo ? Ideone faltem reftauranda e-
runt *Civitatum* fingularum jura *Ecclefiaftica*
qualia erant fub *Primatu* Civitatis *Hiero-*
folymitanæ ? Ea autem ciant *primis* Apoftolici Seculi *temporibus* planè *nulla*, dum in
unum corpus coalefcerent, dum *Synagogis*
pariter iifdem ac *Templo* communicarent,
dum *Synedrii Judaici* Auctoritatem agnofcerent tam *Gentiles* quàm *Judæi*. Poftea
paulatim *feceffere* Chriftiani in *Conventus* fibi *proprios*. Sic tamen ut *Rectores* fibi *pro-*
prios non *alios* agnofcerent quàm *Extraor-*
dinarios, illiufque faltem *Ævi* proprios, quique adeò noftris temporibus ne quidem re-
ftaurari *potuerint*, ut id vel maxime velle-
mus. Unum ergo fupereft, ut reftaurentur
Presbyteria nullâ *coercendi* Poteftate inftru-
cta. Sic funditùs peribit univerfa *hodiernæ*
Ecclefiæ *Difciplina* Impunè adeò viola-
buntur tam *fidei* quàm *morum* Regulæ,
cùm nec in ipfis Ecclefiis *Poteftas* fupererit

E 4 quâ

quâ violatoribus occurratui, *coerciva*, nec in Ecclesiarum reliquaium *præside Hierosolymitanâ*. Hæc si illo Seculo contigissent, *unius* duntaxat *Ævi* fuisset ies omnis *Christiana*. Penitus enim solutum fuisset Novi Pecelii *Corpus*, cùm tot nova oborirentur *Hæreses*, tot nova *Schismata*, tot nova denique solutæ Unitatis *Scandala* Soluto *Corpore*, culium ipsum interire necesse erat, in tantâ *Persecutorum* iabie, tam *Judæorum*, quàm *Gentilium*, quàm etiam *rebellium* apostatarumque *Christianorum*. Erat enim necesse ut, dum *singuli pugnarent*, *universi vincerentur*, ut in cauia non dissimili observavit Historicus. Idem de *domo in se divisâ*, & de *Satanæ* tyrannide, si *sibi adversaretur*, observavit majoi illo *Dominus*. Atqui certum est ipsas illas *Hæreses* ab *Ecclesiâ* fuisse profligatas,& ievixisse *Disciplinam* admodum severam, & *concordiam* adhuc perstitisse Ecclesiarum *Apostolicarum* omnium. Quæ certè omnia aliter constaie non poterant, nisi custodibus *fidei disciplinæque* Ecclesiis ampliori *Potestate* donatis quàm olim habuerant dum reium potiietur Ecclesia *Hierosolymitana* Non tamen expectanda est *novæ* donationis *Historia* à Novi Testamenti *Scriptis* quæ omnia tot *antea* annis elucubrata sunt quàm piimævo jure *excidisset* Ecclesia *Hierosolymitana*.

Estque

Eſtque ſanè admodum precaria omnis illa Argumentatio quâ colligitur Diſciplinæ
Ecclefiaſticæ in poſterum recipiendæ rationem
omnem è *Scripturis* N. Fœderis eſſe hauri-
endam. *Nullus* enim eſt qui id profiteatur
apertè Sacri Scriptoris *locus.* Et ne quidem
ullus qui ita de *Regimine* agat *Ecclefiaſtico*
quaſi id voluiſſet *Scriptor*, aut Scriptoris
Auctor *Spiritus Sanctus,* ut formam aliquam
unam *Regiminis* ubique & in omne ævum
duraturi deſcriberet. Nuſquam ſcriptores
Sacri ſatis expreſſè tradiderunt, quanta ſe-
cuta fuerit in *Regimine* Eccleſiarum mutatio cùm primùm diſcederent à *Synagogarum*
communione *Ecclefiæ.* Nuſquam ſatis a-
pertè, quantum *donis* conceſſum fuerit
Spiritûs S. *perſonalibus,* quantum viciſſim
locis & *officiis.* Nuſquam Officiarios *Extra-*
ordinarios qui illo ipſo *Seculo* finem habituri
eſſent ab *Ordinariis* ſatis accuratè ſecernunt
qui nullo unquam Seculo eſſent, dum iterum veniret Chriſtus, in deſuetudinem a-
bituri. Imo ſic omnia *tum* paſſim *nota* ipſi
quoque nota ſupponunt, nec ipſi *poſterorum*
cauſâ explicant, quaſi eum duntaxat, qui
tum obtinuerit, ſtatum in animo haberent.
Officia ipſa nuſpiam, *qualia* fuerint, aut
quàm latè patuerint, ex profeſſo deſcribunt,
quod tamen ſanè faciendum erat ſi formam
præſcripſiſſent *perpetuo* duraturam. Imo ex
ipſâ *Apoſtolorum* Hiſtoriâ ſatis exploratum
habemus

14.
Opus non
eſt ut *Re-*
giminis
Ecclefiaſti-
ci forma
hodie ob-
ſervanda
tradita
fuerit in
Scripturis
Cuortis

habemus non omnia *simul* Apoſtolis *ipſis*
fuiſſe revelata, ſed gradatim, & pro rerum
gerendarum exigentiâ.   Ante *ſeceſſum* à
Synagogis, nec de *Regimine*, nec de ipſo *ſe-*
ceſſu, ipſi reſciviſſe videntur Apoſtoli. Cùm
blaſphemarent Judæi, Chriſtianoſque *diris*
devoverent, tum demum illis revelavit
Deus jam adeſſe cauſas cur eſſet facienda
ſeceſſio.   Antea non eſt cui dubitemus quin
à *ſecedendo* ipſi quoque abhoriuerint *Apo-*
ſtoli   Erant enim etiam ipſi ortu *Judæi,*
patriarumque Conſuetudinum Legiſque ſtudioſi, animoſque *priſtinos* non uno ſtatim
impetu, ſed *paulatim*, exuebant   Si quid
antea patefeciſſet Dominus quod eò ſpectare
crederetur; periculum erat ne *deficerent*
potiùs quàm *parerent*.   Ne quidem *admit-*
tendos fuiſſe in novum Peculium ſine *Cir-*
cumciſione Gentiles crediderant Apoſtoli,
crediderat etiam ipſe S. *Petrus*, dum eâ ipſâ
occaſione contraiiam *Revelationem* à Spiritu
S. acciperet.   Cautè ergo egit Dominus,
nec *vinum novum vaſis* credidit *veteribus*,
nec proinde *alienis* animis novas de *factis* à
quibus *abhorrebant*, ingeſſit *Revelationes*.
Proinde non eſt cur de Factis *odioſis Reve-*
lationes apertas diu antea illos accepiſſe cre-
damus,   quàm *Facta* ipſa contingerent.
Nec eſt cur dubitemus quin *plena* illa *Ju-*
dæorum è novo Peculio, *excluſio*, quin *ſtir-*
pis ipſius *Dominica*, *Eccleſiæque Judaicæ*,
æquâ

quà *Judæis* conſtabat, *juribuſque* ſibi *proprius* eo nomine fruebatur, *exciſio* Apoſtolis *ipſis primariis* qui *ſtirpem Domini* venditabant, fuerint odioſiſſimæ. Itaque, ſi ne *Facta* quidem illa fuerint, antequam evenirent, revelandꞌ, multò certè minùs *opportunum* erat, ut, quæ deinde, poſt *exciſam* Eccleſiam *Hieroſolymitanam,* forma *Regiminis* eſſet per Eccleſiam *Catholicam* obſervanda, tot *ante* exciſionem annis *ſcriptis* mandaretur. Saltem ſi adeo fuiſſet Revelatio *manifeſta* ut antea quàm contingeret, *exciſionem* ipſam patefaceret. In *hac* autem, de quâ agimus, cauſâ propria quædam ratio eſt quo minùs fuerit neceſſarium ut in *ſcriptis* hiſce *Canonicis* memoraretur. Ut enim fuiſſet in *Scriptis* etiam *Canonicis* Regiminis *Eccleſiaſtici* in æternum obſervandi mentio *diſertiſſima*, non tamen *certiores* nos feciſſet illa mentio quàm eſſemus de illis, qui illius meminerant, *Libris.* Sed verò *Sine* illâ mentione, *parem* habemus ſaltem *Regiminis* ab *Apoſtolis* in Eccleſiâ *univerſâ* relicti *certitudinem,* fortaſſe etiam *majorem,* quàm habemus *Librorum* ab Apoſtolis *ſcriptorum.* Nam certè, ſi *rationem* ducem ſequamur, fides *Librorum* ab *Apoſtolis* editorum Teſtimonio nititur *proximi* ab Apoſtolis *Seculi.* Primo enim ne quidem *collectum* Canonem eſt ſanè veriſimillimum. Itaque *ſecundi Seculi* teſtimoniis nititur oportet

tum

tum primùm colle&ctus & in publicam
emiſſus lucem *Canon.* Sed verò *secundo*
Seculo magìs erat exploratum quam formam *Regiminis* in *Ecclesiis* à se fundatis
reliquiſſent *Apostoli* quàm quos scripsiſſent
Libros. Libri *testes* alii eſſe non poterant
quàm qui ibidem fuiſſent ubi etiam *Apostoli*
cùm *Libros* elucubrarent. *Regiminis* testes
multæ eſſe poterant *Ecclesiæ* ab Apostolis
fundatæ. Librorum testes *seniores* fuiſſe
neceſſe erat qui *Traditiones multis* ante Apostolorum *exceſſum* annis accederent *Regiminis* testimonio ab *ultimis* Apostolorum
temporibus deducendi *minor* suffecit *ætas,*
quæ adeò *plures* suppeditâ&rit *testes,* & in
recentiori memoriâ, *certiores* adeo, *Regiminis,* quàm fuerint *Librorum.* Et in ipso
quoque loco seculoque quo *Libri* scripti
sunt, longè tamen magìs *notorium* erat
Regimen ab *Apostolis* institutum quàm scripti ab iisdem *Libri.* Ingerebat enim se
Regimen etiam alia meditantibus dum in
Synaxibus versarentur. *Libri* non aliis pa
tebant quàm *quærentibus,* quàm intimæ etiam admiſſionis *Amicis.* Vix certè aliis certò
constare potuit de Librorum *Auctoribus.*
Itaque cùm *certitudinis* gradum *novum* nullum addere potuerit *mentio* in *Canonicis Libris* expreſſa, nihil est profectò cur exinde
præjudicium Regiminis Ecclesiastici *juri* cre-
etur, quòd illius non meminerint Scriptores *Canonici.*   Videamus

Videamus ergo, ſed è *recentioribus* mo-
nimentis, quæ demum nova *Jura*, & quâ
poiro *ratione*, Ecclefiis *ſingulis* ex illâ Ecclefiæ *Hierofolymitanæ* clade acceſſeiint Cæterùm quo meliùs ieium deinde geſtarum
nexus intelligatur, *tempus*, quo tanta illa mutatio contigeiit, paulò quàm factum hactenus, accuratiùs indagemus Credideram
olim anno *Ær. vulg.* CXVI. cædem fuiſſe
Simeonis Jam fuſpicoi propiùs ad *initium*
Trajani eſſe admovendam. Ait *Hegefippus*
Judæ nepotes duos qui ſub *Domitiano* eo
nomine periclitabantur quòd fuiſſent è ſtir-
pe *Davidicâ*, ᾳνομένης εἰρήνης, μέχρι Τραιανῦ
ᾳῶραμεῖναι τῷ βίῳ. Sub *Nervâ* erat εἰρήνη illa, cùm revocarentur *exules* Itaque cùm
Trajani Imperium illos *attigiſſe* teſtatur,
innuit certè non admodùm *affectum* eſſe,
cùm illi decederent, illius Principis *Impe-*
rium. Sic autem loquitur de ambobus,
quaſi uno eodemque tempore *ambo* exceſ-
ſiſſent. Hoc ſi verum, tunc ambos de-
functos fuiſſe veriſimillimum erit cum *ſtirps*
illa, è quâ oriundi eiant, *Davidica* ſola
ſufficeret ad periculum *capitis* adeundum.
Eodem ſcilicet tempore quo *Simeon Cleopæ*
avi frater, eodem *ſtirpis* nomine tolleretur.
Alioqui enim non erat cur quis miraretur
ſi *Judæ* nepotes ad *Trajani* tempora ſupei-
eſſent. Quippe qui ne quidem *Juventutis*

15.
Stirps
Domini
ac *Davi-*
dis extin-
cta, *A D.*
107. Vel
potiùs
forte 105.
vel 104

Ap. *Euf.*
H E. iii.
x Gr.
λβ Gr.

ætatem

ætatem superare potuerint sub *Trajano.*
Pares enim feré erant cum ipso Domino
fratres illius SS. *Jacobus, Judas & Simeon è
Mariâ Cleopæ* prognati quæ *soror* erat B. Virginis. *Tertiam* ergo à Domino *generationem*
attigerant illi *Judæ* nepotes. Dimissos à
Domitiano ἡγήσαϑς τῶ ἐκκλησιῶν idem testis
Hegesippus est. Quòd scilicet in Clerum
Hierosolymitanum adscriberentur, qui tunc
omnibus præerat *Ecclesiis.* Et quidem *duplici* nomine, ὡς μάρτυρας ὁμῦ κῂ ὸπὸ γἕνὖς
ὄνῷας τῶ κυρἴὖ. Docet *posterior* illa ratio
Clerum illum cujus *stirps* illos participes fecerit, non alium fuisse quàm *Hierosolymitanum.* Ibi enim *stirpi Dominicæ* locum fuisse jam probavimus Sed *secundus* fuerit
oportet Cleri *Hierosolymitani Ordo*, nempe
Presbyterorum, in quem admissi sunt per
ætatem impares *Apostolatui.* Imo multis postea annis quam *impletus* fuisset numerus
Apostolorum, quibus nulli erant, præterquam in *Judâ proditore* successores. Docet
enim *prior* ratio, tum demum illos in Clero *Hierosolymitano* locum accepisse cum dimitterentur à *Domitiano* Demus illos tunc
tricenarios fuisse (quæ *ætas* erat per *Legem*
necessaria in *Sacerdotibus*) ne quidem ita
Juventutem superaverant initio *Trajani.*
Vult ergo *Hegesippus* non *ætatem*, sed consilium de exscindendâ stirpe *Davidicâ* causam fuisse quo minùs ultra *Trajanum* pertigerint.

tigeiint. Immo eodem nomine quo etiam *Simeon,* ipfos etiam fuiffe paffos, innuunt veiba *Hegefippi* de *Simeone* Ὡσάυτως (inquit) ἐφητοφήθη ἢ αὐτὸς ὅπὶ τῷ αὐτῷ λόγῳ ὅπὶ Ἀττιχῦ τῦ ὑπατιχῦ. Quis *Atticus* ille fueiit non conftat. Nedum de *tempore* quo *Conful* fueiit, aut *Confularis.* Sed *primos* in *Oriente* motus illis tollendis fuffeciffe probabile eft qui jam olim fuerant fub *Domitiano* fufpecti. Illieiant, ni fallor, *Arabum* quos repreffit *Palma* eodem ferè tempore quo Bello *Dacico* iiº. finem impofuit ipfe *Trajanus.* Anno fcilicet, CVII. Annum illum infignem facit *Perfecutionibus* Auctor Martyiii S. *Ignatii,* annum nempe *Trajani* IX. cùm victoria *Dacica* nupera *Trajanum* à priftinâ æquanimitate mutâffet. Et fanè *Chrifti* pariter ac *ftirpis* caufâ paffum effe *Simeonem* oftendit *Hegefippus.* Nec enim aliò fpectabant *tormenta* quàm ad *Chriftum* negandum, non autem ad pœnam *ftirpis Davidicæ.* Certum eft piofectò non illâ *Perfecutione* fublatum *Ignatium* Itaque quòd illum nihilominùs hoc anno *paffum* voluerit Auctor *Martyrii,* hoc aliunde illum accepiffe neceffe eft. Quòd fcilicet didicerat hoc *anno* fuiffe *Perfecutiones* Illas nimirum quæ diffolverint *Primatum* Ecclefiæ *Hierofolymitanæ,* ftirpe Domini funditùs exterminatâ. Eiat enim *Epocha* illa in re *Ecclefiafticâ* infigniffima, &, fi qua alia, à

fcripscriptoribus *Christianis* memoriæ mandanda. Et sanè *Simeonis Cleopæ* mortem ad hunc ipsum annum *Trajani* X^um. labentem scilicet, retulit *Eusebius* in *Chronico.* Sed *Bello ineunte* potiùs extinctum fortasse verisimilius est   Tum enim erant reprimendi conatus *Judæorum* siquid fortasse rerum novarum molirentur.   Nisi fortè in Bello *ipso* ediderint *Judæi* alieni à *Romanis* animi suspiciones.   Sed duplici anno cædem *Simeonis* assignat Auctor Chronici *Paschalis, Ær. vulg.* CIV. & CV. Nempe *duplici* ejusdem *nomine,* pro diversâ sentientium diversis hypothesibus, hallucinatus. *Simeonem* enim *Cananæum* priori anno passum esse tradit, posteriori *Simeonem Cleopæ.* Nesciebat scilicet *Apostolum* nullum esse potuisse *Cananæum,* alienæ nempe *stirpis* à *Judaicâ.* Καναναῖ@· rectiùs in aliis Codicibus appellatur, quod *Ebraicè* tantundem valet ac *Græcè* Ζηλωτης.   Nesciebat eundem cum *Zelote* fuisse *Simeonem Cleopæ.*   Sed quòd *annis duobus* idem ejusdem *Martyrium* attributum est, à diverso eorundem COSS. *Candidi* ii. & *Quadrati* ii. situ in fastis diversis, ni fallor, emanavit.   Nos COSS illos anno CIV°. assignandos arbitramur, vulgo anno CV°. assignantur.   Hoc ergo unum è bonis monumentis hauserint illius Chronici Auctores, illis COSS passum esse *Simeonem.* Fieri autem potest ut *utrovis* situ COSS.

—isdem

iifdem contigerit illa *Paffio.* Anno nimirum fuperiori *exeunte,* vel pofteriori *ineute.* Cœpit enim Bellum *Dacicum* prius fine anni C^1 Duravit autem Bellum utrumque per *Quinquennium* tefte in *Cæfaribus Juliano* Apoftatâ Si *quintu COSS.* Bello II°. finis impofitus fuerit, & *cœptum* proinde intelligatur tantummodo *Quinquennium*, fic anno CIV° *exitum* acceperit. Sin Quinquennium *integrum* utrumque Bellum impleverit, fic anno potius CV° *Daciam* in Provinciam redegerit *Trajanus.* Itaque fi profperis hujus Belli fucceffibus inflatus *Trajanus* in *Perfecutionem* ei uperit, utrovis anno fatìs commodè contigerit Ecclefiæ *Hierofolymitanæ* fatalis illa *Perfecutio.* Meliùs autem *initio Trajani* admovebitur ut *tredecim* Epifcopis fpacium concedatur, qui medii tenuerunt inter hunc noftrum Apoftolum *Simeonem* & *Cives Romanos* novæ Coloniæ *Æliæ Capitolinæ* in rudeibus *Hierofolymitanis.* Horum tempora cum nefcierit *Eufebius,* non eft proinde cur dubitemus quin à *fabulatoribus* acceperint quæ de illis tradiderint Eufebio *juniores.* Tempora autem illius Ecclefiæ *perturbatiffima* fuiffe produnt tam *brevi* fpatio tam *multi* Succeffores, ut etiam ab hoc, quem dedimus, anno iniret fupputatio, minùs futura verifimilis fi *arctioribus* limitibus effet concludenda. *Maturius* etiam fub *Trajano* initium neceffarium erat ut poft *Simeonis* mortem emergentes *Ebionæi* tantos

Euf H. E.
IV. 5.

F tamen

tamen progreſſus faceıent, tam ın *Peræâ* quàm ın *Aſiâ*, & quidem eodem adhuc Imperante *Trajano*. *Maturıus* ıtem ut anno XCVII. oıtus *Irenæus* non tamen ıpſos conveneııt *Apoſtolos*, ſeıl Apoſtolorum duntaxat *Audıtores* atque *Diſcıpulos* Maturıus ıterum, ut *par* ſerè *Polycarpo Papıas* S. *Joannıs* (*Presbyterı* ut vıdetuı) *Diſcıpulus*, *Polycarpı contubernalıs, vetus homo,* ıpſi etıam *Irenæo,* proınde *ıpſo* etıam Irenæo *major,* ne quidem ıpſe *prımarıos Apoſtolos* audıerit, ſed eoıum duntaxat *Audıtores. Maturıus* porro, ut ſub *Hadrıanı* etıam ınıtıum ortı *Hæretıcı* dubıam fecerınt *Apoſtolorum Tradıtıonem,* & longınquıs *peregrınatıonıbus,* & *teſtıbus longævıs* confirmandam. Idem ejuſdem cladıs *tempus* exınde collıgıtur, quòd hoc tempoıe novas *Expedıtıones* ſuſceperınt Chrıſtıanı ın devıctam à *Palmâ Indıam.* Nempe eadem ıllâ Perſecutıone quæ Domını famılıam extınxıt, dıſperſi. Sıc enım Evangelıum *propagavıt* Perſecutıo quâ paſſus eſt S. *Stephanus, Act.* vııı. 4. Idem denıque oſtendıt *Hegeſıppı* ınquıſitıo ın fidem Apoſtolorum, propter novas *Hæreſes* ſub *Hadrıano* ortas, quæ Apoſtolos *eoſdem* & à *ſe* dıverſa, & ab *alııs* Apoſtolıs docuıſſe calumnıabantur. Ipſe *Judæus* orıgıne non tamen *Hıeroſolymıtanæ* Eccleſıæ ſolıus teſtımonıo contentus eſt. Quıppe quæ jam *jura* ılla ſingularıa amıſerat, quæ dum aderant, effecerant

Iren. l. v.
c 33
Fuſebıus,
H. E III
a λ° λϑ

cerant ut fuerit piæ *altis* Ecclesiis *omnibus*
audienda. Potuit autem è *fenioribus* didi-
ciffe (fi qui fuiffent *feniores*) *quæ* tandem
fuiffet *Apoftolorum* fententia, & quàm fibi
confentanea. Sed nulli unquam in *Hæreticos*
proferuntur teftes Traditionis Apoftolicæ
fenes Hierofolymitani Imo *illam* Ecclefiam
videntui *diffipâffe* Gentiles per fæviffimas,
quæ fequebantur, Perfecutiones, ut ægrè
faciem Ecclefiæ retinuerit. *Nomina* enim duntaxat *Epifcoporum* fervavit *Eufebius*, res autem *geftas* penitùs ignoravit *Indiam*, fi fides *Traditioni*, conceffit *Bartholomæus Joannem Presbyterum & Ariftionem* non *Hierofolymis*, fed in *Afiâ*, conveniffe videtur *Papias* Inde neceffe erat ut *Apoftolorum Traditiones* non ab *Ecclefiâ* ipfâ *Apoftolicâ* dif-
cendæ fuerint, fed à *coloniis* quas deduxe-
rant Apoftoli. *Primus* Traditionum indaga-
toi *Papias*, nullas *Simeonis* Traditiones
præ fe ferebat, fed *juniorum* Simeone *Apoftolorum*, qui tamen *ante* Simeonem *deceffe-
rint.* Is autem *Trajani* Imperio *Traditiones*
collegit, non *Hierofolymis*, fed, ut videtur,
in *Afiâ*. Alioqui *Simeonis* mentionem certè
feciffet Apoftolorum *Principis* poftremorum.
Sed vix potuit Ecclefiæ *Hierofolymitanæ* memoria ita obfoleviffe cum *Traditiones* colli-
geret fub *Pio* Imperatore *Hegefippus*, fi quidem ad *Trajani finem Simeon* ipfe pertigiffet.
Aniceto Pontifice *Romam* venit *Hegefippus*,

Eufebius,
H. E. iv.
xδ'.Gr.

F 2 &

& *Pio Corinthiorum* Episcopo, cui successit *Dionysius*, coævus ipse *Soteri* successori *Aniceti*. Suspicor hoc *fine* adeo in Ecclesiam *Hierosolymitanam* sævisse *Gentiles*, ut, *capite* sublato, res Christiana *universa* unà concideret. Sed longè alium *Deus*, quàm sperabant, dedit eventum.

14.
Successerunt in *Singulis* Ecclesiis *Episcopi* pares *Episcopo* olim *Hierosolymitano.*

Nam pro uno *capite* Episcopo *Hierosolymitano* tot erant deinde in Ecclesiis *capita*, quot fuissent in *singulis Ecclesiis* πρωτοχαθεδείαι, *pario* deinceps cum capite *Hierosolymitano*. Nec enim quicquam jam habebat eximium quo se præ *reliquis* Ecclesiis efferret Ecclesia ipsa *Hierosolymitana*. Defecerat cum ultimo Apostolo, etiam *Apostolatûs officium*, cùm nulli unquam, præterquam *Judæ* proditoris, sufficerentur Apostolorum *successores*. Ita contigit, ut *summus* deinceps esset, (qui olim *secundus*, in Ecclesiâ *Hierosolymitana*, ordo fuerat) *Presbyterorum*. Sic ordinem sibi proprium deinceps nullum habebat Ecclesia *Hierosolymitana*, cum & *reliquis* per orbem *Ecclesiis* sua etiam fuerint χτ᾽ πόλιν Πρεσβυτέρια. Id ergo unum supererat quod sibi vendicare possent *Presbyteri Hierosolymitani*, si quos fortassis habuissent è suo quoque ordine *Presbyteros* Domini *cognatos*. Nam & in *Peculio semen sanctum* habebatur quod fuisset è *Populo Sancto* oriundum. Maximè verò Ἑβραῖ & ἐξ Ἑβραίων,

Ἐβϱαίων, qui ex utroque parente Sanctus nafcebatur, de quo gloriatur Apoftolus, *Philip.* iii. 5. Adhuc *Sanctius* erat *femen Sacerdotale*, ut piaculum haberetur fiquis ex aliâ aliquâ *Tribu*, aut ipfâ etiam *Levitica*, in *Sacerdotium* cooptatus fuiffet qui ortus non fuiffet è *ftirpe Aaronis.* Et *ftirpe* praeterea *Aaronica*, apud *Chriftianos*, fanctior fuerit oportet *ftirps* Sacerdotii *Melchizedechiani*, cui etiam *Levi* ipfe decimas folverat in *Abrahamo*, ut obfervavit Auctor ad *Ebraeos*, *Heb.* vii. 9. Nam fimiliter è receptis de *fanctitate feminis* opinionibus Argumentatur S. *Paulus*, 1 *Cor.* vii 14. Vel inde intelligimus quàm non fuerint à *Chriftianis* aliena (ut jam vulgò creditur) illa *Ratiocinia.* Et fanè de *Domino* fecundum *carnem* cognito idem gloriatur Apoftolus, 2 *Cor.* v. 16. eamque *veteris* quoque *Peculii* gloriam agnofcit. *Ex quibus eft Chriftus fecundum carnem*, Rom. ix. 5. Iifdemque tribuendum opinionibus, quòd in *fingulis Ecclefiis* qui *Chrifto* nomen *primi* dabant, pro *Primitiis* haberentur, eoque nomine *Sacerdotiis* admoti fuerint ut reliquis *fanctiores.* Iifdem, quòd *octavum* fe familiae fuae qui *Epifcopatum Ephefinum* geffiffet, numerârit *Polycrates.* Sed & *Presbyteros* Domini *cognatos* eadem fuftulit Perfecutio quae & *Simeonem Cleopae.* Ita nihil proprium habuerit Ecclefia *Hierofolymitana* praeter *ftirpem* ipfam

Ap. *Eufeb.* H. E. v κϛ. Gr.

F 3   *Ju-*

Judaicam. Eam tamen ipfam ex *Æliâ Capitolina* exclufit *Hadrianus*, in quâ ne quidem locus fuerit *circumcifis* Et fub *Trajano*, imo multis *ante* Trajani m annis, invaluerat apud *Chriftianos* opinio de *fecundi* Peculii potiori etiam *fanctimonia*. Sic fuerit femen *Abrahami* per *fidem* ejufdem femini per *carnem* etiam antefeiendum in *jure* ad *Promiffiones* eidem factas. Quantumvis autem alienum hoc fuerit à fententiâ *Judæorum* de *Abrahami carne* gloriantium, non tamen adeo abhoiiebat à ratiociniis *Chriftianorum* qui communem etiam habebant cum *Judæis* illis *Abrahami carnem.* Prælatus enim *Ifhmaeli* fuerat *Ifaacus,* & *Efauo Jacobus,* obfervante Gentium Apoftolo S. *Paulo,* cui tamen *junioris* Peculii typi erant tam *Ifaacus* quàm *Jacobus.* Similis planè obfervatio eft collegæ in Gentium Apoftolatu S. *Barnabæ,* cùm benedicerentur à *Jacobo* filii *Jofephi,* hic etiam *minorem* Ephraimum *majori* Manaffæ fimiliter obfervavit effe *prælatum.* Idem obfervavit *manus* Jacobi in formam *crucis* fuiffe *decuffatas.* Ut ícilicet intelligeremus, poft *crucem* Chrifti *minoris juniorifque* Peculii *jura* fore *potiora.* Similis effe potuit Argumentatio de geminis *Thamaris* filiis *Pharezo* & *Zarâ,* quorum *junior* alioqui futurus *prior* nihilominùs in *lucem* eiupit. Cum hæ Prophetiæ implerentur, tum *Judæorum* illa
πρω-

Epift. Barnab. c. 13.

πρωτεῖα, tum etiam ἐγκειτειςμόν illum *Gentilium* desinere necesse erat, quæ antea agnoverat S. *Paulus.* Utcunque ergo hæc *antea* quàm evenirent, *abominarentur* stirpis *Judaicæ Christiani*, postea tamen quàm *evenissent*, nihil erat profectò cui temerè quippiam eorum aut non certo *Dei* consilio, evenisse causarentur. Non magis certè, quàm aut in causâ *Cornelii* dubitatum est de *Gentilibus* in *Peculium* novum sinè *Justitiæ Proselytismo* admittendis, aut in causâ SS. *Pauli* & *Barnabæ* de *Gentilibus* in *Peculium* etiam *invitandis.* Cum tamen fuissent illa quoque non modò à *majorum*, verum etiam à *primariorum* etiam *Apostolorum*, sententiâ, antea quàm evenirent, alienissima. *Deo* ergo eventus illos imputandos esse constabat; & *Deum* proinde eorum esse omnium Auctorem quæ ex illis eventibus per *sequelas* legitimas, pio more ratiocinandi tunc recepto, elicerentur Sic enim in Historiâ ipsâ *Apostolorum* Argumentabantur, *Act.* xv. 18.

Sequebatur imprimis, dissipatâ Ecclesiâ *Hierosolymitanâ*, & *causis* omnibus *Primatûs* spoliatâ, Primatum ipsum etiam Dei Providentiâ fuisse sublatum. Hoc autem dato, aliâ novâ *Revelatione* opus non erat, ut Ecclesiæ reliquæ omnes (quæ præter *Hierosolymitanam*, aliam nullam superiorem agnoscebant)

17. Et quidem, pro mente *Domini,* & *Apostolorum.*

noscebant) illâ *sublatâ*, ipsæ *supremæ* forent,
eodemque loco quo sola fuerat olim Ecclesia
Hierosolymitana.   Nam ex eo quòd *unica*
fuerit Urbium aliarum omnium *Metropolis*
Urbs *Hierosolymitana*, manifestum erat pares
reliquas omnes inter se fuisse, nec *Provin-*
ciarum Romanarum *Metropoles* Christianâ
aliquâ dignitate reliquis insigniores fuisse.
Nullus enim erat inter *exterarum* Urbium
Synagogas ordo, pariter autem omnes, nullâ
mediante, *Synedrio Hierosolymitano* obnoxia
erant, ejusque ministris *Itinerariis.*   Ita certè
rem se habere necesse erat, dum penes
unam Ecclesiam *Hierosolymitanam* esset reliquarum *omnium* Regimen, aliarum Ecclesiarum *Presbyteriis* omnibus nullâ (ut vidimus) *coercendi* Potestate instructis.   Hæc
enim una *paritas* effecit, ut nulla earum
esse potuerit invicem *subordinatio.*   Omnes
ergo deinceps *supremæ*, & Suprematûs *Jura*
omnibus *communia*, qualia *antea* fuerant solius Ecclesiæ *Hierosolymitanæ.*   Idque etiam
ita futurum prædixerat Dominus S. *Joan.* IV.
21. uti probatum arbitramur Tractatu ver-
naculo, de *Uno, Sacerdotio & Uno Altari.*
Itaque ne quidem de eo, ubi contigisset,
obscurum erat quod Dominus præcepisset,
nec novâ opus erat *Revelatione* quæ fuerit
Scriptis *Canonicis* mandanda.   Non tamen
deerant, etiamnum in *vivis*, qui possent
consuli, si qua fuisset *Revelatio* necessaria.
                                                    ◄Superficies

Superftes eiat, poft Martyiium *Simeonis*,
S. *Joannes* Presbyter.   Quòd enim habet de
Ebione S. *Epiphanius*, de *Cerintho* S *Irenæus*, s *Iren.*
Joannem illum *Domini difcipulum exiliiſſe* ¹ ιιι. c 3.
de balneo non lotum, quòd timeret, ne bal-
neum concideret, cùm intùs eſſet Cerinthus ini-
micus Veritatis, id Imperio *Trajani affecto*
contigiſſe veiifimillimum eft   Cum nempe
jam *Hæreſim* palam piofiteietur, & quidem
in *Aſiâ*. Idem tamen, antea quàm in *Aſiam*
veniiet.   Hæreſim docuerat, etiam in *Pe-*
ræâ, poft cædem S. *Simeonis* excifionemque
Stirpis Dominicæ.   Et quidem, eodem Im-
peiio *affecto*, hunc eundem *Joannem* alium
ab *Apoſtolo* convenit *Papias* Epifcopus *Hie-*
rapolitanus, & in eâdem, quâ *Cerinthus*,
Aſiâ.   Imo *Epheſi* fepultus uterque, tam hic,
quem vidit *Papias, Joannes Presbyter*, quàm
alius ille *Joannes*, quem non vidit, *Apoſto-*
lus.   Ante tamen quàm pateretur *Ignatius*,
qui neutrius meminit, etiam cùm fcriberet
ad *Epheſios*.   Medio ergo tempore, ut videtur, exceſſit è vivis inter *Simeonem* &
Ignatium, alio *monumento* fepultus *Epheſi*
quàm fuerit S. *Joannes Apoſtolus*.   Erat præterea in *vivis* alius Domini difcipulus *Ari-*
ſtion, quem fimiliter vidit *Papias*, potuitque *coram* confulere, Ecquid eſſet in coæva
fui temporis difciplinâ quod *improbâſſent*
Apoſtoli.   Supererant etiam *Philippi* filiæ
Prophetiſſæ, quarum mentio in *Actis Apoſto-*
lorum.

lorum. Supererat *Quadratus* qui fuscitatos à *Domino* mortuos ipfe viderat. Supererant *Polycarpus* aliique feniores Apoftolorum *difcipuli,* quos videt confuluitque S. *Irenæus.* Hos omnes tacituros exiftimabimus fi quid tunc novatum effet quod difplicuiffet Apoftolis? Erant præterea, illo quoque Seculo, dona *Spiritûs* S & *Miracula* illuftria, quæ Deum fub illâ quoque difciplinâ præfentiffimum probârint. Quæ fanè fperari non poterant, fi ab *Antichrifto,* & *Iniquitatis Myfterio* mutatio tanta proceffiffet, quod volunt nuperi Magiftri. Aliter ipfi Argumentabantur *Apoftoli.* Etiam cum ipfis res *fufpecta* videretur; *alienis* tamen *Revelationibus* & *Miraculis* victi in contrariam fententiam concefferunt. Sic in *Cornelii* cauſâ, cùm factam fibi *Revelationem* edidiffet S. *Petrus. His auditis, tacuerunt & glorificaverunt Deum dicentes, Ergo & Gentibus pœnitentiam dedit Deus ad vitam,* Act. xi. 18. Sic & in *Concilio Apoftolorum* Hieroſolymitano, *Tacuit omnis multitudo, & audiebant Barnabam & Paulum narrantes quanta Deus feciffet, figna & prodigia in gentibus per eos,* Act. xv. 12. Et his *fignis prodigiifque* perfuafi decretum aliud, quàm fuiffent alioqui facturi, condiderunt. Proinde & coævis eorum temporum *difcipulis Apoftolorum,* ad eundem modum Argumentandum erat, fi Præceptores fuos *Apoftolos* imitari vellent.

Nec

Nec erat fanè quod reprehenderent bene-
voli in *Apoftolorum* memoriam difcipuli.
Non erat cur moleftè ferrent jura à *Chrifto*
& *Apoftolis* conftituta fi ad Ecclefias *alias*,
Deo providente, *devolverentur*. Multo minùs erat, cur de *Perfonis* quererentur, cùm
ad ipfos illos προωτοκαθέδρες quos *ultimos* in
officio illo conftituerant Apoftoli, *Jura* illa
defcenderent

Ita fanè ab Apoftolorum *fententiâ* alienum effe vix potuit quod tanto *Amicorum*
Difcipulorumque integerrimorum confenfu
comprobatum eft, ne quidem *uno*, quòd fcimus, refragante, ne quidem leviffimæ *dif-
cordiæ* vel evanido *veftigio* Eft enim admodum inceita fides Libri *Pontificalis*, &
multo adhuc inceitior *fequeli* quam inde
elicit *Blondellus*. Eft potius è contra verifimillimum, ab ipfis etiam Apoftolis *paratos*
effe Difcipulorum animos ut fecutam *regiminis Ecclefiaftici* formam placidè, & fine
murmure reciperent. *Primos* certè Ecclefiarum, faltem *Apoftolicarum*, ab *Apoftolis*
nempe *fundatarum*, *Epifcopos* ab ipfis *Apoftolis* factos fuiffe teftantur, qui recentiffimâ
facti memoriâ vixerint, cum tamen *Epifcopi*
nomen non aliis tribueretur quam Προτω-
καθέδροις. Eorum διαδοχὰς ab ipfis ufque
Apoftolis collegit contexuitque *Hegefippus*.
Et *Polycarpum* in *Smyrnæorum Ecclefiâ* collo-
catum

18
*Epifcopis
Primis
poteft is ab
Apoftolis
data eft
Non ta
men talis
quæ illos
ab Officio
Apoftolis
debito ex
cularit*

catum ab iisdem refert *Tertullianus.* Præ-
script. c. 32. *Constitutum ab Apostolis* Latinus Interpres *Irenæi,* L. iii Adv. Hær. c. 3.
Et de *Apostolis Romanæ* Ecclefiæ fundatori-
bus, Λίνῳ τὴν τῆς Ἐπισκοπῆς λειτυργίαν ἐνεχεί-
ρησε, & idem ibidem inquit *Irenæus.* Idem
rursus *instituis ab Apostolis in Ecclesiis* testatur *Episcopos,* ubi supra. Alibi : *Episcopi, quibus Apostoli tradiderunt Ecclesias,* L. v c 20.
Imo *omnium* Ecclesiarum *Apostolicarum* successiones ipsis tribuit *Apostolis.* Loquitur
de Successoribus *Episcoporum, quibus illi,* inquit, *eam quæ in unoquoque loco est Ecclesiam
tradiderunt,* L. iv c. 63. Nec aliter fere
Tertullianus. Nec enim alios hoc in loco
testes advocandos censui quam antiquissi-
mos, proximosque illis, de quibus testimonium dant, temporibus. Suntque Veterum
aliorum testimonia notissima quibus *Episcopos* habent pro *Apostolorum Successoribus.* Est
quidem verisimillimum Πρωτοκαθέδρυς, quales erant sub Ecclesiâ *Hierosolymitanâ,* nullâ
adhuc coercendi potestate instructos, illâ
voce *Episcoporum* inclusisse veteres primævos.
Ne quidem illud immeritò, quod *idem* esset
illorum *ordo,* ad quem postea facta est *Jurium* supremorum *devolutio.* Et certè omnes hoc nomine complectuntur qui ab *Apostolis* Πρωτοκαθεδρίαν acceperint. Sic *Li-
num, Anacletum* & *Clementem,* in sede re-
censent *Romanâ,* quorum *postremus* etiam ab

Apo-

Apoftolis honorem confeeutus fuerit. Et tamen *nova* illa *honoris* acceffio, quæ *poftremo* fortaffis obvenire potuit, *primis* certè obvenire non potuit, dum floret et vigeratque Primatus *Hierofolymitanus*. Vel inde conftat, in his Sedium *Apoftolicarum* Succeffionibus, communem Succefforibus omnibus fuiffe Πρωτοκαθεδρίας *titulum*, non autem unam aliquam eandemque Πρωτοκαθεδρων *poteftatem* Ut proinde colligi non poffit his omnibus Succefforibus *Epifcopi* vel *nomen* attributum effe, quà quidem *proprium* illud nomen erat *Ordinis* à Presbyteris diftincti; nedum *poteftatem* illam quæ effecerit ut proprium Πρωτοκαθεδρων *jus* proprio etiam nomine defignaretur Itaque cùm hæc Argumentatio non procedat in *omnibus* ævi Apoftolici Sedium Apoftolicarum *Succefforibus*; ne quidem certum erit, num vel in *uno* aliquo, qui etiam *poftremus* fuerit, Succeffore procefferit. Contra pugnat quo minus *poteftas* illa, quæ poftea omnium *Epifcoporum* communis erat, hoc faltem ævo *Apoftolico*, dari potuerit illis aliarum Sedium Πρωτοκαθεδροις quos *ipfi* conftituerint *Apoftoli*. Ut nempe effent *Vifibilis Unitatis* proxima, poft *Deum Chriftumque* ejus, *Principia*. Effeciffe enim videbitur, ut iftiufmodi *Epifcopi* ne quidem *Apoftolis*, imo ne *Epifcopo* quidem *Hierofolymitano*, obfequium deberent; in rebus faltem ad proprias *Diæcefes* attinentibus.

nentibus. Imo ut de *Deo* fibi *Chriſtoque* judicium vendicarent Apoſtoli, ſi qui de talium Epiſcoporum judiciis denuo judicare voluiſſent.   Ita nempe pro illius *ævi*, ut vidimus, *ratiocinus*   Sed ne quidem poterant talem Poteſtatem dare, præter Conſenſum Epiſcopi *Hieroſolymitani*, reliqui etiam *Apoſtoli*.   Erat enim Prærogativa illa propria Epiſcopi *Hieroſolymitani*, Primarii ſcilicet *Apoſtoli*, cui cætera *pares*, hoc *uno* certè *impares*, erant, quòd *loci* alterius, etiam inter *Apoſtolos*, eſſe non potuit, præterquam *Primarii*   Itaque ſi, eo non conſentiente, alium quemvis *Epiſcopum* ab Officio Epiſcopo *Hieroſolymitano* debito alius quiſpiam abſolviſſet *Apoſtolus*   nec ratum illud in *Cælis* habiturus erat *Inviſibilis Epiſcopus*, & *ſe* præterea a *Peculio*, & Peculii *Juribus*, ſeparaſſet ipſe Epiſcopi Conſecrator *Apoſtolus* & quem *eo Jure* feciſſet *Epiſcopum*.   Fieri vix poſſe videbitur ut *Poteſtas* iſtiuſmodi aliqua cum *Epiſcopis* communicata fuerit, dum *Apoſtolos Epiſcopi* pro *ſuperiore Poteſtate* agnoſcerent, & Eccleſia *Hieroſolymitana* Jura ſibi *propria* in ipſos vendicaret *Epiſcopos*, quacunque demum orbis parte conſtitutos. Nihil tamen pugnat quin ipſi etiam *Apoſtoli* etiamnum ſuperſtites, de Officio *Epiſcopis*, poſt exceſſum ſuum, perſolvendo Eccleſiam monuerint, ut fecerat in cauſa *Joſhuæ Moſes*. Imo ita ſe rem habuiſſe verſimillimum exiſtimo.   K.m

Jam fupra obfervavimus multos è Clero
Hierofolymitano in *Afia* fuiffe feculo fecundo
ineunte. Non alibi fuiffe probabile eft quorum *Traditiones* audivit in *Afia Irenæus*, aut
quos vidit audivitque Præceptor *Irenæi Polycarpus*, uterque nempe, ut videtur, *Afia-
nus*. Non alibi, quorum *Traditiones* collegit *Papias*, Epifcopus etiam ipfe in *Afia Hierapolitanus*. Ibi *Traditiones* didicit de SS.
Petro, *Andrea*, *Philippo*, *Thoma*, *Jacobo*,
Joanne & *Matthæo*, Apoftolis Ibi *Philippi* ut ipfe volebat, *Apoftoli* Filias *Prophe-
tiffas*, vidit ipfe & audivit, & *Difcipulos
Domini*, *Joannem* & *Ariftionem*, quos ipfe
Presbyteros appellat, è *fecundo*, ut videtur,
ordine Cleri *Hierofolymitini*. Nullam ille
Traditionem de *Simeone* memorat, qui fub
ipfo paffus fuerat *Trajano*, quod fane fieri
vix potuit, fi in ipfa *Palæftina*, Traditionum
fonte, *Traditiones* exploraffet. Itaque in
ipfa *Afiâ* horum *Apoftolorum* plerofque non
fuiffe modo, verum etiam *hæfiffe*, confenta-
neum eft. S. *Joannem*, tam *Apoftolum*, quam
Presbyterum, *Ephefi* fepultum idem tradit *Papias*. Idem de *Philippo* Apoftolo *Polycrates*.
Et certe S. *Joannem Ephefi* aliquantifper vix-
iffe, & *Afiam* totam, faltem Proconfularem,
aliquoties vifitaffe docet *Clemens Alexandrinus*. Addit *Polycrates* ἱερέα fuiffe, & πέταλον
πεφορηκέναι. Non erat hoc in S. *Joanne* fin-
gulare,

19
Poft cæ-
dem *Si-
meonu*
Collegi-
um *Apofto-
lorum*
Ephefi e-
rat fub
Præfide
S. *Joanne*
Apoftolo.

Ap *Euf.*
H E iii.
31. Gr. &
v. 24. Gr.

gulare, quod Ἱερεὺς fuerit, cum & reliqui
Apostoli ad *Primarium* illud Cleri *Hierosolymitani* Collegium spectârint, quod summo
Judaici Synedrii Collegio *Archieratico* respondebat.   Nec porro fuisset in novo san-
ctiorique *Peculio* gloriosum si apud *Judæos
Sacerdotium* gessisset.   Præsertim si ad *Collegas* in Sanctiori novi Peculii *Pontificatu*
fieret comparatio, ut sane hic factum videmus à *Polycrate*.   Propriam enim aliquam
S. *Joannis Apostoli* gloriam hoc titulo designabat *Polycrates*, quæ effecerit ut fuerit, præ
reliquis, sui etiam ordinis, *Apostolis* audi-
endus   Nempe *Sacerdotium primarium* quo
ἱερεὺς fuerit κατ᾽ ἐξοχὴν cujus insigne fuerit
illud, quod gesserat in fronte, πέταλον.
Erat profectò, post cædem *Simeonis,* &
stirpis *Davidicæ* & *Dominicæ,* superstitum
Apostolorum jure suo πρωτοκαθέδρος ipse S.
Joannes.   Solus nempe superstes ipse ex illa *triade* quam reliquorum non cognatorum
Apostolorum *primariam* fuisse docuit *Clemens
Alexandrinus.*   Et quidem *re* ipsâ suffra-
gante, ut superiùs ostendimus.   Proinde
suspicor, dissipatâ à *Romanis* Ecclesiâ illâ
Hierosolymitanâ quæ *Pellæ* versabatur, post
extinctum *Simeonem,* mox primos fuisse
Ebionæorum in *Peræa* motus, *Apostolis* inde
fugatis, cum de *Episcopo* ageretur *Hierosolymitano* in locum *Simeonis* sufficiendo.   Inde
etiam in *Asiam* Sectæ suæ colonias deduxisse,

forte

tefte *Epiphanio.* De eo mox certiores factos *Apoftolos,* ipfos quoque fe ex *exilio* fuo, cum per *Romanos* ftaret quo minus in *Palæftinam* fe reciperent, in *Afiam* fefe recepiffe, & *Ephefi* tandem fedes fixiffe, ut graffanti *Hærefi* occurrerent. Ibi ergo in unum rurfus *Corpus* coaluiffe fub præfide S. *Joanne,* qui Præfidatûs infigne πέταλον habuerit. Non tamen diu *fuperftites,* qui ibi convenerint, *Apoftolos,* quòd novos nullos legamus in illos *Romanorum* conatus. *Ephefi* certè S. *Joannem ad Trajani tempora permanfiffe* teftem habemus S. *Irenæum.* Uti etiam damnatum *ibi* ab eo fuiffe *Cerinthum* Quæ item de *Cerintho* habet *Irenæus,* eadem de *Ebione* teftatur *Epiphanius.* Hic ergo *Evangelium Ephefi Afiæ commorans edidit* Apoftolus, eodem tefte *Irenæo.* Et quidem eo fine *ut auferret eum, qui à Cerintho infeminatus erat hominibus, errorem.* Sic enim loquitur idem Vir *Apoftolicus.* Hic certè falli vix potuit *Irenæus,* qui adolefcens *Polycarpum* in ipfâ audiverit *Afiâ,* S. *Joannis* nempe Difcipulum, *propinquâ* admodum *Evangelii* memoriâ. Et *Apoftolorum,* qui aderant, *perfona* illa, ni fallor, intelligenda funt verba Evangelii. *Hic eft Difcipulus ille qui teftimonium perhibet de his, & fcripfit hæc. & fcimus quia verum eft teftimonium ejus,* Jo. XXI. 24. Nempe *Apoftolorum,* quæ fcripferat *ipfe,* fuo quoque *teftimonio* com-

Irenæus, l iii. c. 3<

Irenæus, l iii. c. i< *Irenæus,* l iii. c. 2<

G   probantium.

probantium.　Male enim illa ad Ecclefiæ *Ephefinæ* Presbyteros retulerunt alii.
Nec *aufi* fuiffent *Presbyteri* Evangelii facrum
textum verbis fuis *interpolare*.　Nec fanè
erant de *Originibus Chriftianis* in *Evangelio*
traditis ipfi teftes idonei, tot nempe annis
poft illas *Origines* ad *Chrifti* fidem converfi,
cum Ecclefiam *Ephefinam* fundaret S *Paulus*,
Act. xix. 1　Nam ex Ecclefiarum *Primitiis*
primos conftitutos ab *Apoftolis* Ecclefiarum
Rectores teftatur *Clemens Romanus*.　Nec
certe *Chriftianorum* Originum periti erant
illi quos S. *Joannis* Baptifmi participes iterum *baptizavit* S *Paulus*, *v.* 3, 4, 5. cum ne
quidem illud faltem exploratum haberent,
fueritne *Spiritus Sanctus*.　Nam *Spiritûs* S.
nomine baptizare præceperat ipfe *Dominus*,
Matt xxviii. 19. Et *Dominum Spiritu* S. *bap-*
tizaturum docuerat ipfe, cujus Baptifmum
antea perceperant, S *Joannes Baptifta*, S. *Matt.*
iii. 11. S. *Marc.* i. 8. S. *Luc.* iii. 16. S. *Joan.* i.
33. Uti etiam hoc ipfo *Actorum* loco obfervavit ipfe Gentium Apoftolus.　Imo Muneris erat *Apoftolici*, ut quis *Teftis* effet rerum à Domino geftarum, *Act.* i. 22. xxiii. 11.
xxvi 16　Et alienum erat à Muneris Apoftolici *Dignitate*, ut *alienâ commendatione* e-
gerent, eorum qui non ipfi fuiffent Apoftoli, 2 *Cor* iii. 1. Nec erat tamen alienum ab *Apoftolorum* more, ut *alii* verba
fua interponerent, qui primario Scriptori,

cum

Ep. ad
Cor. n 4c.

cum fcriberet, adfuiffent. Sic verbis fuis
Romanos falutat *Tertius* Apoftoli etiam A-
manuenfis, *Rom.* XVI. 22. Proinde non folius S. *Joannis* Auctoritate nititur illius
Evangelium, fed illorum etiam, qui aderant, *Apoftolorum* Similiter etiam in *Epiftola Prima*, de qua nunquam dubitatum
eft, nec *nomen* fuum inferuffit Hoc jam
olim obfervavit *Dionyfius Alexandrinus*, quam
caute utrobique a *Nominis* fui mentione
temperârit, non modò *hic*, verum etiam in
Evangelio Imo initio *Epiftolæ plurium* nomine loquitur, quamvis poftea ad *fuam*
veniat *Perfonam*, nempe *Singularem*. Cur
ita fecerit in promptu ratio eft è noftris hifce
primævis, quas dedimus, Hypothefibus.
Honorem illum *primis* Apoftolorum *Præfidibus* proprium reliquit, ut fuis duntaxat
nominibus Epiftolas infcriberent communi
Apoftolorum Collegii univerfi confilio con-
ceptas Exceptâ fcilicet Epiftolâ Concilii
Hierofolymitani, quæ non *præfidis*, fed *Collegii utriufque*, nomine infcribitur *Suo* certè
nomine *Epiftolas* infcribebant SS *Petrus* &
Paulus, qui *non* erant Collegii Apoftolici
Præfides. Et fuo item S. *Jacobus Præfes*, &
S. *Judas* quem fede *Hierofolymitanâ* vacante
fcripfiffe arbitramur Alienum id fortaffe
cenfuit S *Joannes* à fuâ modeftiâ, qui &
fuo fuffragio *Cognatis* Domini *Præfidatum*
concefferat, & pro *Presbytero* iefe, potius

G 2   quam

(marginal note:) Ap Fuf H E VII. 25 Gr.

quam *Apostolo*, habebat, quod *alienus* fuis-
fet ab illa Domini *Cognatione*. Sed vel ex
illo, quo *Epistolam* inchoavit, *numero* fuspi-
camur fcribenti *alios* adfuiffe quibus fe an-
teferre aufus non eft, qui *alii* effe non poterant quam *Apostoli*. Inde urget κοινωνίαν
μεθ᾽ ἡμῶν, quam & κοινωνίαν vocat ἡμετέραν,
Collegii fcilicet univerfi *Apostolici*, 1 3. Et
beneficia Communionis illius *Myftica*, per
totam *Epistolam* tantummodo recenfet, κοινωνίαν cum *Patre* & *Filio*, & φῶς, ζωὴν, &
ἀλήθειαν, quæ Λόγῳ tribuit in *Evangelio*.
Non eâ tantummodo ratione qua & hodiernarum Ecclefiarum *Vifibilis Communio*
participes facit *beneficiorum* Communionis
Invifibilis Myfticorum . fed etiam illâ, quod
novi *Peculii* Ecclefia *Archetypa* habebatur
quæ juncta erat *Apostolis*; & qua *beneficia*
illa *Myftica* proximè immediatéque ad *Ecclefiam* fpectare credebantur *Archetypam*,
nec aliter Ecclefiis *junioribus* quam quà
etiam *ipfæ* Ecclefiæ inferuntur *Apostolicæ*,
ut alibi oftendimus. Et fanè *poftremis* hujus Apostoli *temporibus* fcriptam hanc Epiftolam evincunt verba illa *Omnis Spiritus
qui folvit Jefum* (fic legit *Vulgatus* Inter-
pies, *Veteribus* etiam præeuntibus) *ex Deo
non eft*, iv. 3. oppofita Hærefi qui *Jefum*
alium fecit à *Chrifto*, ut *Chriftus* in *Jefum*
non antea defcenderit quàm baptizaretur ;
& poftea, cum pateretur *Jefus*, *Chriftus
ab*

ab eodem *revolaverit.* Sic enim loquitur *Iren.* l. 1. c. 25.
Irenæus de *Cerintho,* qui idem *docuit,* fi non
ipfe quoque idem *fuerit* cum *Ebione.*
Eodem fpectant & verba illa, V. 1. *Omnis
qui credit quoniam Jefus eft Chriftus, ex Deo
natus eft.* Et v. 5. *Quis eft qui vincit mundum, nifi qui credit quoniam Jefus eft Filius
Dei?* Uti etiam prioris loci, IV. 3 ut in
Græcis leguntur *hodiernis* Πᾶν πνεῦμα ὃ μὴ
ὁμολογεῖ τον Ἰησῦν Χριςὸν ἐν σαρκὶ ἐληλυθότα
ἐκ τῦ Θεῦ ἐκ ὅςί. Eodem denique & *Evangelii* quoque verba illa: *Verbum caro factum
eft,* I. 14. Nempe ad *Hærefin* quæ ante
poftrema S. *Joannis* tempora nondum fuit in
Afiâ.

  Sic ergo factum ut in ordinem redacta 20.
fuerit Ecclefia *Hierofolymitana,* & *Primatus* Inde *Pri-*
ejus ad *Ephefinam* fuerit *tranflatus.* Adhuc *matus* ab
certe *Ecclefia* illa perftabat cum *Epifcopi* illius *Hierofoly-*
tredecim à *Simeonis* Martyrio numerati fue- *mitanâ*
rint ad *Marcum* primum novæ coloniæ *Epi-* *tranflatus*
fcopum Æliæ Capitolinæ, affecto Imperio *Ha-* *ad Ephefi-*
driani. Jus tamen nullum habere potuit *nam*
in *Apoftolos* proximus *Simeonis fucceffor,* ipfe nempe *non* Apoftolus. Inde fequebatur
Apoftolus obnoxium fuiffe, & *Præfidi,* quem
diximus, *Collegii Apoftolici,* nec jam deinceps *eximium* quid habuiffe præ aliis *vulgarium* Ecclefiarum *Epifcopis.* Non certè pa-
ruit Epifcopo *Hierofolymitano* Ecclefia *Ro-*
G 3   *mana*

mana cum colonia *Ælia Capitolina* deducere-
tur sub *Hadriano.* Aliter fieri non potuit
ut in *Judæorum* pulforum locum fuccederet
Ecclefia jam *Gentilis* univerfa cum *Episcopo*
etiam *Gentili* Nec enim eft cur dubitemus
quin hoc *deceſſoribus* evenerit *invitiſſimis.*
Multo minùs fieri potuit ut *morem* nova
illa *colonia* fequeretur in Fefto *Pafchali* à
Judaico diverfiſſimum Nempe hauſtum ab
Urbe fuâ Metropoliticâ *Romanâ.* Nam ne
quidem Ecclefia *Romana* morem *Judaicum*
mutare potuit dum etiam ipfa pareret Ecclefiæ *Hierofolymitanæ* morum *patriorum*,
qua licebat, etiam ipfi obfervantiſſimæ.
Sed jam didicerant *Apostoli,* Factis in illam fententiam manifeftis, difplicere Deo
ipfa quoque illa *Judæorum* πρωίεῖα. Viderant excidio *Templi* jam ne quidem præftari
potuiſſe officia quæcunque referrentur ad
Templum. Inde fe ad *Myſticas* potius *offici-
orum* illorum Interpretationes contulerunt,
etiam quæ fpectabant ad *gentem Judaicam.*
Hoc enim egit in Epiftolâ fuâ *Barnabas*
Et *proclivis* erat ad officia ita intelligenda
Secta univerfa *Eſſenorum.* Didicerant *Cir-
cumciſionis* onus inutile eſſe, cum *tributum* à
Circumciſis collectum à *Dei veri* cultu ad
cultum *Idolorum* transferretur , Templum
nempe *Pacis.* Didicerant receptas illas *Judæorum opiniones* obftare *Gentilium* conver-
fionibus, atque impedire quo minus in *ter-
num*

unum *Corpus Communionémque* coalefcerent.
Neque porio incredibile eft, fuiffe etiam è
Judæis quos *Circumcifionis* tædueiit, cum jam
Romanis Legibus adeo feveris piemerentur,
piæfeitim *Éffenos.* *Paci* ergo confultius e-
rat fi *volentibus Judæis* fuos iitus peimitte-
rent, *nolentibus* autem non *imponerent* Et
quidem *mediam* illam viam tenuiffe conftat
è S *Juftini* Dialogo cum *Tryphone* Fallitur
enim S. *Hieronymus,* & qui illum fequuntui
Scholaftici, qui iitus illos *mortiferos* fuiffe
ciediderunt poft *excidium* Templi *Hierofolymitani.* Itaque cum *Hierofolymitanos* iiti-
bus *Patrus* addictioies animadveiterent,
illis in *Pace* fibi ieliĉtis, *fedis* tamen *piima-
riæ* Auĉtoiitatem ab illis tiansferendam ciediderunt, ne quod *jugum* minime *neceffarium*
nolentibus imponeic videientui Nec eft
quod dubitemus *Revelationes* fuiffe quibus
hæc *tranflatio* piæciperetui, jam fane op-
portunas cum jam *Providentia* ipfa inteicef-
ceffiffet quo minus *ritus* obfervari poffent
etiam à *volentibus.* Poteiant etiam fuccui-
rere verba Domini. *Dico vobis, quia aufe-
retur à vobis Regnum Dei, & dabitur genti
facienti fructus ejus,* S *Matt.* XXI 43. Et
verba illa *Filii autem Regni ejicientur,*
S. *Matt.* VIII. 12. Sic enim multa *Domini
oracula* minimè, cum ederentur, *intellecta,*
poftea cum *implerentur,* intellexerunt, S. *Luc.*
XXII. 61. XXIV. 8. *Act* XI. 16. Imo hoc offi-

cium

cium *Paracleti* promiferat ipfe Dominus:
ὑπομνήσει ὑμᾶς πάντα ἃ εἶπον ὑμῖν, S. *Joan.*
XIV. 26.

21.
Ab hoc
Collegio
Apoftolo-
rum
Ephefino
προϊσκα-
θέσεοι
Epifcopi
appellati,
& nova
etiam
Poteftate
donati.

Hoc ergo *tempore*, cum fedes Collegii
Apoftolici Ephefum transferretur, *cœpit*, ni
fallor, & quidem Auctoribus *Apoftolis*, proprium προτοκαθέδεοις, nomen *Epifcopi*. Verba certe S *Irenæi* de *Polycarpo* in hanc fententiam difertiffima funt. *Polycarpus autem
non folum ab Apoftolis edoctus, & converfatus
cum multis ex eis qui Dominum noftrum viderunt, fed etiam ab Apoftolis in Afia, in eâ
quæ eft Smyrnis Ecclefiâ, conftitutus Epifcopus,*
III. 3. Hic fane videmus *Collegium Apoftolorum* in *Afiâ* quorum *communi* auctoritate
Polycarpus Smyrnæ Epifcopus conftitutus fuerit. Quid vero eft cur dubitemus quin
nomen *Epifcopi* recepta jam illo, quo fcri-
bebat feculo, fignificatione ufurpârit *Irenæus*, præfertim *fingulari homini* attributum ?
Nec eft præterea cur dubitemus de *facto*
quod à *Polycarpo* ipfo acceperit, quam ipfe quoque *adolefcens* audiverit in *Afiâ*. Imo
Presbyterii præfidem *Polycarpum* fuiffe vincit
Epiftola illius ad *Philippenfes*, ipfa etiam ab
Irenæo memorata, nec ab aliquo *veterum*,
quod quidem meminerim, in dubium vo-
cata. Eftque fane illud *Irenæi* teftimonium
omni prorfus exceptione majus. De eodem *Apoftolorum* Collegio *Ephefino* intelligenda

genda teftimonia ejufdem *Irenæi* antea prolata, quibus *in unoquoque loco* factos ab illis
Epifcopos fuiffe teftatur. Præterea *rogatum
ab Afiæ Epifcopis Evangelium* S. *Joannem* fcripfiffe teftatur *Hieronymus.* Erant ergo, *antea* quam ederetui *Evangelium,* in *Afiâ Epifcopi* Proinde *antea* quam obiient *Apoftoli,*
quos *Evangelium* fcribenti *Præfidi* adfuiffe,
& *teftimonio* fuo confirmaffe, jam piobevi-
vimus. Dixiffet ab *Afiæ Presbyteriis* (quæ
multa erant in *Afiâ) rogatum,* fi *Presbyteios
Epifcoporum* nomine defignaviffet. Nam
Corporum rogationes *feorfim* fieri neceffe e-
rat, *Epifcoporum* omnium *rogationes* in *Synodo* fatis commode uno eodemque tempore fieri poterant. Similiter in S. *Joannis
Apoftoli* iebus *Ephefi,* poft exilium in *Patmo,* geftis *Epifcopi* πόλεως meminit *Clemens* De Div.
Alexandrinus, qui certe *alius* quàm *Præfes* Salv &
Ap *Eufcb.*
effe vix potuit. *Presbyter* enim alius nemo H E ii.
πόλεως appellari potuit, qui *multi* erant in 23. Gr.
unaquaque πόλει. Idem ait, cum gentes
Ephefo finitimas idem perluftiaiet Apoftolus, aliis in locis *Epifcopos* κ̕αϛῆσαι, alias
integras Ecclefias ἁρμόσαι, aliis κλῆϱον ἕνα
τινὰ κληρῶσαι. Supponit, ut videtur, Ἐκκλησίας ὅλας illis ipfis in *locis* fuiffe in quibus conftituerit *Epifcopos.* Hoc ex *oppofi-
tione* colligimus inter primum fecundum-
que divifionis membrum. Supponit item
Ecclefiarum nomine *Rectores* intelligi *Ecclefiafticos,*

fiasticos, cum κλῆρον ἕνα opponit Ἐκκλησίαις ὅλαις, quæ proinde ὅλαι è *Clero universo* constiterint. *Conversos* magna ex parte supponit. Deerant autem *Rectores* quibus *potestas* ab *Apostolo* communicanda erat. Sic Ἐκκλησίαι ὅλαι *integra* erant una cum *Præside Presbyteria*. Et *soli* adeo *Præsides Episcoporum* nomine intelligendi erant qui *illis* in *locis* constituti sunt quibus non erat necesse ut *Ecclesiæ integræ* constituerentur. Hic ergo videmus *Ecclesias integras* ne quidem censuisse *Apostolum*, quibus deerant *Præsides*, quos hoc in loco *Clemens* proprio nomine appellat *Episcopos*. *Præsides* ergo ubique sub illo saltem novo *Episcoporum* nomine supplevit *Apostolus* Nec enim *aliter*, cùm fuerint etiam antea, ut vidimus, *Presbyteriorum* πρω-τοκαθέδροι. Jam enim sane necesse erat ut *posteritati* consuleretur primatu *Hierosolymitano* sublato, & brevi *decessuris* illis, qui jam aderant, *Apostolis*. Nec alio, ut videtur, *fine* novo illo *Episcoporum* titulo πρωτοκαθέδρας ornabant *Apostoli*, quàm ut *Successores* illos in *suæ Potestatis* plenitudinem declararent. Nam Vox ipsa *Supremam*, & *soli Deo* obnoxiam, *Potestatem* designabat, ut ostendimus. Nec incredibile est disertas fuisse, in hanc sententiam, *Apostolorum Revelationes*, quamvis desint, quibus probentur, *Historiæ Apostolicæ postremæ* monumenta. Non ita certè, cum *Apocalypsin* in *Patmo* reciperet

S. *Jo-*

S. Joannes. Tum *Angeli* appellantur qui *Ecclesiis* præerant *missi* à *Præside* Collegii *Apostolici.* Quod nempe *Angeli* appellarentui *Nuncii* Dei, qui *unus* erat *Invisibilis Episcopus* Sic *Angeli* Nuncii Præsidis *Hierosolymitani,* quà scilicet ipse commune cum *Deo* nomen habebat *Episcopi* Ita *Episcopi* nomen *mijus* erat quam *Angelorum* Mitti enim poteiant ab *Episcopis Angeli,* cum *Episcopi* ipsi ab alio nullo præterquam à *Deo* ipso mitterentui. Pioximus hisce temporibus eiat *Papias, Episcopus* etiam ipse *Hierapolitanus.* Vidit enim *Apostoloium* hoium *neminem,* multos tamen qui ipsos *viderant,* & *Discipulos* Domini piimaiios *Joannem* Presbyterum & *Aristionem. Joannes Presbyter Ephesi* sepultus, antea, ut videtur, quam ad *Ephesios* scribeiet *Ignatius.* Alitei fieii vix potuit quin ipsum quoque salutaret Martyr Apostolicus. Erat ergo in πρωτοκαθέδεοις *Episcopi* nomen antiquius Martyrio *Ignatii* Dedità operà abstinumus à *Juniorum* testimoniis ne certa inceitis misceiemus.

Non tamen effecit magnificus ille titulus *Episcoporum* quin fuerint Episcopi *Collegio Apostolico* nihilominus obnoxii. Hoc ex illo ipso discimus *Clementis* loco, quo ostendit, & *unum* nonnunquam *Clericum* ab *Apostolo* insertum esse Catalogo *Ecclesiastico* πρωτο-

Id κα'θεδ῾ροι

[margin note:]
22
Non tamen fecit novus ille *Episcoporum* Titulus, ut *Apostolis* obnexii non esient ilii

Id enim ibi factum ubi *Ecclesia integra* erat, justo alioqui *Presbyterio* conflata & Presbyterorum *Præside Episcopo*. Ea enim *Ecclesia* tantummodo opus habebat *Clerico uno* reliquis addendo. Proinde licuit *Apostolis*, *Episcopi* consensu ne quidem rogato, *Clericum* addere Catalogis *Ecclesiasticis*. Nondum ergo assecuti sunt *Episcopi* ut *Deo* proximi haberentur, nec ab alio aliquo, præterquam à *Deo* judicandi. Saltem qua erant conferendi cum *Apostolis*. Erat enim propria quædam ratio cur *Apostolis* obsequium debere potuerint *Episcopi*, quod mortali alteri nulli debere poterant per nomen illud ipsum *Episcopatûs*. Nam certè ab *Archetypâ Ecclesiâ* pendere oportebat *Ectypam*, ut *Mysticæ* Communionis *beneficia* nulla consequi possit *Ectypa*, nisi qua *eandem* sese probet cum *Archetypâ*. Atqui *Archetypa* Ecclesia *novi Peculii* non alia est quàm *Apostolorum*, cujus caput Λόγ^Θ est, idem *Invisibilis Episcopus*. Proinde ut à Λόγῳ pendet *Visibilis Episcopus*, si acta sua *rata* esse velit in *Cælis*, sic & à Λόγ^ȣ *Corpore*, cujus *Caput* ipse Λόγ^Θ est, & quidem ab illo ejus *Corpore Archetypo*, quæ etiam *Ecclesia* est *Archetypa*. Frustra enim in Communionem suam admittit *Episcopus* nisi *jus* conferat eadem admissio ad *Ecclesiam Archetypam*. Et vice versâ frustra sua Communione excludit *Episcopus Visibilis* nisi exclusio

clufio illa *arceat* etiam ab *Ecclefiâ Archetypâ.*
Itaque Ecclefiæ *Ectypæ* vis omnis arceffitur
ab illius concordiâ cum *Archetypâ.* Ita nimirum ut vim plane nullam habere poffet
fi ab *Archetypâ* difcordaret. Fecit hæc ipfa ratio ut *poteftas* ab *Apostolis* data nulla
tanta effe potuerit ut in ipfos valuerit
Apostolos, aut *Epifcopos* ab *Apostolorum* imperio liberârit. Tam enim *vivi* in *terris*
Apostoli, quàm *mortui* etiam in *Cælis, cor-*
pus erant cujus *Caput* erat *Christus.* Nec
nos aliter jurium *Cælestium* participes facere poffunt *Epifcopi* quàm quà nos *super-*
ædificant fundamentis Apostolorum, ut in *u-*
num cum *Apostolis Corpus* coalefcamus, ut
alibi oftendimus. Hoc enim folum *corpus*
jura *Cælestia* fibi poteft vendicare. Itaque
inutilis erat *Epifcopi* Communio fi in *aliud*
Corpus admitteret quàm *Apostolorum,* nec
juribus *Cælestibus* ullis decoranda. Facit
hæc ratio ut in *alios* mortales *omnes* fu-
premam *Epifcopi* Poteftatem afferat ipfum
illud *Epifcopi* nomen præterquam in *Apo-*
ftolos. Sic nullâ fui Juris fraude *Apostoli*
Epifcopis à fe creatis cum *nomine* dederint etiam *poteftatem,* quæ fuerit ad Po-
fteros in omne ævum derivanda. Aliter
nomen tantummodo dediffent *Apostoli, po-*
teftate nomini refpondente, poft *exitum*
Apoftolorum, devoluturâ.

Tempus

23
Tempus
ſtabiliti a
Collegio
Epheſino
Episcopa-
tus Anno
Chriſti
circiter
CVI præ-
terprop-
ter. *Ante*
ſtabilitum
ab iiſdem
Evangeli-
orum Ca-
nonem

Tempus autem, quo hoc novo *Epiſcopo-*
rum nomine donabantur ab *Apoſtolis* πρω-
τοκαθεδροι, in hac tanta vetuſtatis *caligine,*
conſtituere fateor eſſe difficillimum.   Non
tamen erit *Eccleſiaſticis*, ut opinor, ingratum, ſi id ſaltem quà licet, pro virili noſtrâ, exploremus   E dictis jam conſtat
Simeonis Cleopæ cæde fuiſſe *recentius*   Nec
enim antea convenerunt *Epheſi Apoſtoli* ſub
Præſide S. *Joanne* , quos hujus *nominis* in
πρωτοκαθεδρις *auctores* fuiſſe probavimus.
Sic *poſt* annum CIV. vel CV. contigerit
oportet, quorum *alteri* mortem *Simeonis*
aſſignavimus.   Et tamen *ante Xyſti* Pontificis *Romani* mortem quem anno Ææ
noſtræ *Chriſtianæ* CXII exceſſiſſe credimus.
Xyſtum enim *primum* eorum recenſet *Ire-*
næus qui *Romæ* Feſtum *Paſchale* aliter ob-
ſervarint quam fecerint *Apoſtoli Aſiani*

Ep ad
Victor
Ap. *Fuſeb.*
H F v
26 Gr

Certè illo *Apoſtolorum* Collegio *Epheſino*
jam *extincto,* a quo diſcrepare ne quidem
auſi fuiſſent, in *ſuis* quoque ditionibus,
Epiſcopi   Antea ne quidem *poteſtatem* tantam in *Eccleſiis* fuiſſe oſtendimus quæ ſufficeret rebus etiam *domi* novandis , ſed quæ
demum fuerit, eam in Eccleſiæ Apoſtolicæ
Itinerariis fuiſſe, quos non facile à receptis
Apoſtolorum moribus diſceſſuros fuiſſe veriſimillimum eſt   Jam verò *poteſtatem* habebat cum *Epiſcopi nomine* Xyſtus.   Nec
pro-

proculdubio *superstitum* Apostolorum *exemplum* erat in contrarium   *Extinctis* illis,
jus plenum habebat *Xystus* pro arbitrio
suo statuendi in rebus *adiaphoris*, pro sua
saltem *Diæcesi.* Certè Coloniâ *Ælâ Capitolinâ* antiquior fuisse *Romæ* videtur mos
ille *Paschatis* à *Xysto* introductus.   Nam
à *Romanis* sentiebant *Victoris* tempore *Hierosolymitani.*   Quod scilicet morem *Romæ,*
cum *deducerentur,* observatum eo usque retinuissent   Conveniunt porro *Episcoporum*
Ephesinorum Successiones à *Polycrate* memoratæ   *Septem* numerat *ante* se in suâ
sede sibi cognatos *Episcopos,* ipse scilicet
Octavus.   Totidemque erant in *Romanâ*
quoque sede à *Xysto* ad *Victorem,* cui illa
inscribitur Epistola, *Successiones,* si termini
ambo includantur.   Itaque adeo antiquum
erat in πρωτοκαθέδρῳ *Ephesino* cum *potestate*
etiam *nomen Episcopi.*   Nam certè ante
extinctos Collegii Ephesini *Apostolos* ne quidem *inire* potuit primus *Episcopus Ephesinus.*
Sed *alius* in *locis* antea constituerant *Episcopos* Apostoli, *ipsi* etiamnum cum suo
Præside superstites.   *Medio* ergo aliquo *tempore* inter *adventum Apostolorum* in *Asiam* eorundemque *obitum,* ponenda erat Epocha
illa *Episcopatûs.*   Ego *mox* Collegii *Ephesini
initio* fuisse arbitror.   Certè *antea* quam
scriberet S. *Joannes Evangelium,* jam *constituti* fuerant, quorum *rogatu* scripsisse dicitur,

Ep. ad
Victor
Ap Euseb.
H E.v.25.
Gr.

citur, *Episcopi*. Tum vero *aderant* scri-
benti, ut jam videmus, *Apostoli*, qui satis
commodè etiam *Episcopos* constituenti poterant *adfuisse*. Quod si causam dederint
Ebionæi cur in *Asiam* convenirent *Apostoli*,
sic *spatium* aliquod intercessisse oportuit à
cæde *Simeonis*. Fugatis enim è *Peræâ*, vel
Judæâ, *Apostolis*, tum demum *Episcopatum*
ambivit *Thebuthis*. *Hierosolymitanum*, ut
videtui, qui *solus* tum *nomen* habebat E-
piscopi. Eâ spe dejectus, tum demum *Ebi-*
onæorum piimam *Secessionem* fecit in ipsâ *Pe-*
ræâ. Ibi *Nazara* fuisse, unde nomen iisdem
Nazarenorum, docet *Epiphanius*. Inde pro-
gressum fecit *Hæresis* in *Asiam* quam primo
ortu ut opprimerent, ad *Ephesum* conflux-
erunt *Apostoli*. Nondum sane in *Asia*, ut
videtur, cum *Hæresis* ipsa in *Asiam* migra-
ret. Nam quos testatur *Hegesippus* in *Pe-*
ræâ reverentia *Apostolorum* coercitos, quo
minus apertam *Secessionem* profiterentur,
vix est quod in *Asiam* prodituros existime-
mus, si quos tum *Apostolos* in *Asiâ* fuisse
didicissent. Satis autem erat utrisque *Ebi-*
onæorum motibus vel unus *annus*, tam in
Peræâ, quam in *Asiâ*. Sed anno certe Æræ
nostræ *Christianæ* CVII. vix potuit *serior*
esse constitutus ille ab *Apostolis* Ephesinis
Episcopatus. Tum enim *Expeditiones* erant
novæ *Christianorum* Cultûs sui propagandi
gratiâ. Harum una erat in *Indiam* nuper

à *Palmâ* devictam Inde Expeditionis *tem-*
pus intelligimus Tum demum *Evangelio-*
rum fcriptos Codices fecum locis à fe con-
verfis intulerunt novi illi prædicatores,
Τὴν τῶν Θείων ἐυαγγελίων γεαφὴν, inquit
(*a*) *Eufebius.* Et S. *Matthæi Evangelium* in
eâdem, ut videtui, *Indiâ* multis poftea annis reperit (*b*) *Pantænus*, à S *Bartholomæo*,
ut ferebatui, illatum. Poftea quam fuum
in *Afiâ Evangelium* fcripfiffet S. *Joannes Apo-*
ftolus Nam certè *Codicem* Scriptorum *E-*
vangeliorum ab hoc demum *Ephefino Apofto-*
lorum Collegio collectum aibitior, *Ecclefiæ-*
que commendatum. Mentionem hic reperimus *Evangeliorum fcriptorum*, & quidem
plurium. Inde conjectura eft *Codicem* intelligi quo *collecta* fuerint *Evangelia*. Et
quidem S. *Matthæi Evangelium* in eo locum
habuiffe didicimus ex *Eufebii* teftimonio de
Pantæno. Approbata præterea à S *Joanne*
tria *Evangelia*, verba funt diferta *Eufebii*
Ἀπιδέξαθαι μὲν φασίν, ἀλήθειαν ἀυτοῖς ἐπι-
μαρτυρήσαντα. Cur vero illa *teftimonio* fuo
compiobaret, nifi fides eorum antea fuiffet
incerta, quod‘adhuc apud paucos *delituiffent*,
nec palam & in luce *publicâ* comparuiffent?
Tempus vero, quo hoc teftimonium dedit
Apoftolus, exinde colligitur *Rogatus* enim
de illis *Evangeliftis* fententiam, monuit a-
pud *illos* deeffe res à Domino geftas antea
quam S. *Joannes Baptifta* conjiceretur in
carcerem. Inde illum rurfus urgebant

H *Afiani,*

(*a*) *Eufeb.*
H. E. III.
37. Gr.
(*b*) *Fufeb.*
H.L V. 10.

Eufebius,
H. E. III.
24. Gr.

Asiani, ut, quem in illis *defectum* indicave-
rat, *ipse* supplere dignaretur. Tum ergo
de *aliis Evangelistis* sententiam suam edidit,
cum etiam ipse *Quartum Evangelium* suum
scribendum susciperet, quod in *Asia*, &
Episcoporum Asianorum rogatu, contigisse didicimus. Hoc ipso proinde *tempore*, quo
coactum est Collegium *Apostolorum* Ephe-
sinum. Proinde verisimile est non ipsius
modo *Evangelium*, sed & priora alia *tria*,
eorundem, qui aderant, *Apostolorum* suffragiis fuisse comprobata. Nec illud modó.
Præterea probabile est *Codicem* quatuor
Evangeliorum ita munitum in *Archiva* fuisse
relatum, quo possit omnibus innotescere
Codicis ita *confirmati* fides. De S. *Joannis*
ἰδιοχείρῳ *Ephesi* suo quoque tempore servato

Chron
Pasch Ed   testem habemus Auctorem *Chronici Pascha-*
Cangii,   *lis*. Non pugnat tempus quo minus hoc
p. 5   potuerit esse verissimum. In iisdem *Ar-*
chivis Ephesinis fuisse etiam *Evangelium* S.
Matthæi disco ex *Ignatio*. Ἤκυσά τινων, inquit, λεγόντων, ὅτι ἐὰν μὴ ἐν ἀρχείοις εὕρω,

Ign Ep ad   ἐν τῷ εὐαγγελίῳ ὁ πιςεύω· καὶ λέγονίός μυ αὐ-
Phil N 8   τοῖς, ὅτι γέγεαπίαι ἀπεκρίθησάν μοι, ὅτι πρό-
κειται. Nempe in Δοκείας *Hæreticos* locum
protulerat *Ignatius* ex Evangelio S. *Matthæi*,

Ign ad   quo negavisse dicebatur *Christus* se *Dæmo-*
Smyrn.   *nium* esse *incorporeum*. Non satis caute
N 3   distinxit S. Martyr inter S. *Matthæi* Evangelium *sincerum*, &, quale usurpabant *Ebi-*
onæi, jam in *Asia* grassantes, *interpolatum*.
                               Hic

Hic ergo negant *Hæretici,* & quidem recte, verba illa in *Evangelio* fuiffe, quale prodiit à S. *Matthæo.* Et ad *Archiva* provocant in quibus authenticum S. *Matthæi* Exemplar *proftabat,* ut ab omnibus confuleretur. Proinde fe negant credituros *verbis* Evangelii *vulgi* manibus teri foliti, quà quidem difcrepabant ab exemplari *authentico* fide *Archivorum publicâ* cuftodito. Urgente nihilominus *Ignatio* ita legi in *fuo,* quod ipfe ufurpaverat, exemplari [Hoc vult, ni fallor, verbis illis, ὅτι γέγραπλαι,] reponunt Hæretici, *proftare* tamen *authenticum* exemplar quod appellaverunt, ut ab ipfo quoque poffit confuli, recténe verba illa *Evangeliftæ* effent imputanda. Hoc volebant voce προκεῖλαι. Refpondet enim voci προστιθέναι receptiffimæ in *Principum Edictis* promulgandis. Sic προκεινται δ᾽ ἅμα, S. *Jud.* v. 7 *Factæ funt exemplum,* in Vulgato Interprete. Ut nempe in *omnium* notitiam venirent. Sic προκειμένη *propofita* in Gloffis antiquis. Quæ Vox ipfa fæpe ufurpatur de *Edictis* Principum *Latinis.* Et κειμήλια quæ reponebantur in *Conditoriis.* Præcipuè verò in *Scriptis* Monumentis. Ita κείμενον Auctoris *Textum* appellant *Critici.* Et κεῖσθαι tantundem valet quod *legi* in probatæ fidei *Auctoribus.* Inde *Ulpiano* nomen κατάκειθᾱ apud *Athenæum* Quod fcilicet de *Voce* quacunque quæ occurreret, quæftionem illam importunam folitus fit interponeie, κεῖται, ἢ ὃ κεῖται, num scilicet *mentio* illius fuisset in *Classicis Auctoribus?* Recte eigo scripta *Authentica Archivis* iecondita τεϱεῖϑαι dicuntur, cum eo fine ibi reponuntur, ut ad illa fieri possit *appellatio.* Proinde eiant in *Asi? Archiva* de veiis *Evangelii* secundum S *Matthæum* verbis consulanda. Et ab his, ni fallor, *Archivis Ephesinis* emanavit *Codicis Evangeliorum* hodierni fides. Tanto enim *Ephesini Collegii,* testimonia comprobata *Exemplaria* ab *Ecclesiis* omnibus recepta fuisse consentaneum est, quæ tum *supremam* collegii illius *auctoritatem* agnoscebant, quam primum *innotescerent.* Eoque, ut videtur, *consilio* in *Archivis* iecondita sunt, ut *innotescerent.* Inde nec *plura Evangelia* nec *pauciora* qua-

Irenæus, tuor agnoscit *Asianus Irenæus,* quòd illo
l iii c 2 *numero* Evangelia in *Archivis* repeierat *Ephesinis.* Et *numerum* eundem agnoscit, qui ante illum scripsit, ipso tamen junior, S. *Justinus* Martyi Cæterùm eodem, quo *Ignatius Syrus,* eriore lapsi sunt tam S. *Justinus* ipse *Samaritanus,* quàm *Hegesippus Judæus,* quibus non erant ad manum *Archiva Ephesina,* ut inteipolationes *Ebionæorum* à veiis S. *Matthæi* veibis internoscerent Necdum, tam *brevi spatio,* emanaverant in publicos omnium usus *Apographa Genuina.* Ea autem ubi *magnâ copiâ* emanâssent, paucos admodum deinde *Catholico-*
rum

rum reperimus qui *Ebionæorum* Interpolationes in teſtimonium advocaverint. Non certè, ut olim, pro veris S. *Matthæi* verbis. Qui *ante* vixerint, nec *Evangeliorum*, quos appellant, *Auctores* edunt, nec, ut in *noſtris* leguntur *Evangeliis*, teſtimonia advocant, etiam cum *res* habent cum *noſtris* communes ; & ex *aliis* poſtea improbatis *Evangeliis* frequentius verba proferunt. Unde, quæſo, illa niſi quia ab hoc demum *Collegio Epheſino* Canon *Evangeliorum* fuiſſet ſtabilitus, quem deinceps avidè, tantâ Auctoritate præeunte, omnes acceperint *Ecclesiæ?* Crediderim eò ſpectâſſe ipſum *Archivorum* uſum, ut *Legum* deinceps vim obtinerent in *Ecclesiâ Chriſtianâ* Sic *Legum* vim habebant *Athenienſium* Ψηφίσματα cùm referrentur in Μητρῶον, & *Romanorum Senatus conſulta* cùm in *Ærarium Saturni.* Inde προκείμῳῷ νόμῷ, *Eſth.* 1 8. ſenſu Vocis προκείμϑὄ ſupradicto Ita *poſt* hæc tempora vixerit, oportet, S. *Bartholomæus,* ſi quidem *Hebræum* S *Matthæi* Textum *Indis* intulerit, non autem *Ebionæum.* Ex his *Marcione* antiquioribus *Archivis* evicta crediderim quæ ipſe S. *Lucæ Evangelio* inferſerit, ut nos docent *Tertullianus* atque *Epiphanius.* Uti & alia quoque ῥαδιεργήματα ſequacium *Artemonis,* non minus ipſa *invicem* diverſa, quam à Textibus *Archivorum* authenticis. Vix potuit alioqui in illos

tanta

Fuſebius, H.E i.28 Gr.

tanta *Catholicorum* fuiſſe *concordia* in Textibus adeo *ſerò* in Orthodoxorum *uſum* receptis. Sic fuerit *Epiſcopatus* antiquior *Canone Evangeliorum* hodierno. Nec certe *ſerior* Anno CVII. Nam ad primas *Colonias* in devictam *Indiam* deductas retulerim novas illas *Chriſtianorum Expeditiones*, vel ad prima ſaltem *Romanorum* ſubditorum cum devictâ Gente *commercia*. Non longe, ut opinor, aberrabimus ſi *annum* conſtituti *Epiſcopatûs* primordialem ſtatuamus *Chriſti* CVI. Ut ſcilicet fuerit anno illo paulò vel *antiquior* vel *recentior*

24
Ignatii
Martyrium Anno
Chr. 112
vel 114.

Hæc certè antea, ut dixi, quàm pateretur S *Ignatius*, quem tamen ipſum ſub *Trajano* paſſum omnes conſentiunt. Quo autem anno, in tantâ monumentorum penuriâ, ſtatuere difficillimum eſt. A *Syriâ* miſſum ut *Romæ* pateretur, ipſæ illius teſtantur Epiſtolæ, ut de eo ne quidem liceat dubitare. Inde & illud confirmatur, in quo conſentiunt *Acta*, non à Provinciæ Syriæ *Præfecto*, ſed ab ipſo *Principe*, eò eſſe miſſum. Ipſum ejus *nomen* è gente *Egnatiâ*, ut videtur, oriundum, Civem *Romanum* Coloniæ *Antiochenæ* fuiſſe prodit. De *Cive* autem *Romano* pœnam *capitis* ſtatuere, niſi *Imperatore* conſulto, *Præfectus* ipſe non potuit. Nedum pœnam illam decernere quæ *ſervum pœnæ* efficeret, & *Civitate* multaret.

Quod

Quod certè fecit damnatio ad *bestias*
Multo adhuc minùs potuit *extra* Provinciæ
suæ limites puniendum decernere *Præfectus*.
Et tamen hanc fuisse, cui damnatus est,
pœnam decantatissima omnium Epistola docet
ad *Romanos*. *Aliunde* ergo, præterquam
ex *Actis*, verisimile est, tunc *Antiochiæ Tra-
janum* adfuisse, cùm sententiam acciperet
Ignatius. Sed bis erat *Antiochiæ Trajanus*.
Primò, cùm primam Expeditionem in *Parthos* susciperet, propterea quòd Regnum
Armeniæ, se inconsulto, donaverat Parthus.
Nempe anno Æræ nostræ *Christi*, CXII.
Eoque spectant Acta *Latina*, etiam *Cotton-
iana*, quæ tunc ad *Armeniam & Parthos*
Trajanum *festinâsse* tradunt. *Primæ* enim
Expeditionis res in *Armeniâ* gestas fuisse è
Dione constat. Aliter *Malela* Civis *Ignatii*,
etiam ipse *Antiochenus*, è Fastis, ut videtur, *Paschalibus Antiochenis*. *Ignatium* ille
passum tradit eodem tempore quo *terræ
motus* erat *Antiochenus*, *Trajano* ipso *Antiochiæ* versante. *Pedonis* Consulatui *terræ mo-
tum* illum assignat *Dio*, II°. ex quo in
Orientem Trajanus venerat, anno *Malela*.
Notas autem illas ambas annum Æræ
Christianæ receptæ CXIV^m. designare alibi   Prælect.
oftensum puto. Harum sententiarum,   Cambd.
quæ verior fuerit, me nescire fateor. Nec
enim Canonibus *Paschalibus Antiochenis*,
etiam in rebus *suis*, admodum fidendum

H 4   arbitror,

arbitror, ut defcriptorem Faftorum illorum
accuratiorem haberemus quàm fit ifte *Malela.*   Prior fententia quo minùs *vera* fit,
pugnare fateor *Malelæ,* fi ipfæ *veræ* fint
rationes   *Trajanum* enim *Româ Octobri* dif-
ceffiffe vult, *Antiochiam* autem non appu-
liffe ante menfem *Decembrem.*   *Ignatium,*
autem menfe faltem *Augufto,* in itinere
fuiffe docet *Epiftola* illius ad *Romanos.
Pedonis* Confulatu partem anni potiffimam
in *Antiochiâ* exegit *Imperator.*   Alteram earum *veram* effe puto, vel faltem *verifimil-
limam.*   Utrovis modo cæde *Simeonis,* &
Ecclefiæ *Hierofolymitanæ* clade, quæ illam
Primatu fpoliârit, & *inftituti Epifcopatûs*
Epochâ fuerit *recentior.*

25
Huic tem
pori con-
veniunt
resScriptæ
ab *Ignatio.*
Nulla a-
pud illum
*Ecclefiæ
Hierofoly-
mitanæ*
mentio,
jam *diffi
patæ.
Epifcopa-
tûs* com-
mendatio
tunc ad-
modum
opportuna

Et fanè *fitum* illum mirificè confirmant
illius *Epiftolæ,* fcriptæ omnes in ipfo *Martyrii* profpectu.   Ecclefiæ *Hierofolymitanæ*
nullam prorfus legimus in illis mentionem.
Proftratæ fcilicet & *diffipatæ,* nec fibi etiam
ipfi fufficientis.   Aliter res fuiffet, vix
certè *aliunde* Ecclefiæ fuæ *Antiochenæ* patrocinium quæfiviffet, cum Provinciæ *Syriæ*
accenferi folet et *Judæa,* Urbifque ipfa *Hierofolymitana.*   Ne dicam jam recentiffimam
adhuc *Primatûs* illius memoriam, quæ Auctoritatem *illius* plufquam *aliarum* quarum-
cunque Ecclefiarum, commendârint, fiquid nempe illi, in tantis illis tumultibus,

                        'licu-

licuiffet. Hinc etiam conftat, nullam fuiffe (quam crediderunt *Ignatianarum* Epiftolarum Adverfarii, noftrarum rationum
nefcii) *affectationem*, immo *neceffarium* fuiffe, ut nóva ϖρωτοκαθέδρων Jura enixis
viribus affererentur. Erat enim vel *una*
illa Controverfia omnium momentofiffima.
Quippe à quà penderet *univerfa* tam *fidei*, quàm *morum*, Difciplina. Unâ enim
eâdemque operâ omnibus occurrebatur,
tam *notis* fcilicet quàm *ignotis* Hærefibus
atque *Schifmatibus*, fi *Epifcoporum* Communionem, pro fuâ cujufque ditione, inviolatam fideles confervarent. Multo profectò efficaciùs quàm fi *fingulis* Hærefibus
indagandis, vel etiam *refutandis*, operam
impendiffent. Et tamen major erat ille
fingulas Hærefes excutiendi *labor*, atque
diuturnior, quàm fuerit Poteftatis Epifcopalis illa commendatio, qui tamen ipfe
duntaxat *Hærefibus* jam *compertis* evitandis
proderat, utcunque feliciter illas detectas
refutatafque fupponamus. Novus refta-
bat labor hærefibus *latentibus*, & fi quæ
novæ aliæ in *futurum* prodirent, illis minimè neceffarius, qui Communionem *E-
pifcoporum*, utpote eandem quæ fuerat
Apoftolorum, tam *notis* omnibus, quàm e-
tiam *ignotis*, Communionibus antetulif-
fent. Ita *latiùs* patebat hujus Difputatio-
nis

nis beneficium quàm illius quæ *singulas*
Hæreses esset profligatura.   Hæc autem
ratio *omnium* Seculorum communis est.
Erant & aliæ *illius* Seculi propriæ.   Nam
primâ Potestatis illius in *Episcopos* devolutione magis necessarium erat ut *ignota* antea *Potestas* urgeretur atque stabiliretur.
Stabilita deinceps atque recepta ad Po-
steros emanare potuit *sine* novâ aliquâ
commendatione.   Nostræ autem rationes
ostendunt jam *nuperam* fuisse illam Episcoporum *Potestatem*, cùm adeo illam commendaret *Ignatius*.   Defecerat enim, nec
jam *ulla* amplius erat *Potestas* Ecclesiæ
Hierosolymitanæ.   Sic potuit intelligi ιεω-
τερικὴ τάξις, ut volebant Adversarii, si
quidem *necesse* esset, sed evicit Cl. *Pear-*
sonius, ne quidem *necesse* esse ut *Ignatii*
verba ita intelligantur.   Itaque ni *nova*
illa in illius locum sufficeretur, actum fuisset de Ecclesiæ *disciplinâ*, quam impune
violaturi erant rebelles, tam *Hæretici*,
quam *Schismatici*, quàm *morum* etiam
impietate profani & infames.   *Tantisper*
certe *urgenda* erat nova illa Potestas dum
à Subditis passim *reciperetur*, & dum illius obsequio homines *assuevissent*.   Exa-
mussim hæc respondent illorum temporum
exigentiæ.

Et

Et planè ita loquitui *Ignatius* ut loqui oportebat illum qui hæc quæ dixi ob *oculos* habuerit "Ενωσιν commendat σαρκὸς pariter ac πνεύμαζῷ· Ἰησῦ Χριςῦ, ad *Magnef.* c. 1. *Fidem* veram σάρκα τῷ κυρίυ effe dicit, ad *Trall* c. 8. Nempe ut *fidei* pariter ac *carni* Domini adhærendum effe doceret Sic etiam de *Evangelio.* Πεοσφυγὼν τῷ εὐαζγελίῳ ὡς σαρκὶ Ἰησῦ, ad *Philadelph.* c. 5. Facilè hic intelligimus ad receptam fententiam alludi, quâ Ecclefiæ *Hierofolymitanæ* olim adhæferant propter *carnem Chrifti*, dum haberet illa in *Clero* fuo Domini *cognatos*. Idem *fui* temporis *Presbyteria* cum *primo* fummoque Cleri *Hierofolymitani* Collegio *Apoftolorum* confert aliquoties Πεοκαθημδρου τῷ Ἐπισκόπυ εἰς τόπον Θεῦ, ϰ τῷϛ Πρεσβυτερων εἰς τόπον συνεδρίυ τῷϛ Ἀποςόλων, ad *Magnef.* c. 6. Ὑποτάσεσθε ϰ τῷ Πρεσβυτερίῳ ὡς τοῖς Ἀποςόλοις Ἰησῦ Χριςῦ τῆς ἐλπίδῷ ἡμῷϛ, ad *Trall.* c 2 Iterum poftea τὲς δ Πρεσβυτερους ὡς συνέδριον Θεῦ ϰ ὡς συνδεσμον Ἀποςόλων, c. 3. Quorfum hæc nifi ut intelligerent fummam *Synedrii Hierofolymitani Apoftolorumque* Poteftatem tum in *fingulis* fuiffe *Presbyteriis*? In eandem fententiam fcribit ad *Smyrnæos* Πάντες τῷ Ἐπισκόπῳ ἀκολυθεῖτε ὡς Ἰησῦς Χριςὸς τῷ πατρί· ϰ τῷ Πρεσβυτερίῳ, ὡς τοῖς Ἀποςόλοις, ad *Smyrn.* c. 8. Sic etiam vice-

verfâ,

(marginal note:) 26. Ita fcribit *Ignatius* quafi hæc, quæ diximus, ipfe ob oculos habuerit.

versâ, Apoftolis ipfis eundem cultum ex-
hibendum docet qui fuerat debitus Ecclefiæ *Presbyterio* ϰỳ τοῖς Ἀπο̑ϛόλοις ὡς Πρεσ-
6υτερίῳ Ἐϰϰλησίαϛ, ad *Philadelph*. c. 5. Vel
inde colligitur *alio* loco fuiffe *fui* temporis
Presbyteria quàm fuerit *Presbyterium Hie-*
rofolymitanum, faltem dum viverent *Apoftoli*
Tunc enim *fecundum,* & Apoftolis *obnoxium,*
Collegium conftituerant *Presbyteri.* Jam
tandem *pares* habebantur *Apoftolis* non illi
modò *Hierofolymitani,* verum etiam *exte-*
rarum Ecclefiarum, *Presbyteri.* Sic & Συνέδριον Θεῦ pio *Presbyterio* modò vidimus
Idem Συνέδριον Ἐπισϰόπɤ memorat ad
Philadelph. c. 8. Ut jam *Synedrii* jura omnia habuerint *Ecclefiæ reliquæ* etiam, pɩæter
Hierofolymitanam, Chriftianæ. Et quidem
Epifcopus, cum fuo cujufque *Presbyterio,* ea
jura omnia afferit quæ fuerant Ecclefiæ *Hie-*
rofolymitanæ, etiam *Apoftolicæ. Apoftolorum*
proprium διατάσσειν cenfet *Ignatius* pariter
ac Auctor hodiernarum Διαταξεων, ad *Trall.*
c. 3. Inde ejus verba illa. ἐχ ὡς Ἀπύϛολ@.
διατάσσομαι. Idem tamen facit parere *E-*
pifcopo ac *Apoftolorum* διαταϊμασι. Sic enim
habent illius verba in Epiftolâ ad *Trallia-*
nos · ἐσιν ἀχωρίϛοις Θεῦ Ἰησῦ Χριϛ̑ɤ, ϰỳ τῶ
Ἐπισϰόπɤ, ϰỳ τῶϊ διαταϊμάϊων τῶϊ Ἀποϛόλων,
c. 7. Imo ne quidem à *fe* alienam, ut
Epifcopo, Poteftatem illam priori loco innuit, quamvis, pro modeftiâ fuâ, illius *in-*
                                    vidiam

vidiam amoliatui, quòd non fuerit *Aposto-* Clem.
lus. Obseivavit *Clemens Romanus* quàm Rom Ep. ad Corinth c 41.
cautè omnia sacia *Hierosolymis* sub Ponti-
ficis *Judaici* curâ administranda essent, ne
in *Piaculum* incideient. Idem monet *Ignatius.* Siquis munus Ecclesiasticum, cujuscunque geneiis, inconsulto gessisset Episcopo, *impurum* foie, quia id fecisset, χ⁊
τἰω̃ σωείδησιν ad *Trall* c. 7. Nec Dei λα-
τρείαν (ad *Smyra.* c. 9.) illam censendam,
sed *Diaboli,* & proinde *Deo* ingratissimam
atque *Piacularem.* Nempe piopter *Legem
Dei* quæ ex *Hierosolymis* petenda causam
dedeiit ut, præ aliis omnibus illa *Sancta
Civitas* appellaretui, etiam à N. Testa- S Matth.
menti Sciiptoribus Canonicis *Christianis,* I\ 5 XXVII. 53.
utque *Deus* ibi fuerit in *pœnis* præsentissi-
mus *Sancta* enim omnia *Deus* in suum
patrocinium recepit, & quo quidque *sanctius* habebatur eo *pœna* in illius violatores
inferenda eiat *celerior* pariter ac *severior.*
Νόμον etiam ἐντολἠ̃ν appellant Sciiptores
Hellenistici, &, pro illoium Stylo, *Novi*
quoque *Fœderis* Amanuenses. Utrorumque autem exemplo in coævis sibi *Episcopis*
agnoscit S. *Ignatius,* saltem cum sibi ob-
noxiis *Presbyteriis* Ad *Magnesios* ὑποτά-
αεται τῷ ᾿Επισκόπῳ ὡς χάριτι Θεῦ, ᾗ τῷ
Πρεσβυτερίῳ ὡς νόμῳ ᾿Ιησῦ Χρισῦ, c. 2. U-
triusque *Synedrii Hierosolymitani* jura, tam
Judaici, quàm *Christiani,* hoc in loco *Epi-*
scopis

scopis suis asserit *Ignatius.* Eâdem planè
formâ, quâ νόμῳ χάριν opponit præponit-
que sanctus Evangelista, S. *Joann l.* 17
Et ad *Tralltanos* ὑποτασσόμμͤοι τῷ Ἐπισκόπῳ ὡς τῇ ἐντολῇ, ὁμοίως κϳ τῷ Πρεσβυτερίῳ,
c. 13. Stylum certè *Civitatis Hierosolymitanæ* utrobique æmulatus est. Eoque, ut
videtur, *consilto,* ut quæ pœnæ erant à Deo
metuendæ *Hierosolymis* in νόμᴃ & ἐντολῆς
violatores, sub præsidio *Pontificis summi* aut
Episcopi Hierosolymitani, easdem metuendas
fore doceret in *aliis* quoque jam *Ecclesiis,*
si quis novæ *Evangelii* Legi in *cordibus*
inscribendæ fuisset, sub *Episcoporum* præsidio, rebellis. Sic etiam receptum in Dis-
putationibus cum *Samaritanis,* ut illi tantummodò conventus *rati* haberentur, qui
fuissent *Hierosolymis* sub Pontifice summo
Hierosolymitano. Illa nimirum *Sacrificia
Deo* grata, illosque annuos *Conventus* Paschatis, Pentecostes atque Tabernaculorum,
pro *Legis* observatione habendos, & *Legis*
observatæ *premiis* donandos. Alibi autem,
siqui *Sacrificia* obtulissent, aut *Conventus* à
Lege præscriptos celebrassent, *Legi* profectò
non satisfacturos, nec *Legis impletæ* præ-
miis à *Deo* Legislatore fore *remunerandos.*
Proinde *irrita* fore, siqua istiusmodi alibi
quàm *Hierosolymis* peragerentur. Et vera
hæc fuisse concedit ipse Dominus in col-
loquio cum muliere *Samaritanâ.* Sic enim
intel-

intelligenda verba illa *Salus ex Judæis est.*
S. *Joann* IV. 22. Quòd scilicet *salus* Peculio *promissa* illis demum *Sacrificiis Conven-
tibusque* solennibus præstanda esset quæ
Hierosolymis peragerentur , non item illis
quæ fuissent in monte *Gerizitano.* Ita *ir-
riti* futuri erant *ritus*, à *Lege* etiam *præ-
scripti*, si tamen *alibi* quàm in *loco* à Lege
præscripto præstarentui, & *mercede* omni ca-
rituri Hinc ergo intelligendus *Ignatius*,
cum *Conventus* ab *Episcoporum* Communione
alienos negat esse βεβαίas. Sic enim scribit
ad *Magnesianos* · Οἱ τοιοῦτοι ἢ ἐκ ἀσυνείδητοί
μοι ἐπ) φαίνονται, διὰ τὸ μὴ βεβαίως κατ᾽
ἐντολὴν συναθροίζεθς, c. 4. Intelligit nimirum *Conventus* ne quidem esse, pro ve-
râ Legis *interpretatione*, *legitimos*, nec adeò
legitimorum Conventuum *beneficiis* esse cu-
mulaturos. Sic etiam pronunciat de *novi*
Peculii *Sacrificio Eucharistico*, in Epistolâ
ad *Smyrnæos* . Ἐκείνη βεβαία ἀυχαριτία ἡγεί-
θω, ἡ ὑπὸ τ῀ Ἐπίσκοπον ἔσα, ἢ ᾧ ἂν αὐτὸς
ὀπιτρέψη, c 8. Quid verò nomine *Eucharistiæ* βεβαίας intelligat idem Ep. ad *Ephesios* ita explicat : Ἐὰν μή τις ἢ ἐντὸς τῶ
Θυσιαστηρίω, ὑστερεῖται τῶ ἄρτυ τῶ Θεῶ, c. 5.
Hinc sane constat, βεβαίαν illam Ignatio
Eucharistiam censeri, quæ nos participes
faciat *Eucharistiæ cœlestis* Hæc sanè omnia ipso sermone *Hierosolymitano* concepta,
pioinde *Ecclesiæ Hierosolymitanæ* jura omnia
singulis

singulis afferunt *Ecclefits*. Sed per *fequelas* fortaſſe tantummodo, quanquam illas admodum *legitimas*. Sunt & alia quæ rectiori femitâ eodem tendunt. Illud certè fingulari quodam jure vendicabat fummus *Judæorum Pontifex*, & poſt illum *Epiſcopus Hierofolymitanus*, quòd *Principium* fuerit ἐνώσεως *Myſticæ*, ut Præſes *Altaris Unici* quod*Sacrificiorum* cauſâ*Judæis* concedebatur, non alibi quàm *Hierofolymis*. Sic enim in

Antiq. iv. 8 p.1211. Legiſlatoris Perſonâ *Joſephus* · Ἐν ἑτέρᾳ ἢ πόλει μήτε βωμὸς, μήτε νεὼς ἔϛω. Θεὸς γὸ εἷς, ϰỳ τὸ Ἑβραίων Ϡͽℊ@. ἓν. Antea docuerat, ne quidem in Civitate *fanctâ* licuiſſe, *plura* Templa aut *plura* habere Altaria. Νεὼς εἷς ἐν ταύτῃ (inquit) ἔϛω, ϰỳ βωμὸς εἷς. Nempe quòd Λόγον ut Archetypum Ἀρχιερέα repræſentare crederetur Pontifex Maximus *Judæorum*, ut docet *Philo*. In-

Migrat Abr p 404 De Profugis, p. 466. de fequi credebant, ut quo *Sacrificiorum* à *fummo Sacerdote* oblatorum participes erant, iidem (beneficio *Pacti Divini*) Sacrificiorum *Cæleſtium* à Λόγῳ oblatorum participes fierent, *unitatiſque* & fancti cum Λόγῳ illiuſque *Patre* commercii ; arcendi viciſſim à beneficiis Sacrificiorum *Cæleſtium*, fi ſe à fummi Sacerdotis *Sacrificiis* alienâſſent. Nec aliter in Ecclefiæ *Hierofolymitanæ* cauſâ argumentabantur *Apoſtoli*. Ita S. *Joannes* Apoſtolus : *ut* (inquit) & *vos* ϰοινωνίαν *habeatis nobiſcum*, *noſtra autem*

tem *κοινωνία cum Patre & Filio ejus Jesu Christo*, 1 *Joann.* 1. 3. Jam supra observavimus, *κοινωνίαν Urbium* fuisse, rectéque adeò quadrare in Ecclesiam Urbis *Hierosolymitanæ*. Et *Sacrificiorum κοινωνίαν* fuisse, docet *Apostolus*, 1 *Cor.* x. *Judaicorum*, v. 8. & *Gentilium*, v. 20. & *Eucharisticorum*, v. 16. 21. Sic *Episcopum* cum *Deo Patre* nonnunquam confert *Ignatius*, qui etiam *Christi caput*, summum proinde *Unitatis* Principium. Ad *Ephesios* Σπυδάσωμβρ ἒν μὴ ἀντιτάασδς τῷ Ἐπισκόπῳ, ἵνα ὦμρψ Θεῶ ὑποτασσόμρψοι, c. 5 Ad *Smyrnæos*. Καλῶς ἔχει Θεὸν ᾖ Ἐπίσκοπον εἰδέναι· ὁ τιμῶῇ Ἐπίσκοπον, ὑπὸ Θεῶ πέπμπται, c. 9. Sic ad *Trallianos* · & *Episcorum*, *ut eum qui est figura Patris*, c. 3. Paulò aliter *Græca* hodierna ex *Antiocho* & *Interpolatore* emendanda: Ad *Magnesianos* Προκαθημρψυς τῶ Ἐπισκόπυ εἰς τόπον Θεῶ, c. 6. Nonnunquam cum ipso *Christo* Λόγῳ. Ad *Ephesios* Τὸν ἒν Ἐπίσκοπον δῆλον; ὅτι ὡς ᾖ κύριον δᾶ προσβλέπειν, c. 6. Ad *Smyrnæos* · Ὅπυ ἀν φανῇ ὁ Ἐπίσκοπ☉, ὁκᾶ τὸ πλῆϑ☉ ἔςω· ὥσπερ ὅπυ ἀν ᾖ Χριςὸς Ἰησῦς; ὁκᾶ ἡ καϑολικὴ Ἐκκλησία, c. 8 Et in *Unitatis* causâ omnia tribuit *Episcopo*. Etiam *Unitatem Dei* cum *Synedrio* jungit *Episcopi*. Ad *Philadelphienses* · Πᾶσιν ὄσω μεπανῶσιν ἀφίει ὁ κύρι☉, ἐὰν μεπανοήσωσιν εἰς ἑνόπηπα Θεῶ, ᾖ συνέδριον τῶ Ἐπισκόπε, c. 8. Ibidem

I   dem

dem adhuc diſtinctiùs : Σπεδάζετε ἕν μιᾷ
εὐχαριςίᾳ χεᾶϿ μία γϿ σὰρξ τϿ κυρίυ
ἡμϿϿ ἸησϿ ΧριϛϿ, ἠ ἓν ποτήριον εἰς ἕνωσιν τϿ
αἵμαΘ. αὐτϿ· ἓν Ͽυσιαϛήριον, ὡς εἰς Ἐπίσκο-
πϿ. ἅμα τϿ Πρεσβυτερίῳ ἠ Ϳακόνοις τοῖς
συνϿέλοις μυ. ἵνα ὅ ἐὰν πεάσητε, ΣϿ ΘεϿν
πεάσητε, c. 4. Et ad *Magneſianos*, cùm
nihil quicquam ſine *Epiſcopo* & *Presbyteris*
faciendum monuiſſet, paucis inter poſitis, illa ſubjungit ῒΡις ἐςὶν ἸησϿς ΧριϛϿς, ὃ ἄμεινον
ὐϿὲν ἐςὶν· πάντες ἓν ὡς εἰς ἕνα ναὸν συντρέχεϿε
ΘεϿ, ὡς ὀπὶ ἓν Ͽυσιαϛήριον, ὡς ὀπὶ ἕνα ἸησϿν
ΧριϛϿν Ͽ ἀφ᾿ ἑνὸς πατεὸς πεϿελϿόντα, ἠ
εἰς ἕνα ὄντα ἠ χωρήσαντα, c. 7   *Unum* ergo
Templum, *unumque Altare*, de *uno* Epiſcopi
cujuſlibet *Sacrificio* intelligit *Eucharíſtico*.
Hoc *uno Sacrificio* aditum ad *Myſticam* etiam
cum *uno Chriſto*, & cum *uno Patre*, *Unitatem*
concludit. Sic igitur intelligendi οἱ Ἐπίσκοποι οἱ ΣϿ τὰ πεϿατα ὁριϿένϿες ἐν ἸησϿ γνώμη εἰσίν, ad *Epheſ.* c. 3.   Nam μία etiam
γνώμη in Sacris Literis eorum obſervatur,
quibus invicem *Unitas* eſt atque *Concordia*.
Formam loquendi à *Senatu Romano* de-
ductam arbitror.   Erant enim *Senatores* qui
Jus haberent *ſententiæ dicendæ*, propriiſque
verbis etiam concipiendæ.   Hæc enim ſententia *Græcis* γνώμη eſt, illiuſque nomine
ſæpe appellatur, qui ſcripto conceptam ad
Senatum retuliſſet.   Erant & *Senatores*, qui
ſententiæ *dicendæ* Jus ipſi *nullum* habebant,
ſed

fed in *aliorum* tantummodo *sententias* con-
cedendi, cum fieret *discessio*. Hi *pedarii*
erant, de quibus *Gellius* Noct. Attic. III. 18.
Hi γνώμης ejusdem cum illo habebantur,
cujus sententiam approbâssent. Illud ergo
vult *Ignatius* sententiarum de rebus *fidei*
diversarum in *Ecclesiâ* locum esse nullum,
sed teneri *omnes* ut in *Christi* γνώμην pe-
dibus concedant Sic ὁμόψηφΘ γνώμη,
2 *Macc.* xi 20. Sic ergo *Philadelphensium*
Episcopum, cum Presbyteris atque Dia-
conis, ἀποδεδειγμένες ἐν γνώμη Ἰησῦ Χριςῦ
agnoscit in Inscriptione. Epistolæ ad *Philadelphienses.* His illos opponit qui ἐν
ἀλλοτρίᾳ γνώμη ambularent, c. 3. Τὲς ἐν-
αντίες τῇ γνώμη τῦ Θεῦ, ad *Smyrn.* c. 6.
Priori autem ad *Ephesios* loco hæc *univer-
sis* totius orbis *Episcopis* asserit. Unde manifestum est *pares* invicem *Episcopos* ab
Apostolis fuisse relictos. Obiter autem è
tot locis pro *temporis* decoro scriptis fides
harum Epistolarum asseritur. Nam alioqui admodum peritus fuerit oportet *Impostor* qui sic hujus Seculi sermonem imitatus est atque dogmata, quorum, paucis
à *Christo* Seculis, *memoria* ferè omnis penitus intercidit.

Medio hoc eodem inter cædem *Simeonis* Martyriumque *Ignatii* spatio, contigit

eventus

27
Cur cum
Potestate
romen eti-

eventus alius in ie *Eccleſiaſticâ* omnino in-
ſigniſſimus. Ut ſcilicet *Epiſcopi* nomen
commune antea cum *aliis*, tum demum Πρω-
τοκαθεσ̄ρois tantummodò *proprium* ſit factum. Nuſquam enim *alios* illo titulo or-
nat *Ignatius.* Semper autem à *Presbyteris*
ita diſtinguit ut *unicum* in *Eccleſiâ* quâvis
agnoſcat *Epiſcopum.* Erant quidem, etiam
ſub *Apoſtolis*, in *Judæorum Synedriis*, ſeu
Conſeſſibus, Πρωτοκαθεσ̄ρίαι ut nos docent
Literæ etiam Sacræ (*a*). Et apud *Chriſti-*
anos fuiſſe, & quidem *alibi* præterquam *Hi-*
eroſolymis, teſte diſcimus *Apoſtolico* Libri
Paſtoris Auctore *Hermâ*, L. 1. Viſ. 3. N. 9.
Utrobique enim ejus ſtudium atque affe-
ctatio damnatur. Sed *nomina* invicem per-
miſta fuerunt, ut tam Πρωτοκαθεσ̄ροι *Pres-*
byteri appellati fuerint, quàm viceverſâ in-
feriorum *ſedium Presbyteris* nomen tamen
attribuatur *Epiſcopi.* Juniores autem *Ig-*
natio Scriptores *Chriſtiani* & *nominum* di-
ſtinctionem obſervant accuratiſſimam. Hæc
ſi diſtinctio *injuriæ* ortum debuiſſet, ut volunt *Presbyterani*; non video ſanè ut potuerit tam *brevi* tempore tam *latè* invale-
ſcere. Quid enim? Fatebuntur fuiſſe φι-
λοπρώτους, qui *pares* non ferent, *Pompeios*?
Nec interim agnoſcent in *Presbyteris* fuiſſe *Cæſares*, *priorum* pariter impatientes?
Hæc ſi commiſſa fuiſſent invicem *partium*
ſtudia,

studia, quanto (quæso) exterorum *scandalo*, quanto rei Christianæ communis *detrimento*, constitutura arbitrabimur ? Atqui nullum *scandali* illius legimus levissimum vestigium. *Detrimenti* ita nullum, ut contra nomen *Christianum*, his ipsis, de quibus agimus, temporibus, legamus longe lateque propagatum , repressas in ipso ortu *Hæreses*; Expeditiones, sub *Trajano*, Evangelii causâ, susceptas , florentissimamque, medio illo seculo, *Disciplinam*. Ut unâ forsitan, alterâve *Urbe* patientes *jugi* fuissent *Presbyteri* , ægiè tamen *universo* orbe *Romano* tales fuisse supponemus. Ut aliqui fuissent suæ *libertatis* assertores, quas demum rationes excogitabunt Adversarii, cur *semper victi* discesserint *Presbyteri*, *semper* autem *victores* Γρωτοκάθεδροι? Præsertim, cùm nulla adesset *vis* quæ nolentes, etiam *invitos*, parere cogeret , *Conscientiæ* autem obligatio nulla esse potuerit si *Jus* nullum fuisset sibi vendicantis. Nedum vis aliqua *plurium* Urbium communis. Et ne quidem *Auctoritas*, cùm jura pristina amisisset Ecclesia *Hierosolymitana* & *Ephesina*. Tantum qui *ambitiosorum*, tamque latè patentem successum facilè credet, tam *brevi* præsertim *spatio*, *cessantibus* ubique vel *cedentibus Presbyteris* , Idemne quidem illud à se ægiè impetrabit, ut *Mundum* credat fortuitis *atomorum* concursibus originem debuisse,

I 3   buisse,

buiſſe, pro hypotheſibus *Epicuræorum*. Faci-
lior multò, expeditiorque ratio cſſet, ut *Juri-*
bus Πρωτοκαθεδρίας *priſtinis* novum *nomen*
accederet, ſi nihil fuiſſet quod *novum* ag-
noſci potuerit præterquam *nomen*. Atqui
profectò *jura* Πρωτοκαθεδρίας *Ignatiana* majora ſunt quàm in *Moderatoribus* ſuis ferrent
Presbyterani. Illud præſertim, quòd, quanto-
vis *Presbyterorum numero* reſragante, ſemper
anteferenda ſit *Communio Episcopi*, nec
Communionis *beneficia* expectanda eſſent ſi
vel *major* Presbyterorum *numerus* aliam,
quàm fuiſſet *Episcopi*, *Communionem* ſeque-
retur Ergo hoc ipſum Jus *antiquius* in
Πρωτοκαθεδροις ſupponent quàm fuerit *pro-*
prium illi *ordini* nomen *Episcopi*, vel tum
demum, cum novo *nomine*, primo *acqui-*
ſitum. Si prius, *nominis* quidem novati
ratio facillima reddetur, nihil tamen inde
lucrabuntur Adverſarii. *Rem* enim ipſam
nomine *ſignificatam* dum *antiquam* ſatebun-
tur, indigna prorſus erit de *nomine* Diſpu-
tatio Quod ſi & *rem* cum *nomine* muta-
tam pertendent; redibunt rationes modò
recenſitæ, quo pacto *tanta* mutatio tot ſi-
mul in *locis*, tam brevi *ſpatio* procedere
potuerit, præſertim *jure* pariter ac *vi* de-
ſtituta, tot oppreſſorum in *contrarium* cona-
tibus impedienda. Noſtræ autem hypo-
theſes rationem ſuppeditabunt, quâ *nominis*
illa mutatio *ubique*, & tam brevi *tempore,*
                                    obtinuerit,

obtinuerit, omnino facillimam. Juris enim
Hierofolymitani legitima *devolutio* rationem
omnem excludebat cui quis *merito* adver-
faretur, imo dedit cui *boni* omnes *æquique*
amantes eam tuerentur atque amplecterentur. Jus autem illud *Principii Unitatis
Corpori univerfo* convenire non potuit, fed
Corporis tantummodò *Capiti,* & *Perfonæ*
adeo *fingulari.* Sic *æmulos* nullos patieba-
tur vel unica illa ratio Πρωτοκαθεδρίας.
Sed nec de *Perfonis* lis ulla effe potuit, quas
omnes in *primâ fede* repererat ipfa illa *devolutio* ab *ultimis* Ecclefiæ Apoftolicæ *Hierofolymitanæ* miniftris *Itinerariis* conftitutas.
De illis ergo dubitari non potuit quin quos
primâ apud fuos *fede* dignos judicaverat
Ecclefia illa *Apoftolica,* eofdem dignos etiam cenfuerint *Juribus* ad *primas fedes* poftea devoluturis. Nullum hic *Myfterium
Iniquitatis.* Imo contrà omnia pro Ecclefiæ *Apoftolicæ* fententiâ, (quâ quidem illam ex *antea* geftis colligere licuit) examuffim refpondentia. Nec è *fingularum*
Ecclefiarum *motibus* noftra hæc pendebat
devolutio, qui *varios,* pro locorum homi-
numque varietate, habere potuerint *eventus.* Unica illa Ecclefiæ *Hierofolymitanæ* cla-
des fatis erat ut ad *Ecclefias* orbis *omnes,* earumque Πρωτοκαθέδρους, fieret Juris illius pri-
ftini *devolutio.* Sic itaque Πρωτοκαθέδροις
novæ Poteftatis tum demum obvenire po-

tuit

tuit accessio.   Nec erit cui adeo miremur
si *novæ,* sed *confessæ* & *legitimæ,* Potestatis
novum deinceps obtinuerit etiam *nomen,*
& *ubique,* sine *jurgiis,* sine *morâ,* reciperetur.   Hæc certè ratio *Facti* in se *manifesti*
mihi *facillima* videtur, & maximè *genuina.*

28.
Episcopi
nomen
prima sig-
nificati-
one *Dei*
proprium,
inde ad
Sacerdotes
deriva-
tum, præ
sertim
primarios.

Videamus autem cur hoc potissimum
nomen *Episcopatûs* ad novam illam *Potesta-*
tem designandam usurpârint   Nec enim
hactenus, pro eo ac meretur, explicatum
observavi,   *Atticos Urbium* Ἐπισκόπους locum
hìc planè nullum habuisse puto.   *Hieroso-*
lymis, siqui fuerint fortassis *Hellenismi,* illi
teriarum dominis *Macedonibus* (qui etiam
ipsi *Dores* erant)   non autem *Athéniensibus,*
debebantur,   Nuspiam autem constat eâ
voce ita usos fuisse *Macedonos.*   Et cum
Athemensium dominatu jam *olim* exoleve-
rat & *vocis* usus   Nec enim habuerant
Athenienses in suâ ditione *Urbes* quibus
Ἐπισκόπους præficerent   Non certè sub *Ro-*
manis.   Imo ne quidem sub ipsis *Macedo-*
nibus.   Ipse *ille* vocis usus aliunde hauri-
ri non potuit præterquam ex *Atheniensium*
Libris, quibus nullum erat cum *Judæis*
commercium.   Nedum ut ex illis didice-
rint *voces* in usu *Regiminis* tum *recepti*
quotidiano.   Multò adhuc minus ad usum
vocis Ecclesiasticum spectat *Ciceronis Episco-*
patus ille quo à *Pompeio oræ Campaniæ ma-*
ritimæ

ritimæ præfeɛtus eſt. Ille vocis uſus ne quidem ad *Urbes* ſpeɛtabat, quarum tamen *proprium* fuiſſe conſtat uſum vocis *Eccleſiaſticum.* Ego aliunde vocis ſignificationem arceſſendam exiſtimo. *Dei* Providentia Ἐπισκοπὴ appellatui, tam *Univerſalis* illa, quàm & propria cujuſcunque *Dæmonis* aut *Genii Tutelaris.* Sic de *Libitinâ Plutarchus* in *Numâ* ΕΠΙΣΚΟΠΟΣ τῶν περὶ τὰς θνήσκοντας ὁσίων ΘΕΟΣ ἕνα. De *Eilithyiâ.* Γένεσις ἡμῶν ἔχει ΘΕΙΑΝ ΕΠΙΣΚΟΠΟΝ εἰλειθύιαν ϗ λοχείαν, in *Eroticis.* De *Termino* in Capit. *Rom* ΕΠΙΣΚΟΠΟΣ φιλίας ϗ εἰρήνης. Iterum de *Libitinâ.* Ib. Ὡς μιᾶς ΘΕΑΣ τὰς γενέσεις ϗ τὰς τελευτὰς ΕΠΙΣΚΟΠΟΥΣΗΣ. Sic *Clio* Muſam ΕΠΙΣΚΟΠΟΝ *Simonidi* appellatam idem obſervavit *Plutarchus,* ubi docet cūr non ampliùs *metris* uſa fuerint *Oracula.* Idem in Cap. *Rom.* ΘΕΟΝ ΕΠΙΣΚΟΠΟΥΣΑΝ ϗ ἐφορῶς memorat. De Fato: Τὴν μὲν ὁ Λυσίπ. ΕΠΙΣΚΟΠΕΙ Διόνυσ. μετ τῆ Τερψιχόρης ϗ Θαλίας. Sic in *Camillo* Ζεῦ μέγιστε, ϗ ΘΕΟΙ χρηστῶν ΕΠΙΣΚΟΠΟΙ ϗ πονηρῶν ἔργων. Idem *Dæmonas* vocat ΕΠΙΣΚΟΠΟΥΣ θεῶν ἱερῶν ϗ μυστηρίων ὀργιαστάς, de def. Orac. Rurſus, de *Fato* Περὶ γῆν Δαίμονες τεταγμένοι τῶν ἀνθρωπίνων πράξεων φύλακές τε, ϗ ΕΠΙΣΚΟΠΟΙ εἰσιν. Et in *Eroticis:* Ουθεῖς ΘΕΩΝ μάρτυς ἐδ᾽ ΕΠΙΣΚΟΠΟΣ,

ΓΟΣ, ἐδὲ ἡγεμὼν ἢ συνεργὸς ἡμῶν γέγονει
Et *mali* quoque *Dæmones* eidem 'ΕΠΙ-
ΣΚΟΠΟΙ βίων ἐ οἴκων in Cap *Rom*. Ita
Deus summus ΠΑΝΕΠΙΣΚΟΠΟΣ ἡμῶν
in Oraculis *Sibyllinis*.   Nec aliter *Philo*, qui
ſtylum *Novi Fœderis* propius repræſentat.
Judæus enim ipſe, ut fuerant, antea quàm
ad *Chriſtum* converterentur, *Apoſtoli* , &
ejuſdem, cum *Apoſtolis*, ætatis   Sic ergo
ille, de *migratione Abrahami*   Ταῦτα ᷍ ἐςιν
ἐνθυμήματα, ὧν μόνΘ. ὁ ΘΕΟΣ 'ΕΠΙ-
ΣΚΟΠΟΣ, p. 400 Poſtea ib 'Ο τῶς ἐν
ψυχῇ ταμιευομὐων 'ΕΠΙΣΚΟΠΟΣ, p. 405.
Et apud eundem *Moſes*   Εκπετάσω τὰς
χεῖρας, ἐ ἀναπετάσω ἐ ἐξαπλώσω πάσας τὰς
πράξεις ΘΕΩ, μάρτυρα καλῶν ἐ 'ΕΠΙ-
ΣΚΟΠΟΝ ἐκᾶνο, de *Leg. Alleg.* l. ii. p 68.
Hæc itaque *primaria* vocis ſignificatio, quà
quidem ad noſtram, in quâ verſamur, cauſam attinet.   Inde ad alios emanavit qui
Dei Perſonam repræſentarent.   Præcipuè
verò ad *Sacerdotes* alioſque intima admiſſionis *Dei amicos* , quo ſanè ordine erant,
præ aliis è *grege* Sacerdotes, *Sacerdotes* omnium *primarii*. Ita *Augures Plutarcho*, ἀπ'
ὀρνίθων ἐ διοσημειῶν μαντικῆς 'ΕΠΙΣΚΟ-
ΠΟΙ & φύλακες.   Pro eâdem nempe formâ, quâ & in *Deorum* causâ 'Επίσκοπυς &
φύλακας jungi ſupra obſervavimus. *Augures*
autem *Sacerdotibus* accenſeri conſtat è *Dione*,
aliiſque.   Qui autem *proxime* acceſſit ad
exem-

exemplum *summi* Judæoi um *Sacerdotis,*& proinde *Episcoporum Christianorum*, is erat, apud
Romanos, Pontifex Maximus, omnium nempe *Romanorum* Sacerdotum *supremus.* De
eo autem hanc ipsam vocem adhibet *Plu-*
tarchus, eumque ita describit quasi *Christia-*
norum fuisset *Episcopus* Sic enim de illius
officio scribit in *Numâ* Τὺς ἰδία θύοντας
ΕΠΙΣΚΟΠΩΝ, κỳ ϰωλύων παρεκβαίνειν τὰ
ϝενομισμῦα, κỳ διδάσϰων ὅτε τις δέοιτο πρὸς
θεῶν πυλὺ ἢ πϱχίτησιν. Ἡν δὲ κỳ τῶϛ ἱερῶν
παρθένων ΕΠΙΣΚΟΠΟΣ ὰς Ἑσιάδας
περσαϙορούεσιν. Hic ad officium *Episcopi Vir-*
gines Vestales ietulit, quas scimus à *Pon-*
tifice Maximo castigatas si quid deliquissent
in commissis earum fidei *Sacris.* Videmus
eigo quo exemplo *Episcoporum* fidei com-
missæ fuerint *Virgines Christianæ*, cùm &
ipsæ proprium sibi *Collegium* constituerent.
Nectit ibidem invicem officia *Episcopi* atque *Doctoris* Planè ut fecit in *Lycurgo*,
ubi ita legimus ΕΠΙΣΚΟΠΟΥΝ-
ΤΕΣ τὺς παῖδας κỳ ΔΙΔΑΣΚΟΝ-
ΤΕΣ τι τῶϛ χρησίμων. *Docebant* enim Sacerdotes *juniores* Sacerdotum *præfecti*, ut
Vestales junioies à provectissimis ætate *Ve-*
stalibus ultimo Sacerdotii sui *decennio* in-
stitutas observavit *Gellius.* Maximè verò
Pontifex Maximus, qui non *sui* duntaxat
ordinis Sacerdotibus præeiat, sed & aliis
quoque omnibus *cujuscunque generis* Sacerdotiis,

dotiis, & *sacris* etiam *privatis*. Idem *votis* quoque præerat, & *carmina* solennia recitantibus *prævit*, etiam *Laicis*. Ita fuciffe cùm fe *devoveret* primus *Decius*, & in aliis quoque Magiftratuum *votis*, docet *Livius*. Inde intelligimus quàm accuratè cum receptâ *Epifcopi* fignificatione officium διδαχϰαλίας etiam conjunxerit Apoftolus. Sed & *Pylagoras*, qui communia *Græciæ* univerfæ *Sacra* procurabant in Concilio *Amphictyonum*, 'ΕΠΙΣΚΟ΄ΠΟΥΣ appellat Scholiaftes *Ariftophanis* ad ejufdem *Nubes*, p. 163. Nec aliter *Philo*. Ipfi etiam 'ΕΠΙΣΚΟΠΟΣ 'Αβϱαὰμ, Lib. *De Rer. Div. Hæred.* p. 485. Nempe ut *arcanorum* Divinorum confcius, quod proprium erat fuiè *Sacerdotum*. Nam hoc eodem nomine, eâdem etiam voce ufus eft de *fummo* quoque *Judæorum* facerdote. Lib. de *Temulentiâ* Τίτῳ ϒδ, ait, ὑπιτέτϱαπται δὶ ἔτυς ἅπαξ εἰσιόντα, 'ΕΠΙΣΚΟΠΕΙΝ ἀθέατα ἄλλοις, p 260. Fieri ergo poteft ut à fummo *Judæorum* Sacerdote & Synedrio *Hierofolymitano* vocis ufus ad *Cleri* Hierofolymitani *Chriftiani* ordinem faltem *primum*, præcipuè verò ad Ordinis illius *præfidem* defcenderit. Nam & *Apoftolatus* 'Επισκοπὴ, in Sacris quoque Literis. Potuitque habere idoneos, quos nefcimus, Auctores Auctor Pfeudo-*Clementinorum*, cùm S. etiam *Jacobum* 'Επίσκοπον appellat τ̃ 'Επισκόπων, fe utique

utique antiquiores. Finxit enim pro de-
coio Seculi *Apoſtolici*, Poeta potius ipſe
quàm Hiſtoricus, ne quidem ipſe ab A-
poſtolorum *Seculo* admodum *remotus*. Ipſe
enim ſi proprio quodam jure *Epiſcopus* fue-
erit appellatus, potuit ab eo *nomen* etiam
Epiſcopi ad aliarum Eccleſiarum Γρωτοκα-
θεδρους devolvi. Eodem nimirum modo
quo & reliqua Eccleſiæ Hieroſolymitanæ
Jura devoluta fuiſſe jam oſtendimus.

Eadem certè de *primariâ* hujus vocis
Significatione cenſuit *Ignatius*, & *Ignatio*
coævi *Chriſtiani*. Eam ſcilicet in *Deum*
convenire, non *homines*. Sed verò in *Deum*
ut *Unitatis* Myſticæ *Principium*. Inde ἑνό-
τητα θεῦ κỳ Ἐπισκοπἧ jungit Epiſtola ad
Polycarpum. Ἐῤῥῶϑε ὑμᾶς διὰ παντ☉. ἐν
θεῷ ἡμῶν Ἰησῦ Κριςῷ διχομαι, ὃν ᾧ διαμεί-
νατε ἐν ΕΝΟΤΗΤΙ θεῦ κỳ ΕΓΙΣΚΟ-
ΓΗ. Sic enim legit Codex *Florentinus* &
Latinus Genuini *Ignatii* Interpres *Ʋſſeria-
nus*, non Ἐπισκόπυ ut in Codice legitur
Auguſtano Unitatem illam *Myſticam* ἀνακε-
φαλαιώσει εἰς ἓν deſignant Sacræ Literæ.
Ut ſcilicet illi *Uni* invicem dicantur quorum una eſt communiſque κεφαλή. Sed
verò κεφαλῆς nomine *duas* tantummodò
Trinitatis Perſonas appellant Novi Canonis Scriptores. Ut enim *mulieris caput
vir* eſt, ſic *Viri caput Chriſtus, Chriſti* autem

29.
Sic a-
pud *Igna-
tium*. Et
quidem
præeunti-
bus *Sacris
Literis*.

tem *Deus.* *Spiritus* autem *Sanctus Vinculum* potiùs *Unitatis*, quàm *caput*, habetur. Hic sanè manifestum est à *Matrimonii* Unitate hanc *Unitatem* intelligendam esse quæ *Deo* attribuitur Quod scilicet *Deum* ut *maritum*, *Peculium* ut *Sponsam*, sacræ utriusque Fœderis Literæ repræsentant · *Patrem* nempe *Veteris*, *Filium* autem *Novi.* *Spiritum Sanctum* autem *Peculii Maritum* nullas habemus quæ appellent *Scripturas.* Sed qua ad *Matrimonii* Metaphoram refertur, *Spiritus Sanctus* non quidem pro *Marito* sed pro *Arrha* habetur, 2 Cor. 1. 22 v. 5. Eph. 1 13, 14. vel pro *Dono antenuptiali.* Sæpe enim *Donum appellatur.* Similiter *Ignatius* duabus hisce Trinitatis Personis tribuit Ἐπισκοπήν. *Patri* quidem in Epistolâ ad *Magnesianos.* Ibi *Damæ* eorum Episcopo parendum esse docet, ἐκ αὐτοῦ δὲ (inquit) ἀλλὰ τῷ ΠΑΤΡΙ Ἰησοῦ Κριςοῦ τῷ πάντων ΕΠΙΣΚΟΠΩ, c. 3. Sic itaque Ecclesiæ Episcopum *figuram Patris* esse docet Ep. ad *Trallianos*, c. 3. Vix est quòd dubitemus quin τύπῳ in coævo sibi Codice repererit optimus Interpres *Usserianus* Alibi tamen τύπον eodem sensu usurpat *Ignatius.* *Patrem* ergo pro ἀοράτῳ Episcopo habet prædictâ ad *Magnesianos* Epistolâ, eiímque opponit Βλεπομένῳ. Nempe Βλετόμεν(ος) *Episcopus* idem qui ὃν σάρ-

κι

γι Ἐπίσκοπ⊙. Ep. ad *Eph.* c. 1. Pro illâ formâ quâ πρὸς σάρκα & πρὸς Θεὸν opponuntur eâdem Ep. ad *Magnefianos* ἐ πρὸς σάρκα ὁ λόγ⊙, ἀλλὰ πρὸς Θεὸν ᾗ τὼ κρύφια εἰδότα, c. 3. Ubi de eâdem agitur caufâ obfequii *Epifcopo* præftandi. Idem *Filio* Ἐπισκοπὴν affignat, cùm *Epifcopum* ita refpici oportere docet, ὡς αὐτὸν ᾗ κύριον. Sic enim Θεὸν & Κύριον diftinguit invicem etiam *Apoftolus.* Et coævus etiam Apoftolo *Philo* (a) pro hypothefibus *Hellenifticis.* Sic autem invicem diftinguit *Philo,* ut duas potiùs *ejufdem Perfonæ* δυνάμεις, quàm ut *Perfonas* invicem *diftinctas,* illis nominibus defignari crediderit. Hoc haufit è *Græcis* Interpretibus qui *Jehovah Elohim* κύριον ᾗ Θεὸν reddunt. Ut Θεῷ fimpliciter appellato Λόγον opponit idem (b) *Philo* Et *Chriftum* ἘΓΙ-ΣΚΟΓΟΝ τῆς ψυχῶν fimpliciter agnofcit S. *Petrus,* 1 *Ep.* ii. 25 Sic in Teftamentis antiquiffimis Patriarcharum ἘΠΙΣΚΟΓΗ μονογενὴς. *Benjam* c. 9. Eò nimirum hrc fpectabant, ne quis contemneret *Epifcopum* Fore enim, fi quis ita feciffet, ut ultores metueret tam *Filium,* quàm ipfum etiam *Patrem,* propter commune utrifque Ἐπισκοπῆς nomen. Præeuntibus nimirum hic quoque fcriptoribus *Canonicis* Sic enim ipfe Dominus *Qui vos audit, me audit & qui vos fpernit, me fpernit.*

(a) *Philo* l. 1. Alleg. p. 58. l. 11 p. 74 de Plan. Noe p. 226. de Abraham, p. 367 de rer. Div. hæred. p. 484. de Somni- 15, p 589 de vit Mof l iii. p 669. (b) *Philo* l ii Alleg. p 93. de Somnis, p 599

spernit. Qui autem me spernit, spernit eum qui misit me, S. *Luc.* x. 16. S. *Matth.* x. 40. S. *Joann.* xiii. 20. Sic redundarint injuriæ *Episcopis* illatæ in *Filium* & *Patrem* pro mente *Ignatii,* ut redundabant in eosdem, si quis *Apostolos* ipsos sprevisset pro sententiâ ipsius *Domini.* Rectè omnino, cum disciplinæ Ecclesiæ in *æternum* sanciendæ verba illa ediderit ipse *Christus.* Sic enim inter *Jura* Apostolorum *hæreditaria* hoc etiam *Jus* fuerit numerandum, proinde (extincto *Apostolorum* Collegio) cum aliis *Collegii* Juribus *hæredibus Apostolorum* obventurum. Maximè autem Πρωτοκαθέδροις, qui *Jura* omnia *indivisibilia,* nec in alias, quàm *singulares, Personas* convenientia, pro Novi Legislatoris mente rectè poterant sibi vendicare. Nec enim pro Ingenii *lusibus* habendæ illæ erant *similitudines,* sed pro *Pactis* potiùs *Divinis,* quibus *Deus* ipse in se susceperit, fore ut *res* similitudinibus *significatas* ipse quoque esset, pro suâ parte, præstiturus. *Pacti* verba expressa sunt, S. *Matt.* xvi. 19. *quodcunque ligaveris super terram, erit ligatum & in cælis & quodcunque solveris super terram, erit solutum & in cælis.* Ita Sancto *Petro.* Alibi omnibus *Apostolis.* S. *Matt.* xviii. 18. S. *Joan.* xx. 23. Itaque *successoribus* Apostolorum *Episcopis.* Idem valet *ligare* ac *Satanæ tradere,* 1 *Cor.* v. 5. 20. Dicitur enim Satanas *ligare,* S. *Luc.* xiii. 16.

S. *Luc.* XIII. 16 A *Ligatai is* nempe περιάπτοις ϰαταδεσμοῖς, quibus *incantamenta* sua peragere solebant venefici, quos *malorum Dæmonum* operâ usos fuisse constat. Quoniam ergo *Symbolum externum* veneficorum δέσις erat, inde etiam *invisibilis* ἐνέργεια Dæmonis *ligatio* appellatâ est, ut *externo Symbolo* respondere videretui. Inde ϰαταδεδέας φαρμαϰεῦας etiam apud Rhetoras *Atticos.* Videatui in Voce *Harpocration*, & in *Harpocrationem Valesius* Sic δέσις fuei it, cum quis *Satanæ traderetur.* Quod sane factum, pro ævi *Apostolici* Ratiociniis, cum quis è *Peculii* Communione ejicefetur. Nullum enim *medium* agnoscunt Saciæ Literæ inter *Christum* & *Belial,* quin quos *Christus* pro suis non agnovisset, illi ad *Belial* peitinere crederentui. Sic ergo δέσις dicitur in *Cœlis* cum interdicit *Christus invisibilis Episcopus* tutelâ *Spirituum* λειτυργιχῆς *in ministerium missorum propter eos qui hæreditatem capient Salutis, Ebr.* 1. 14. Et cum laxat claustra *Inferorum* qui habet *claves Mortis & Inferni, Apoc.* 1 18. Tum enim liberum erit *malignis Spiritibus* ut in illum, qui pulsus fuei it è *Peculio,* sævitiam indoli suæ congruam exerceant. Et viceversâ δέσει, quæ à *Satanâ* est, etiam λύσιν opponit ipse Dominus : *Hanc autem filiam Abrahæ quam alligavit* [ἔδησει] *Satanas, ecce, decem & octo annis, non oportuit solvi* [λυθῆναι] *à vinculo*

K *isto*

isto die Sabbati? S. *Luc.* XIII. 16. Habet
enim, & habere ciedebatur, idem μέλλον-
͂Ͳ⊙. αἰῶν⊙. *Princeps* utriufque ftatûs in cuftodiâ fuâ *claves*, ut *futuri feculi* jus *plenum* penes fe haberet *Cœli* paiiter atque
Inferorum. Et *Cœli claves* S. *Petro* credidit
Dominus, & in S. *Petro* non *Romano* foli,
fed omnibus ubicunque conftitutis *Epifcopis*, pio fententia S. *Cypriani*. Hæc *clavis
David* eft, quâ potitus *aperit*, & *nemo claudit*; *claudit*, & *nemo aperit*, Apoc. III. 7
Hæc rectè conveniunt Perfonæ *Christi* quà
invifibilis eft *Episcopus*. Cum item *vifibili
Episcopo claves* hafce *Cœli* tradit, in fe recepit fore, ut, quos *Vifibilis Episcopus Communione* fuâ excludit, iifdem *Cœli portas*
claufurus fit ipfe *Dominus*. Et viciffim,
quibus *Communionis* fuæ cancellos *aperit
Episcopus*, iifdem *Cœlum aperturus* fit *Cæle-
ſtis Episcopus*. Et plane iantundem valent
claudere Cœlum atque *aperire*, quod *ligare*
& *folvere*. Pioinde poftea quam *claves
regni cœlorum* S. *Petro* commififfet *Christus*,
fic deinde fubjungit *Et quodcunque ligaveris fuper terram, erit ligatum & in cœlis
& quodcunque folveris fuper terram, erit folutum & in cœlis*, S. *Matt.* XVI. 19 Itaque in eandem, ut fupra, *fententiam* intelligenda. Ut fcilicet in *tutelam* bonorum
Spirituum recipiantur *Communicantes*, &
viciffim, ut in *poteftatem* Spirituum malig-
norum

norum tradantur *Excommunicati* Similiter
Pacti formam repræfentant verba illa *
Quorum remiferitis peccata, remittuntur eis
& quorum retinueritis, retenta funt,* S. *Joan.*
xx 23 Genina planè cum illis Apoftoli:
Cui autem aliquid donâstis & Ego, 2 *Cor.*
11. 10. Ut enim *Corinthius* vices fuas mandavit S. *Paulus,* ratam habiturus *Abfolutio-
nem* Inc fti fratris *Apoftoli* nomine ab Ecclefiâ *Corinthiacâ* conceffam, fic & *Apoftolis*
ipfe *Chriftus,* fimiliter ratam habiturus in
Cælis factam ab *Apoftolis* peccatorum *in-
dulgentiam,* vel *retentionem.* Ita certè in
Angelo, five *crabrone,* quem Populo fuo ducem in terram *Canaaniticam* concefferat,
nomen fuum fore prædicit. Inde cavendum
effe monet ne immorigeros fe præberent:
Nec enim *Angelum* Dei *nomine* munitum
illis indulturum fiquid admififfent ab officio fuo alienum Similiter itaque intelli-
gendum, nomine *Epifcopi* cum Ecclefiæ *Rectoribus* communicato, *Deum* ipfum *vindicem* futurum admiffarum in illos fraudum:
Ita monet *Ignatius,* ut *vifibilem Epifcopum*
fallerent, fpem tamen nullam fore ut *In-
vifibilem* laterent. Id fenferunt *Ananias* &
Sapphira, Spiritum Sanctum fuiffe quem in
Apoftolorum Ἐπισκοπῇ fraude fuâ irrita-
verant Idque fæpiffimè monuit *Mofes,*
non in *fe,* nec in *Aaronem,* peccaffe Populum rebellem, fed in ipfum *Deum,* quém

forent

forent *ultorem* expertui. Eaque femper
recepta eft opinio de hominibus *fanctis*, à
Deo effe metuendum fiquis illos violâffet.
Sic *Reges redarguit* propter Populum fanctum *Ifraeliticum*. Multifque id è *Gentilium* Hiftoriâ petitis exemplis confirmare
poffemus, fi id ex profeffo ageremus. Maximè autem id apparuit in jurgis *Ifraelitarum*
de *Sacerdotio Aaronico* (*a*) *Deum* enim femper infenfum habuerunt qui *Sacerdotium* illud ambiebant, non *Mofem*, nedum ipfum
Aaronem. Nec apud *Judæos* tantummodò,
aut *Chriftianos*, recepta illa eft opinio, *Dei*
Perfonam *nomenque* in fe recipere, dum
munere faltem fungerentur, *Sacerdotes*. Nef-
cio huccine referenda funt verba de *Secho*
Interpretum *Græcorum. Gen* IV. 26. Οὗτω
ἤλπισεν ἐπικαλεῖϑαι τὸ ὄνιμα τῶ Θεῶ. Efto,
non fuerit ipfe *Dei* fui *nomine* appellatus
Saltem ἐπίκλησιν habuit à *Deo*, ut *Dei*
fervus vocaretur, vel *Dei Sacerdos*. Ad eundem modum quo *Sacerdos Dei Altiffimi*,
Gen. XIV. 18. audiit *Melchizedecus*. Sic tamen illam ipfam (*b*) ἐπίκλησιν urgent in
precibus Viri *Sancti*, cui à Deo *audiantur*,
& anguftiis quibus premebantur, eruantur.
Et viceverfâ urgent cui non effet propitius
eorum oppreffoibus, quòd (*c*) *non* fuiffent
nomine ejus appellati. Sed ipfum *Dei* fui
nomen affumpfit *Antoninus Elagabalus*. Et,
cùm fuiffet *Jovis* Alytarcha *Dioclefianus*,
Imperium

(Marginal notes:)

(*a*) Num
XVI. 1

(*b*) Jur
XV. 9
XX. 29
Dan IX. 19

(*c*) Ifai
LXIII. 19

Imperium exuit, cùm *Jovis* ipfius *Perfonam*
egiffet, fiqua fides *Malelæ.* Saltem *nomina*
corum *Sacra* fecit *Sacerdotii,* aut *Myfterii,*
tibi commiffi fides. Proinde aufus non eft
illius *nomen* profiteri qui fe initiaverat *Eu-
napius.* Ut facris *pulforum nomina* etiam
ipfa *profana* erant, nec *ore* tenus ufui panda.
Hunc certè morem etiam ipfe obfervavit
Ignatius. Utrovis modo Jus *Patrocinii Divini* contulit *Dei nomen,* feu in κλήσει, feu
etiam in ἐπικλήσει. Sic item Argumentatur S *Joannes* Apoftolus, 1 *Fp* 1. 3. qui fecum κοινωνιαν colerent, illis cum *Patre* &
Filio etiam effe κοινωνίαν. Eafdem nomi-
navit *Trinitatis* Perfonas, quibus *Epifcoporum* nomen conceffit *Ignatius,* quas etiam
agnovit pro *Unitatis* Myfticæ *capitibus.* Innuitque ni *Communionem* cum *Apoftolis* colerent, ne quidem κοινωνίας cum *Patre Filiove*
fore participes. *Beneficia* item κοινωνίας numerat φῶς, ζωὴν & ἀλήθειαν, quæ illis pollicetur qui fuam *Communionem* fuiffent amplexi. Contraria hifce, σκότ©, θάνατον &
πλάνην, eorum effe, qui *Communionem* eandem repudiaverant, *fupponit* Epiftolæ illius
univerfa Difputatio. Rectè ergo, & pro
Apoftolorum mente, Argumentata eft *Ecclefia*
coæva *Ignatio.* Imo ne quidem falli potuiffe,
non modò ex Argumentis *Tertulliani* vinci-
mus, fed è *fignis* etiam *Prodigiifque fequen-*
K 3   *tibus,*

tibus, quibus *illius* quoque *seculi* Disciplinam *Deus* confirmavit.

30. Apostoli & Presbyteri exterarum Ecclesiarum nondum coercendi Potestate donati, Episcopi appellati, quod Eleemosynis Deo sacratis distribuendis præficicbantur.

Laxiùs autem, fateor, usui patam vocem 'Επισχοπῆς, dum *Jura* integra constarent Ecclesiæ *Hierosolymitanæ* *Apostolatum* ipsum designabat, non *primarii* dutaxat *Apostoli,* sed *Judæ* etiam *proditoris* Etiam *Presbyteris* attribuitur, non tantùm *Hierosolymitanis,* sed *exterarum* etiam *Ecclesiarum,* quos tum nullà *coercendi* Potestate instructos fuisse vidimus Sed ne quidem sic admodùm alienâ significatione ab illâ quam dedimus. Utrobique munus designabatur Dei 'Επισχοπῆς, cujus illi fuerint tantummodò *Procuratores.* Dum vivereit *Dominus, familiæ* partem constituebant *Apostoli,* cæteríque illius in *Verbi* prædicandi ministerio servi, communibus ejus *impensis* sustentati quas è bonorum suppeditabat *Eleemosynis. Crumenæ* cura penes *Judam* erat, quem fecerat *Apostolum.* Et

Plut. in Phoc.

redituum collectores Apostolos habebant *Athenienses* pariter ac juniorum *Judæorum* Patriarchæ. Id ergo *Judæ* vitio datum legimus, (*a*) Ius *mensæ* Hospitalis ab eo violatum, & χοινῶν ἁλῶν. Itaque *Dispensatoris* fidi indolem in eo quæiebat quem erat *domui suæ* præfecturus, ut *victum* conservis præberet in *tempore opportuno* Et pro 'Οιχονομίᾳ suum quoque *Apostolatum* habet

(a) Psalm xli. 9. Marc. xiv 10. S. Luc. xxii. 21.

S. *Paulus,*

S. *Paulus,* & *pauperum* etiam *exterorum* curam habuiffe conftat ipfum *Dominum.* Eo autem fublato, & *pluribus* ad *Evangelium* confluentibus, jam & *familia* major eiat, & proinde onus *Difpenfatorium* ipfum quoque .*nius.* Habebat enim Templum *Hierofolymitanum Pauperes, viduas,* & *Peregrinos,* teitii anni *decimis* alendos. Itaque ne *novum Peculium,* hac etiam ex parte, *Veteri* habeietur infeiius; hoc etiam *onus* in fe fufcepeunt *Apoftoli.* E venditis nempe Pioium *patrimoniis,* atque in commune collatis Poftea, numero *Pauperum* crefcente, & glifcente *partium* ftudio, neglectis *Helleniftarum viduis,* vifum eft conftituendos elfe Diaconos, *ne deielinquerent* Apoftoli *verbum Dei & miniftrarent menfis, Act* vi. 2 Indeobitei intelligimus, duo illa complexum fuiffe officium *Apoftolorum,* & ne quidem *Pauperum* cuiam alienam fuiffe ab *Apoftolatu.* *Pietia* enim certè *Patrimoniorum* ante *pedes Apoftolorum* pofita legimus, *Act.* iv. 37 v 2. *Dei* autem *Perfonam* hâc in caufâ repræfentabant *Apofto'i.* Inde verba ad *Ananiam* illa *Non es mentitus hominibus, fed Deo,* Act. v. 4. Et ad *Sapphiram Quid utique convenit vobis tentare Spiritum Domini?* v. 9. *Pauperum* enim, *Viduarum, Peregrinorum,* & ejufmodi reliquorum *humano* patrocinio deftitutoium, patrocinium *Deus* in fe fufcepit. Pioinde rectè propriéque

K 4 cura

cura illa ad *Deum* spectans appellari potuit Ἐπισκοπή.   Neque verè *Hierosolymis*
tantummodò, verum etiam in *aliis* Ecclesiis, eadem erat *egentium* cura   *Viduas* fuisse in publicis Ecclesiarum *Catalogis*, quæ
stipendiis Ecclesiarum alerentur, docet Apostolus, 1 *Tim.* v 9, 16.   Et collatas in
commune locupletium *divitias, Ib.* vi. 18, 19
Et *Peregrinorum* nomine non illi soli venie-
bant, qui sacris *patriis* desertis ad *Christi*
cultum sese conferebant, nec habebant quo
alerentur, *amissis* eo nomine *patrimoniis*,
sed & illi omnes qui *bono* Ecclesiæ *publico*
bonis propriis fuissent exuti, ut *Martyres* &
Confessores, & illi quoque qui Rei *publicæ*
causâ *peregrinabantur*, ut *Apostoli, Evangelistæ*, & Ecclesiæ *Hierosolymitanæ* ministri
cujuscunque generis *Itinerarii.*   Nec illi

1 Cor.
12. 5.

modò, verumetiam illorum *Uxores*, quoties
ipsæ quoque rem *Christianam* inter *fœminas*
promoverent.   Hos omnes complectebatur
illius seculi Φιλοξενία, jusque *Hospitalitatis*,
quæ pars erat *Communionis* potissima inter

Gal 7. 10.

omnes orbis *Ecclesias.*   Hosque οἰκείους πίστεως
appellant scriptores Canonici.   Quòd scilicet è mensâ Domini, oblationibusque in
Altari factis, publicisque Ecclesiæ *stipendiis* victum acciperent. , *Ecclesia* enim *Dei
viventis* οἶκΘ. Θεῦ appellatur, 1 *Tim.* iii. 15.
Et *privatis* etiam οἴκοις opponitur, *v.* 5.
Hujusque οἴκε, cujus Rectores Ecclesiarum
                             erant

erant tantùm οἰκονόμοι *Deus* ipſe fuerit o-
portet οἰκοδεσπότης, feu *Pater familias.* Et
fanè *familiæ* fimilitudini refpondebat *menſa*
illa *publica,* uſibus *publicis* deſtinata. Nec
longè abludebant victus ἐν Πρυτανείῳ apud
Athenienſes, aut Συσσιτίων apud *Lacedæmonios.*
Et οἰκονόμον πόλεως memorat *Apoſtolus,* ut
Jus *Hoſpitalitatis* etiam inter *Civitates* multa
teſtantur Veterum monumenta. Ut ergo
in Eccleſiâ *Hieroſolymitanâ* harum *Eleemoſy-*
nirum diſtributio fpectabat ad *Apoſtolos,*
fic in *exteris* Eccleſiis ad *Presbyteros* qui
etiam appellantur *Epiſcopi.* Hoc diſcimus
ex illo ipſo loco quem adeo detorferunt
Presbyterani. Οἱ καλῶς προεςῶτες πρεσβύτεροι διπλῆς τιμῆς ἀξιέσθωσ᾽, μάλιςα οἱ κοπι-
ῶντες ἐν λόγῳ κỳ διδασκαλίᾳ, 1 *Tim.* V 17.
Προεςῶτας illos *Laicos* fuiſſe nuſpiam innuit;
id tamen innuit, cum omnium *Presbytero-*
rum commune fuerit προίςαδ᾽, non item
omnium, qui *Presbyteri* erant, commune
fuiſſe ut *laborarent in verbo & doctrinâ.*
Sed non viderunt quid fibi vellet vox illa
προίςαδ᾽. Sic autem nectit idem Apoſtolus
καλῶν ἔργων προίςαδ᾽, *Tit.* III. 8 Ut nempe
Dorcas dicitur πλήρης ἀγαθῶν ἔργων κỳ ἐλεη-
μοσυνῶν ὧν ἐποίει. *Act.* IX. 36. Ut *divitibus*
præcipitur. Ἀγαθοεργεῖν, πλυτεῖν ἐν ἔργοις
καλοῖς, εὐμεταδότυς, κοινωνικύς, 1 *Tim.* VI· 18.
Ita § *Cyprianus* Libro de *Opere* & *Eleemoſynis,*
ubi alia habet huc fpectantia. Nec aliter
S. *Juſtinus*

S. *Juſtinus* Martyr, cui προεςῶτ۰ præcipuum munus erat ut eſſet πᾶσι τοῖς ἐν χρείᾳ
ὖσι κηδεμών Quanquam *unicus* ille ſit quem
multos faciunt Scriptores Sacri, propter mu-
tationem ſuprà dictam.   Nec longè aberat
officium προςάτε apud *Athenienſes*, qui præerat μετοίκοις Erat enim μέτοικ۰ obnoxius
δίκη Ἀποςασιᾳ, niſi Civem *Athenienſem* προςά
τὴν interpoſuiſſet, qui cauſas ejus in foro *At-
tico* tueretur. Μέτοικοι enim ξένοις accenſeban-
tur, quos ad curam προεςῶτ۰ *Eccleſiaſtici*
ſpectâſſe vidimus Nec multum diſſimiles
Patroni Romani, cùm & illi non *Civium* modò
pauperum, verum etiam *exterorum* Clientelam
in ſuum *patrocinium* ſuſciperent per *Tabulas
publicas,* quales nonnullas hodieque *æneas* habemus Ita reſpondebant invicem προΐϛασς
& *laborare in verbo & doctrinâ* in cauſâ *Presbyterorum exterorum,* & *Verbi menſarumque
miniſterium* in cauſâ *Apoſtolorum.* Nam &
illi tum ſupremum in exterarum Eccleſiarum
Cleris locum tenebant, ut in *Hieroſolymitanâ*
tenebant *Apoſtoli* Erant autem & ex iis
nonnulli qui *Apoſtolorum* etiam *nomen,* prop-
. Cor-
VIII 23 ter *officii* ſimilitudinem , commune habebant, *Apoſtoli Eccleſiarum* ut illâ appellatione
internoſcerentur ab *Apoſtolis* Eccleſiæ *Hieroſolymitanæ.* Illi fortaſſis *Eleemoſynas* collegerint in *ſuburbanis* villis. Certe in Officiis
occupatos erga *Peregrinos* Religionis ergô
Peregrinantes ipſe ille locus oſtendit in quo
fit

fit eorum mentio. Hanc autem *Eleemofy-nariorum* diftribuendarum curam utrifque communem fuiffe, feu *Presbyteri* appella-rentur, feu etiam *Epifcopi*, docent Sacræ Literæ Sic *Compresbyteros* fuos monet S. *Petrus* Apoftolus Ποιμάνατε τὸ ἐν ὑμῖν ποιμνίον τῦ Θεῦ, ΕΠΙΣΚΟΠΟΥΝΤΕΣ μὴ ἀναγκαϛῶς, ἀλλ᾽ ἑκυσίως. μηδὲ αἰχροκερδῶς, ἀλλὰ προθύμως Μηδ᾽ ὡς κατακυριεύοντες τῶ κλήρων, ἀλλὰ τύποι γινόμενοι τῦ ποιμνίυ, 1 *Pet.* v 2, 3 Ad rem *nummariam* illa fpectant omnia. *Pafcere gregem* τῦ Θεῦ dicuntur, quæ quidem eft Ἐπισκοπὴ proprie fic dicta, fenfu modo explicato, quo Ἐπισκοπὴ refertur ad *Deum.* Certè Ἐπισκοπεῖν μὴ ἀναγκαϛῶς idem valet quod apud S *Paulum* dare μὴ ἐκ λύπης ἢ ἐξ ἀναγκης, cui ἱλαρὸν ipfe δότην opponit, 2 *Cor.* ix. 7 Ad eandem in *largiendo* liberalitatem referenda vox αἰχροκερδῶς quâ innuitur *turpe* fore *lucrum* fi quis in *proprios* ufus interverteret *publicas* Ecclefiarum *Eleemofynas.* Nec alio fequentia, fi tamen rectè intelligantur. Κλήρων nomine non *homines*, fed *patrimonia* intelligenda, funt in ufus *Pauperum*, cùm venderentur, devota. Κατακυριεύειν ergo dicendus eft qui hæc facra *patrimonia* ita adminiftraret ac fi effent illius *propria*, ipfe autem eorum κύρι⊙, quo fenfu κύρι⊙ non *dominationem* defignat fed *proprietatem* Hoc enim rectè κατακυριεύειν fi quis in *fuos* ufus

usus ea convertisset quorum ipse κύριΘ.
non fuisset. Et τύτε ratio in eo consistit,
quòd boni esset *exempli* ut rem *fidei* suæ
commissam, pio mente *commendatius* ad-
ministraret. Ita nihil est in hoc universo
Presbyteri officio, quale hìc describitur,
quod non ad rem referatur *Eleemosyna-*
am, sic in eorum causâ, quos etiam S *Lu-*
cas, tam Πρεσβυτέρους appellat, *Act.* xx. 17
quàm Ἐπισκόπους, *v.* 28. Fidem suam in
re *nummariâ* illis in *exemplum* proponit S *Pau-*
lus, v. 33. Imo & *laborem* suum quo se
ipse sustentaverat, ne ipse oneri esset Ecclesiæ, *v.* 34 Tum demum infert *Omnia*
ostendi vobis, quoniam sic laborantes, oportet
ἀντιλαμβάνεῶς τῶ ἀθενόντων, *ac meminisse*
verbi Domini Jesu, quoniam ipse dixit, Bea-
tius est magis dare, quàm accipere, v 35.
Quis non videt hìc de *Ecclesiæ thesauris* a-
gi, qui fuerint in *infirmorum* necessitates
sublevandas impendendæ ? Eoque spectare
omnem illius sermonem, ut & ipsi potiùs
de *suo* darent, quàm ab *Ecclesiâ* etiam illa
acciperent quæ sibi, pro muneris à se ad-
ministrati ratione, debebantur ? Huc ergo
spectant quæ de *pascendo grege* monet, ἐν
ᾧ ὑμᾶς τὸ πνεῦμα τὸ ἅγιον ἔθετο ἘΠΙΣΚΟ-
ΠΟΥΣ, *v.* 28. *Gregem* scilicet non *suum*
esse innuit, qui fuerit *thesaurus publicus*, ut
jam ostendi, *pascendus* Et ne quidem *the-*
sauros suos fuisse, quibus fuerit *grex* ille
pascendus.

pafcendus. Nec *fuam* porro effe Ἐπισκο-
πlὼ, quæ gregis pafcendi *officium* illis im-
pofuerit, fed à *Spiritu* S. illis demandatum.
Hinc rectè potuit inferre, tam *fibi ipfis*,
quàm *gregi*, effe cavendum Gregi quidem,
ne quid deeffet neceffarium, quà quidem
liceret per *Ecclefiarum thefauros*. *Sibi* autem *ipfis*, fi rem *alienam* fuæ *fidei* commif-
fam in *proprios ufus* interverterent. Metuendum enim *Spiritum* S. fidei violatæ
vindicem ultoremque. Planè eadem Argumentatio eft, quâ & in caufâ *Ananiæ* &
Sapphiræ, fub *Apoftolis*, evictum eft, *Deo*,
non *hominibus*, fuiffe mentitos. *Alienam*
enim agere, *Dei* nempe, Perfonam, cujus
proinde *pœnæ* fuerint à *Deo* ipfo metuendæ.
Tam enim *Sacerdotibus ipfis* pœnæ à *Deo*
prophanati *Sacerdotii* imminebant, quàm
Sacerdotum violatoribus, propter Sacerdotii
fanctimoniam Sic & in *Epifcopis* tam in
Epiftolâ ad *Timotheum*, quàm ad *Titum*,
memoratis, ea exigit Apoftolus, quæ officium eorum tale fupponit quale illud de-
fcripfimus. Probat ille dictum Adagii vice
receptum: *Si quis Epifcopatum defideraret,*
eum καλῶ ἔργυ ὁπιθυμεῖ, 1 *Tim* iii. 1. Quod
nempe περςασία effet καλῶν ἔργων, ut jam
antea oftendimus. Sequitui *Oportet ergo
Epifcopum*, &c. E particulâ *illativâ* conftat, quæ fequebantur omnia ita intelligenda effe, ut *Epifcopum* idoneum præftarent

bonis

bonis operibus quibus fuiffet præficiendus
Eò certè plurima fpectare manifeftum eft.
Eò certè, ut effet φιλεξεν⊙, qui *peregrinis*
recipiendis vocaturus effet. Eò, ut effet
μὴ αἰχερϰερδὴς, & αφιλάργυρ⊙, nec πληγι-
ν⊙, ne publicas *pecunias* malè collocaret.
Eò, ne effet rei *Domeſticæ* prodigus deco-
ctorque, ne *patrimonia* etiam *facra* fimiliter
prodigeret Eò, ne effet *percuſſor*, aut *li-
tigiofus*. Eò, ut *filios* haberet *fubditos*, ἐν
πάσης σεμνότητ⊙, ut & *menfarum publicarum*
participes, fui potiùs *reverentiâ*, quàm *pænæ
metu*, in officio contineret Eò, quòd ἰδίϰ
οἴκϰ πρϱσασία cum Ἐκκλισίας, vel οἴκϰ Θεῦ
ὅπιμελεία confertur, 1 *Tim*. 111. 5. 15. *Or-
phanorum* enim *viduarumque* erant in Pan-
dectis *Curatores*, qui iifdem cum *Græcis* ὅπι-
μελητᾶις. Eodem, quòd *officia Epifcopi* exinde colligat, quòd fuerit Θεῦ οἰϰϱνόμ⊙,
Tit. 1. 7. Nam certè ad *domefticarum* im-
penfarum rationes potiffimùm fpectabat οἰ-
ϰονομία. Hæc ergo erat *Presbyterorum* oc-
cupatio, dum nondum aliquâ *coercendi* Poteftate inftruerentur. Siqui præterea Populum, aut commiffos curæ fuæ Paupeies,
docerent, hortarentur, monerent, multò autem magìs, fi etiam Hærefes oborientes pub-
licè *refutarent*, id pio *donorum Spiritualium*,
quibus inftruebantur, copiâ præftiterunt ;
non autem pro communi munere *Presbyteris*.
His refpondebant in Synedrio *Judaico*
Γεαμ-

Γεαμματῆς, ipfi quoque *Presbyteris* ac-
cenfiti Sic Ezra *Scriba velox in Lege
Moyfi*, Ezr. vii. 6. *Scriba Legis Dei cæli
doctiffimus*, v. 12. *Scriba Legis verba pon-
derans, doctor Parvulorum*, Ifai xxxiii. 18
Qui *fapienti* & *conquifitori hujus feculi
accenfetur*, 1 Cor. 1 20. Nam à *Judæis*
emanavit ad *Chriftianos* Exemplum, ut
Sacerdotes omnes non fuerint *Legis* periti. *Legem* autem *callentes* Νομικὺς &
Νομοδιδασκάλυς, & Διδασκάλυς fimpliciter,
appellant *Sacræ Literæ.* Similiter in *Ecclefiâ Presbyteros Doctores* memorat S. *Cyprianus.* Idem denique colligitur è *mercede Presbyteri*, qui, præter *communem*
προςασίαν, præterea *verbo laborârit* atque
doctrinâ. Ea διπλῆς erat τιμῆς Nempe
ut duas haberent partes in *menfurnis di-
vifionibus*, ut Sermone utar Seculi *Cyprianici* aliam *communi* nomine προςασίας,
aliam *præterea* διδασκαλίας Nam *honorem*
illum de re nummariâ intelligi poffe docuit præftantiffimus *Hammondus* Verba
autem Sequentia oftendunt de *alio* honore intelligi vix *potuiffe.* Sic enim habent
1 Tim. v 18 *Dicit enim Scriptura
Non infrænabis os bovi trituranti Et,
Dignus eft operarius mercede fuî* Tam
enim *mercedem* operæ nomine agnofcit,
quàm & mercedem ipfi operæ *naturæ*
confentaneam. Talis enim erat, ut *bos*

in areâ *triturans* ipſe quoque frugum in uſus alienos paratarum particeps fieret. Hinc enim ſequebatur, *pecuniæ ſacræ* ipſum *participem* fieri oportere, cujus operâ effectum eſſet, ut *alii* de eâ participarent. Verba proxima è γεαφῇ prolata eadem S. *Lucæ* ſunt, ἄξιΘ· ὁ ἐργάτης τῦ μι-θῦ αὐτῦ. S. Luc x. 7 Et eo ipſo conſilio à Domino dicta narrantur, ut Verbi Divini Prædicatores pro ſuis *Spiritualibus* à ſuis Auditoribus *temporalia* reportarent. Recte ergo officium *Presbyterorum* Apoſtolis *coævorum* deſcripſimus. Et recte illam appellari potuiſſe Ἐπισκοπὺ oſtendimus, quà & *Pecuniæ* ipſæ *Deo* conſecratæ ſunt, & quà *illi* etiam qui Pecuniâ illâ alebantur, ad *Dei* patrocinium ſpectabant.

31
Epiſcopi
nomen
pro *Unita-*
tis Princi-
pio nun-
quam for-
taſſe cum
aliis quam
Γρωτο-
χαθέ-
δροις,
communi-
catum,
certe, poſt
Apoſtolos,
recte
Γρωτο-
χαθέ-
δροις
aſſertum.

Alia autem erat hæc Ἐπισκοπὴ ab illâ quam, poſt *Apoſtolos,* Γρωτοιαθέδρων Presbyterorum *propriam* factam oſtendimus; nec ad *eandem* referuntur ambæ *Trinitatis Perſonam.* Prior illa Ἐπισκοπὴ tantummodò *Spiritûs Sancti* erat, nec ad *alium* referuntur *piacula* utrobique admiſſa, tam in *Apoſtolorum* cauſâ, quàm etiam *Presbyterorum.* Nam ad illum propriè ſpectabant *Conſecrationes,* cujuſcunque demum generis illæ fuiſſent, ſeu *rerum,* ſeu etiam *Perſonarum.* Et ad illum proinde *rerum Conſecratarum* profanationes. Quæ cauſa

eſſe

effe poteſt, cui *proprium nomen* nullum habuerit, fed *commune* illud cum aliis *Perfonis,* nempe *Spiritûs Sancti Patris* certè
Filiive, in illâ *pecuniariâ* causâ violati nufquam ulla occurrit mentio. Contrà, *Unitatis* violatæ *Piaculum* non ad Unitatis *vinculum* refertur, fed ad *Caput,* Unitatis nempe
Principium Capitis autem nomen *Patri
Filioque* à S. *Paulo* tribuitur. Et in Unitatis violatione contumeliam ad illos refe-
rendam effe docet S. *Joannes* Apoſtolus
pariter ac *Ignatius* Nemo autem ad *Spiritum Sanctum.* Hæc autem poſteriot erat
Ἐπισκοπῆ quæ *propria* facta eſt Πρωτοκαθέ-
δρων poſtquam intercidiſſet *Primatus* Ecclefiæ *Hierofolymitanæ,* de quâ non conſtat,
unquamne convenerit *Collegio* alicui, feu
Presbyterorum, feu etiam *Apoſtolorum,* ipfis
Ecclefiæ *Hierofolymitanæ* temporibus, etiamnum *florentis.* Fateor equidem alienos haberi à *Patrè Filioque* qui cum *Apoſtolis* non
communicaverant, pro fententiâ S *Joannis*
Apoſtoli; Et ad *Unitatis* folutionem illam
ſpectare fententiam quæ ab *Unitatis Capite*
illos alienârit. Sed *Collegii Apoſtolici* caput
includebat Collegium ipfum Apoſtolorum.
Nec fatis aperrtè fignificavit Apoſtolus, quo
nomine aliena ab *Apoſtolis* Communio à *Deo*
etiam *filioque* aliena eſſet pronuncianda, ip
fiufne *capitis,* an univerfi in commune *Collegii Apoſtolici.* Illis potiùs, ad quos ſcri-
bebat; ita notum fuiſſe fupponit, ut ne

L   quidem

quidem opus effet hoc apertiùs indicare.
Si quidem *Capitis* caufâ hæc fequela ad-
mittenda fuerit; Sic in illo quoque Ecclefiæ *Hierofolymitanæ* Primatu *Capitis* notio
propria fuerit *Apoſtoli* tantummodò *primarii.* Potuitque adeo ejufdem *proprium*
fuiffe nomen *Epifcopi.* Sic in *eo* nihil *no
vatum* fuerit, quòd, poſt cladem Ecclefiæ
Hierofolymitanæ, Πρωτοκαθέδρῳ *proprium* fuerit nomen *Epifcopi.* Id tantùm *novum*
erat, quòd, cum antea folius Ecclefiæ *Hierofolymitanæ* deinde Ephefinæ Πρωτοκαθέδρῳ *proprium* fuiffet, exinde cum *aliarum*
omnium *Ecclefiarum* Πρωτοκαθέδροις fuerit
communicatum. Ita adhuc minus erit
cur miremur quòd tam brevi fpatio tam
multis in locis obtinuerit etiam nomen
Epifcopi Πρωτοκαθέδρῳ *proprium.* Unica *Juris* devolutio fufficiebat ut *ubique* deinceps
obtineret, fi jam antea *proprium,* hoc faltem fenfu, fuerit Πρωτοκαθέδρῳ *Hierofolymitano* vel Ephefino. Erat autem hujus
temporis propria quædam ratio, cui nominibus magnificentiffimis novus hic defignaretur honor. Cum paffim magno in
honore effet *Apoſtolatus,* tum verò alienum
à *modeſtiâ* fuâ cenfebant *Apoſtoli* fi vel
officium profiterentur a *Deo* fibi demanda-
tum, & *fervos* fe *Dei* potiùs profitebantur, quàm *Apoſtolos.* Quanquam ne illi
quidem, fi, cum illis res fuiffet, qui *of-
ficio* debitum honorem non detuliffent,

ab

ab eo abeſſent ut *officium* ipſum, quo fuerant à Deo ornati, magni fecerint ipſi,
aliiſque Auctores fuerint ut *ſimiliter* ho-
norandum exiſtimarent. Itaque, ne quidem ipſi negabant, cum *boni Publici* ratio
id neceſſarium feciſſet, tum & *officium* ipſum, & ſe quoque, propter *officium* ſibi
creditum, aliis commendari potuiſſe, ſal-
vis interim modeſtiæ rationibus. Erat e-
nim profecto *Bono publico* neceſſarium, ut
eo, quo æquum erat, loco *officia* ipſa haberentur, Utque *Perſonis* in officio conſtitutis, utcunque immerentibus, ſuus tamen, *propter* Officia ipſa, conſtaret ho-
nos. Nec enim ſunt *officia* ſibi invicem
committenda, ut *Modeſtia* ea appellaretur
quæ cum *bono Publico* pugnaret, verè propriéque ſic dicto. Imo officii *ſibi*, propter *locum*, debiti exactio nihil habet veræ
Modeſtiæ adverſum. Nec enim eſt cur
quis de *loco* ſibi credito glorietur ; aut
ſibi tribuat quod *loci* ratione debebatur.
Sic ergo Πρωτοκαθέδρεσις muniebat novum
nomen *Epiſcopi*. Monebat enim ſiquas
contumelias Πρωτοκαθέδρεσις intuliſſent Subditi ; in *Deum Filiumque* ejus illas tandem
decidere : Nec eſſe adeo cur ſibi de *impu-
nitate* blandirentur. Nec tamen erat viciſſim, cur propterea Πρωτοκαθέδρεοι *ſuper-
birent*. Nam & *illis* pœnæ metus propior
imminebat, ut oſtendimus, propter illam
ipſam

ipfam *officii* fanctimoniam Utrumque fortè in animo habuit *Ignatius*, cùm de *Poly-*
carpo ita fcribit. Πολυκάρπῳ Ἐπισκόπῳ Ἐκκλησίας Σμυρναίων, μᾶλλον ἢ Ἐπισκοπημένῳ
ὑπὸ Θεῦ Πατρὸς κỳ κυρίκ Ἰησῦ Χριςῦ Sunt
enim planè confentanea, aliis ejus, ut vidimus, ratiocinus. Et cum primò *novum*
nomen fibi vendicarent Πρωτοκάθεδροι, opportunum erat ut *Officii* potiùs *Jura* omnia
affererentur, quàm ut *Officiariis modeftiæ* confuleretur. Tum enim maximè *Exemplum*
ftatuendum erat *obfequii* in omne deinceps
ævum duraturi.

52
Nexus
ille *vifibi-*
lium Epi-
*f*oporum
cum *Invi-*
fibili causâ
erat cur
fingulorum
Epifcopo-
rum fen
tentiæ Jus
Commu-
nionis *U*
niverfalis
dederint,
vel abftu-
lerint.
Sic ergo Ecclefiarum fingularum *Unitati*
confultum, ut fi qui *alias* ab *Epifcopo* Communiones amplecterentur, iidem effent, illo ipfo nomine, à *Deo* ejúfque *Chrifto* fe-
parandi. Sic enim penes *fingulos Epifcopos*
erat ut rebelles à *Deo Chriftoque* ejus alienos pronunciarent. Et quidem ita ut *De-*
um Chriftumque ejus obligarent, ne illi pro
fuis agnofcerent quos illorum nomine *alie-*
nos ab illis pronunciaverant *Epifcopi*. Et
viciffim penes eofdem erat, ut *membra* in
Ecclefiam, quæ *Chrifti corpus* eft, admitte-
rent, quæ *Chriftus* fuerit pro *fui* Corporis
membris agniturus, hoc ipfo item nomine,
quòd ab iis quibus ipfe Corporis fui *curam*
tradiderat, in Corpus fuum fuiffent admiffi Utrobique fententiæ validitas exinde pendebat, quòd quæ ab *Epifcopo Vifi-*
bili

bili fierent in *terris*, eadem *Invifibilis Epi-*
fcopus rata habiturus effet in *Cœlis.* Itaque *omnium* Epifcoporum *intererat* ut fententiæ *fingulorum* à *Chrifto Invifibili Epi-*
fcopo confirmarentur. Nam fiquis *unus* de
Collegæ *alterius* fententiâ dubitandum cen-
fuiffet, Is idem *fuas* quoque fententias *Colle-*
gis dubias fecerit oportet, an fortè *Cœleftis*
Judex illas fuerit confirmaturus. Erat ergo apud omnes in confeffo Judicis *Invifi-*
bilis non *aliam* effe fententiam, quàm fuerit illa quam, pro fuâ cujufque ditione,
Judex ditionis *Vifibilis* pronunciaffet. Hæc
enim caufa una omnium communis erat,
quæ fi fententiam *ratam* feciffet, fententias
omnium fimiliter ratas effet effectura, fin
autem *incertam* reliquiffet, *omnium* fententias fimiliter effet in *dubium* vocatura. Sic
nulla unquam fuiffet fententia quæ Collegas
omnes Epifcopos fuerit obligatura. Atqui
ni talis fuiffet, nec in *Communionem Catho-*
licam admiferint *fingularum* Ecclefiarum
Epifcopi, nec ab eâdem excluferint Nec
admodum tremenda erat fententia *Epifcopi*
fi ultra fuæ diœcefis diftrictum Jus nullum
contuliffet, vel etiam *ademiffet,* fi adhuc
alius Epifcopus licuerit fententiam illam, pro
fuis cuique ditionibus, feu *admittere,* feu
etiam *refutare.* Atqui certum eft his quoque proximis *Ignatio* temporibus receptum
effe, ut quem quis *unus* è *Collegio* Epifco-

L 3   pus,

pus in *fuam* Communionem recipiſſet, ſeu
per *Baptiſmum,* ſeu per *manûs Impoſitionem,*
ſi lapſu aliquo Communionis in Baptiſmo
conceſſe Jus *amiſiſſet,* idem deinde per *literas* proprii Epiſcopi *commendatitias,* à reliquis *omnibus* univerſi Orbis *Epiſcopis* fuerit
receptus. Et contrà etiam, cum *Marcio-
nem* Communione excluſiſſet ipſius Marci-
onis *Pater* Epiſcopus in *Ponto,* ne quidem
Eccleſia *Romana* cauſa eſt, eum in Communionem accipere, dum *Patri* ita ſatisfe-
ciſſet ut ſententiam revocaret. Non ita ſe
res habet in *ſocietatibus* quarum Jura duntaxat *Externa* ſunt. Illa enim ſeorſim tolli
poſſunt, & donari. Nec enim neceſſe eſt
ut qui in *unam Civitatem* adſcriptus eſt, is
aliarum Civitatum Juribus fruatur, nec ut
unius Civitatis *exul* ab *aliis* pellatur. Et
hinc obiter conſtat quàm longè invicem
diverſa ſint *Regni* Jura & *Eccleſiæ. Princeps* enim nullum Jus habet ut ſententiæ
ejus in Subditos ab aliis *Principibus* confirmentur Proinde ratio prorſus nulla eſt
cur *Eccleſiæ* Jura ſibi vendicent *Principes* a
Deo Principibus *minimè* conceſſa. Jus autem hoc *Eccleſiæ* exinde oritur, quòd *Dei
Chriſtique* Perſonas gerentes *Epiſcopi* proinde illa conferant atque tollant quæ *Deus*
ipſe *Chriſtuſque* ejus conferre poterunt aut
tollere, quæ *nullus* conferre poterit aut tollere *Princeps Secularis.* Ex hac autem *In-
                                        viſibili*

vifibilis Epifcopi Poteftate, quæ cum *Vifibili* communis eft, planè neceffaiium eft ut *fingulorum* Epifcoporum fententiæ à reliquis *ubique* confirmentur. Exinde enim fequitur *admiffum* in *Ecclefiam* ab *Epifcopo*, in fuâ faltem *ditione*, à *Chrifto* etiam effe fimiliter *admiffum*, & *pulfum* ab *Ecclefiâ* à *Chrifto* fimiliter effe *pellendum*, fed verò *collega* in *Epifcopatu* nulli Jus eft *repudiandi* à *fuâ* Communione quem *Chriftus* ipfe in *fuam* Communionem admiferat, Corporifque fui *membrum* per *vicarium* fuum *Vifibilem* agnoverat. Nec contrà *ulli* Jus eft in *fuam* Communionem admittendi quem *Chriftus* fimiliter, per *Vicarium Vifibilem*, à fe alienum damnandumque pronunciaverat. Docent hæ iationes, non modò *fingulorum* Epifcoporum intereffe ut reliquorum *omnium* Fpifcopoium fententias, pro fuâ cujufque *ditione*, confiiment, fi *fuas* velint à *Collegis* omnibus confiimari, fed *a priori* etiam *Jus* effe ut *confirment*, quòd *Chrifti* certè *fententiæ* ab *omnibus* confirmandæ fint, & *fingulorum* Epifcopoium (pio fuâ faltem ditione) *fententiæ* pro *Chrifti* etiam *Deique Sententiis* fint habendæ. Hoc enim etiam *Jus* eiit, fi quidem *Chriftus* Invifibilis Epifcopus, *vices* fuas Epifcopo *Vifibili* demandârit, ut eum ita *Invifibiliter* obligaret, ac fi *ipfe* coram adfuiffet. Sic enim fententiæ ab *ipfis* prolatæ à *Chrifto* etiam prolatæ

exiftiexiſtimandæ erant, & pro *Chriſti* ſententiis habendæ. Sic item *Deo* ſoli *Chriſtoque* obnoxius erat *Epiſcopus*, nec magis à *Collegis* judicandus quàm fuiſſet ipſe *Chriſtus*. Quæ certè ſententia erat ſæculi *Cypriani*.

33.
Ecclefiæ
Catholicæ
nomine
quid intel
lexerit
Ignatius
De Unit
Ecclef.

Hujus item obligationis *Univerſalis* ratio exinde petenda, quòd *Unica* eſſet tantummodò per orbem univerſum *Eccleſia*, *Unum Altare*, *unus Epiſcopus*, *unus* etiam *Ep ſcopatus*, cujus portio a *ſingulis poſſideretur in ſolidum*, ut loquitur S. *Cyprianus*. Sic enim futurum erat ut *ſingulorum* Epiſcoporum geſta *Collegio* Epiſcopali *univerſo* imputanda eſſent Eoque nomine ita erant à Collegio *univerſo* confirmanda ac ſi fuiſſent communibus Collegii Univerſi *Suff. agiis* ſancita Hæc Eccleſia *Catholica* appellatur etiam ab *Ignatio* Verba ejus ſunt in Epiſtolâ ad *Smyrnios* Ὅτυ αν φανῇ ὁ ἰπίσκο π⊙., ἐκεῖ τὸ πλῆθ⊙. ἐςω· ὥσπερ ὅπυ αν ῇ Χριςὸς Ιησὺς, ἐκεῖ ἡ ΚΑΘΟΛΙΚΗ' 'ΕΚ-ΚΛΗΣΙ'Α, *c* 8. Hæc *primi* eſt atque *antiquiſſima* hujus *vocis* mentio, quam tamen ex originibus adhuc antiquioribus emanáſſe non dubito Et quia eſt in re *Theologicâ*, præſertim *Antiquariâ*, momentoſiſſima, proinde ſpero fore vobis Φιλαρχαίοις non ingratum, ſi eam paulò, quàm ſit hactenus factum, accuratiùs explicavero. *Deo* nimirum dante qui *minimis* ea patefacere

facere dignatui, quæ latuerant ingeniosissimos Nullum certè locum habet significatio *Catholicæ*, quâ *consensum* saltem *Ecclesiarum* designabat ab *Apostolis* fundatarum. Nondum, cùm scriberet *Ignatius*, consensum illum exploraverat *Hegesippus* Nondum exoitæ sub *Hadriano* Hæreses, quæ explorandi consensûs *occasionem* dederant. Ne quidem illa locum hic habere potuit, quâ *consensum* Ecclesiarum *omnium* designabat, qui in *Veritatis* Argumentum cessit, ut volebat *Vincentius Lerinensis*. Non jam disputo quam *firmum* illud sit Argumentum. Impræsentiarûm sufficit, nihil *illam* significationem commune habere cum *significatione vocis Ignatianâ*, quæ ne *plurium* quidem *Ecclesiarum* consensum spectat, nedum *omnium* Minùs adhuc locum habet sensus Cardinalis *Perronii*, quâ *unius* particularis Ecclesiæ *Catholicismo* factum credidit, ut & *reliquæ Catholicæ* appellarentur. Is è diametro adversatur *paritati* Ecclesiarum omnium *Ignatianæ* Longè autem abest ut *Latitudinariorum* significatio tum recepta fuerit quæ *Communiones* omnes, saltem *Schismaticas*, Ecclesiæ *Catholicæ* ambitu complectitur, quo *salus* haberi possit, Primævæ Ecclesiæ *Disciplinæ universæ* adversissima. *Ignatius* noster *Ecclesiam Invisibilem* & *Archetypam* C A T H O L I C A M appellat sub *Christo Archetypo* & *Invisibili* E P I-
S C O P O.

SCOPO. Quà scilicet *Episcopo Ectypo* & *Visibili* & πλήθει sub eo *congregato* opponebatur. Idque sanè, pro illius Seculi sermone Ratiociniisque rectissimè. Ἐκκλησίας enim *Civitatum Comitia,* seu *Conventus publicos,* appellabant *Græci.* Itaque *Cælestis Civitatis Hierosolymitanæ Comitia* pro *Ecclesiis Archetypis* habenda. Sub Λόγου nimirum *præsidio,* & *Auspiciis,* quem *Archetypum Episcopum* fuisse jam evicimus. Et quidem *Civitatem* in Λόγῳ agnoscit etiam coævus Apostolis *Philo,* Jure *Metropolitico* instructam. Ut ne quidem dubitari possit quin fuerit eadem *Cælestis Hierosolymitana,* ad quam *Piaculari* crimine obstrictis fuerit confugiendum. Sic enim habet Libro *de Profugis.* Μήποτ' ἄν ἡ μὰν Πρεσβυτάτη κỳ οχυρωτάτη κỳ αρίση Μητερόπολις, ὖκ αυτὸ μόνον ΠΟ'ΛΙΣ, ὁ Θεῖ⦿ ὅσι ΛΟ'ΓΟΣ, ἐφ' ὃν πρῶτον .σπα- φεύγειν ὠφελιμώτατον, p. 464. Hinc intelligimus quid sit in *Christo* esse, pro N. Testamenti Phraseologiâ. Idem nimirum, quod *Philoni* Hellenistæ ἐν Λόγῳ esse. Idem proinde quod *Cælestis Civitatis Hierosolymitanæ Civem* esse, ejusque *Juribus* donari. Et quidem Πόλιν pariter & Ἐκκλησίαν *Cælestes* similiter agnoscit Auctor ad *Ebræos.* Verba illius sunt in hanc sententiam observatu dignissima, xii. Ἀλλὰ προσεληλύθατε Σιὼν ὄρει, κỳ Πόλει Θεῷ ζῶν⦿, Ἱερουσαλὴμ ἐπουρανίῳ, κỳ μυριάσιν αγγέλων, Πανηγύρει κỳ Ἐκ-

Ἐκκλησία πρωτοτόκων ἐν ἐρανοῖς ἀπογεγραμμένων, ἠ κριτῆ Θεῷ πάντων, ἠ πνεύμασι δικαίων τετελειωμένων, ἠ διαθήκης νέας μεσίτη Ἰησοῦ, ἠ αἵματι ῥαντισμῦ κρεῖτλονα λαλοῦντι πὃὰ τὸν Ἄβελ, *v.* 22, 23, 24. Nempe *Novi* Peculii *Proſelytiſmum* deſcribere videtur, quà vox illa *acceſſionem* ad cultum *Dei* veri denotabat, *Populumque* Dei *Iſraeliticum.* Cultus autem veterum frequentiſſimus erat in *montibus.* Inde *cultûs Divini* ſecundos ſucceſſus ita deſcribit Propheta, quòd *Mons Domini* futurus eſſet *in vertice Montium.* *Montem* ergo *veri Peculii Sion* agnoſcit, qui erat in ipſâ Urbe *Hieroſolymitanâ.* Quà nempe opponebatur *Monti Sinai,* unde Lex *Moſaica* data eſſet, in *Arabiâ* ſede ſtirpis *Iſhmaeliticæ* à *Promiſſionibus* Abrahamo factis *alienæ, Gal.* iv. 24. 25. *Civitatem* autem cujus *Jus* novo hoc *Proſelytiſmo* aſſecuti fuerant, *Cœleſtem Hieruſalem* deſignat, *Civitatem Dei vivi.* Illo enim nomine Deum *verum* ab *Idolis* diſtinguere ſolent ſcriptores veteris Fœderis Canonici. Simulque innuitur ζωὴν illam, quam *Temporaneam* expectabant *Veteris* Peculii hæredes, *Novi* autem αἰώνιον in illâ demum *Cœleſti* Urbe *Hieroſolymitanâ* quærendam eſſe, non autem in *Terreſtri.* Tum *concives* deſcribit in quorum *Societatem* novo hoc *Proſelytiſmo* acceſſerant. Imprimis Ἀγγέλων μυριάδας, à *Daniele* potiùs quàm *Enocho*

memo-

Iſai. 11. 2.

memoratas. Nempe ut paucioribus *Angelis* opponeret quorum ministerio *Lex* edita fuerat *Mosaica,* *Act.*VII. 38. *Ebr* II. 2 Tum deinde Πρωτοτόκυς ὲν ὀρανοῖς ἀπογεγραμμένυς. Pro eo nimirum more quo ἀπογράφεϑη solebant εἰς τὴν ἰδίαν πόλιν, S. *Luc.* II. 3. Nempe Civitatum *Matriculis,* seu Γράμμασι Ληξιαρχικοῖς. Intelligit nempe *Patriarchas,* quos Πρωτοτόκυς appellat, tum propter *antiquitatem,* tum propter *duplicem portionem* illis debitam in hæreditate *Peculii,* tum denique propter *sanctimoniam,* quòd *Deo* devoti fuerint πρωτότοκοι. Addit πνευματα δικςίων πετελειωμένων. *Martyras,* ut opinor. Nam πλειωϑῆναι Διφὰ (*a*) παθημάτων idem dixit alibi Et sæpissime nomine (*b*) δικαίων *Martyres* intelligendi veniunt in Scriptis Novi Fœderis *Canonicis.* Nec aliter fere πνευματα δικαίων. Horum ergo, *Angelorum* scilicet, *Patriarcharum* & *Martyrum,* Archetypam Γανήγυριν agnoscit & Ἐκκλησίαι. Habuit, ni fallor, in animo *Festa* annua, *Pascha, Pentecostes,* & *Tabernaculorum,* & Ἐκκλησίαι μεγάλας, sive ἐληπτὰς ἁγίας certis illorum Festorum *diebus* haberi solitas. Innuitque, hæc demum *Festa Archetypa* & *Cælestia* semper *Deo* grata esse & προσδεκτὰ (quod de *Archetypis* semper verum esse docuerunt *Hellenistæ*) *Festa* autem *terrestria* non aliter grata esse nisi quatenus cum *Archetypis* unirentur. Illâ nimirum *Mystica Unione*

(*a*) Heb.
II. 10.
(*b*) S Mat.
XXIII 35

Cant
trium
Puer.

Unione quæ inter *Archetypa* & *Ectypa* inter-
ceffit. Ea quidem *prima* erat Ἐκκλησίας
notio pro *Conventibus.* Inde fluxit *fecunda*
quâ *Populum* in Conventus confluxurum
defignabat Hæc ergo *Ecclefia* eadem prorfus eft cum illâ quam *Catholicam* appellavit
Ignatius. Et fub iifdem planè Conventuum *præfidibus, Deo* nimirum *fummo* ejufque *Filio. Deum* κριτὴν πάντων appellat
Auctor ad *Ebræos.* Propter illos *Urbium*
κριτὰς quos *Sacerdotes* fuiffe fupià obfervavimus Sic κριτὴς πάντων & primum *Ju-*
dicem Civitatis denotabat, & *Civitatis* etiam *Metropoliticæ,* ad quam è reliquis *Ur-*
bibus univerfis effent *Appellationes,* quod de
Terreftri etiam Urbe *Hierofolymitanâ* refpectu Urbium *Judaicarum omnium* veriffimum
fuiffe probavimus. Hic autem agitur de
Urbe non *Judaicarum* tantummodò, fed &
aliarum etiam Urbium *Metropoli.* Talis e-
nim habebatui *Urbs* illa *Cæleftis.* Nec
Urbium duntaxat, fed & *Filii,* refpectu κριτὴς πάντων dicitur *Pater.* Dedit enim *Pater*
Judicium Filio, qui, victis omnibus inimi-
cis, *Patri* redditurus eft, 1 *Cor* xv. 28. Sic
enim *Deus Pater,* quà etiam *Filio* opponitur, ὁ ἐπὶ πᾶσιν appellatur ab *Helleniftis.*
Filium autem μεσίτην νέας διαθήκης *Patri*
jungit in hâc *Cæleftis* etiam *Ecclefiæ* Præfe-
cturâ S. *Paulus* pariter ac S. *Joannes,* &
Martyr etiam nofter *Ignatius.* Μεσίτην
autem,

autem, hoc in loco, ut *Caput* Unitatis Myfticæ *Principiumque* fpectari, docet mentio
αἱμαῖ©· ῥαντισμῦ.   Habuit enim ob oculos
ῥαντισμὸν Propitiatorii à *fummo Sacerdote* in
Fefto Propitiationis annuo.   Nam (*a*) προ-
σαγωγὴν, quæ προσηλύσει refpondet, *Filio* tri
buunt Scriptores Sacri. Et huic ipfi *fanguini* Domini εἴσοδον in *Sancta Sanctorum*,
feu *adyta Cæleftia*, hic idem tribuit Auctor
ad *Ebræos*, x. 19, 20, 22. In eo autem hunc
Domini fanguinem *Abelis* fanguini anteponendum oftendit, quod ne quidem *inter-
fectoribus* vindictam popofcerit (quod fecit
fanguis Abelis) fed etiam *illis* aditum in *Cælefta* patefecerit, fi nempe *refipifcerent*.
Cur tamen hanc, quam nos *Triumphantem*
vulgò *Ecclefiam* appellamus, *Ignatius Catholicam* appellandam effe cenfuit? Satis
profectò confentaneè, pro fermone *Helle-
niStarum Platonico*, quem N. Teftamenti
Scriptores toties imitari diximus.   *Archetypa* enim *Cælefta* τὰ καθόλα appellabant
Platonici.   Id certè fenfit *Ariftoteles*, cùm
hanc ipfam fententiam in Præceptore fuo
refelleret, quòd à *fingularibus* omnibus
feparata agnoviffet *Univerfalia*.   Rectène,
an fecus, in eo *Platonis* fententiam repræ-
fentarit *Platonis* difcipulus: hoc unum certè corftat, ita faltem *locutum* fuiffe *Plato-
nem* & *Archetypa* rerum Παραδείγματα Κα-
θολικὰ

(*a*) Rom.
v. 2
Ephef.
ii. 18
Ibi. 12.

θολικᾷ appellârit. Hæc ergo *primaria* erat
Ecclesiæ Catholicæ significatio.

Sequebatur deinceps alia, quâ *Ecclesiæ*
χT' μέρ⊕, seu *Particulares* possent etiam ipsæ *Catholicæ* appellari. Ab his enim *Ar-*
chetypis Ideis *Cælestibus Platonici* rerum *Par-*
ticularium ἐσίωσιν arcessebant. Sic ab 'Αυ-
τωανθρώπῳ (sic enim appellabant *Hominem*
Archetypum sive ἐσιώδη) *Homines* omnes
particulares accipere censebant cur etiam ipsi
Hominis essent *appellandi.* Similiter ergo &
ab illá quoque *Archetypá Cælestique Ecclesiá*
Catholicá, habebunt etiam *Particulares Ec-*
clesiæ cur & ipsæ *Catholicæ* appellandæ sint.
Quà scilicet ipsis χοινωνία est cum *Ecclesiá*
Archetypá & Cælesti. Hoc enim ipso discre-
pare credebantur *Ecclesiæ Orthodoxæ* ab *Hæ-*
reticorum Schismaticorumque Communionibus, quòd Ecclesiæ *Orthodoxæ* in unum cum
Ecclesiá *Cælesti & Archetypá* Corpus coaluerint, & *Jus* adeo contulerint ad Ecclesiæ
Archetypæ præmia, quæ nulla sperari poterant in Conventiculis ab Ecclesiá Ortho-
doxá *alienis.* Sic autem processit, & quidem solidè, N. Testamenti omnis illa Argumentatio, à *priori* Beneficia Communionis omnia *Spiritualia* esse, nec ab alio
præstari posse præterquam à *Deo* A *Deo*
autem cur expectentur, rationem esse *Pa-*
ctum cum *Patriarchis* factum, & *Promissiones*
illis

[marginal note:] 34. *Ecclesiæ* etiam *Particulares Catholicæ* appellari possunt quia servant cum *Cælesti Apostolorum Ecclesiá* χονωνίαν Non possunt illæ quæ singularum Ecclesiarum Regimin Monarchium mutaverunt

illis factas eoi umque *femini* Inde *Præmia*
illa *Cœleſtia* deſignantui per *ſinum Abra-*
hami & pei *accubitum* ad Epulas Cœleſtes
cum *Abrahamo, Iſaaco* & *Jaccbo* Poſteris
ergo rationem eſſe, cur ſperentui, nullam,
ni ſe è *femine* illo oiiundos probare poſſint,
cui *Promiſſiones Patriarchis* factæ debentur
è *Paɛto* cum *Patriarchis* initio Hoc ſi pio
barent, in *unum* deinde cum *Patriarchis*
Corpus coaleſcebant, & *Jura* adeo omnia
cum *illis* communia habebant *Cœleſtia*
etiam, cum *Patriarchæ* ipſi, ejuſdem *Pacti*,
earundemque *Promiſſionum*, beneficio *poſſi-*
derent jam præmia *Cœleſtia* Sic ergo *Cu-*
thæis Samaritanis portionem nullam in *Cœ-*
leſtibus conceſſerant *Judæi*, quòd nullo ſenſu illi ad *ſemen Patriarcharum* pertinei ent.
Sic etiam *Judæos* ipſos è *Peculio* excludendos piobabant *Chriſtiani*, quòd *ſemen* illud
cui *Jus* erat ad *Promiſſiones Patriarchis*
factas, non *carnis* fuiſſet, ſed *fidei*. Inde
colligebant, qui *carnem* duntaxat ſine *fide*
obtendebant, *alienos* fuiſſe ab eo Patriai-
charum *ſemine* cui factæ fuerant *Promiſſio-*
nes, nec pro illoium *majoribus* habendos,
qui jam compotes facti eſſent *Promiſſionum*,
ut ad *unum* cum illis *corpus* ſpectarent, ſimilitei remuneiandi. Hac enim *Corporis*
Unitate nitebatui omnis illa κοινωνία quæ
illos ejuſdem *ſpei* κοινωνὸς fuiſſet ſimilitei fa-
ctuia. Urgebant porro *ſemen* illud in quo
Gentes

Gentes eſſent *benedicendæ*, ipſum fuiſſe *Chriſtum, Gal.* iii 16 Ex ipſa Patriarcharum
carne, ut reliqui, ſimiliter oriundum. Hinc
ſequebatur, qui *Chriſto* nomen non dediſ-
ſent, *illos*, hoc ipſo nomine, ad *ſemen* non
ſpectare cui factæ eſſent *Promiſſiones*; nec
adeo illorum eſſe κοινωνὲς qui *Promiſſionum
hæreditatem* adierant in Urbe *Cæleſti Hieroſolymitanâ.* Viceverſâ his omnibus nominibus *Novo Peculio,* & Patriarcharum *ſe-
mini* è *fide,* κοινωνία cum *Patriarchis* in *Cælo
hæreditatem* poſſidentibus aſſerebatur. Sic
ergo intelligenda erunt N. Fœderis omnia,
in hac cauſâ, *ratiocinia.* Nam quæ poſſi-
debant unius ejuſdemque *Corporis* membra
in *Cælis,* eadem colligit à reliquis etiam
fere poſſidenda *Poſſeſſionem* illam pro
arrhâ futuræ poſſeſſionis integro Corpori
aſſerendæ, ipſoſque illos pro ἀπαρχαῖς habet
S. *Apoſtolus,* à quibus *Conſecratio* ad *meſſem*
emanare cenſebatur *univerſam,* 1 *Cor.* XV. 20.
Sic & *Spiritualem* οἰκοδομὴν ſtatuit *ſuper fundamentum Apoſtolorum & Prophetarum,* ipſo ſummo angulari lapide *Jeſu Chriſto, Eph.*
II. 20 *Prophetarum* nomine *Patriarchas* intelligit, oſtenditque κοινωνίαν veterem fuiſſe cum *Patriarchis, novam* cum *Apoſtolis,*
ut, οἰκοδομῆς *fundamentis,* utrobique autem
cum *Chriſto* ut *lapide angulari,* qui utroſque
invicem conjunxerit, *in quo omnis ædificatio
conſtructa, creſceret in Templum ſanctum in*

Vid.
Herm.
Paſt.
L. 1. Viſ. 3.
N. 5. &
L. iii.
Sim. ix.
N. 4. 15.
16.

M *Domino.*

Domino. Huic enim *superædificattoni* his *fundamentis* innixæ tribuit Apostolus, quòd non essent *hospites & advenæ, sed cives sanctorum, & domestici Dei.* Inde colligimus, eam demum *Ecclesiam* cum *Archetypâ Ecclesiâ* κοινωνίαν habere, quæ κοινωνίαν habet cum *Apostolis.* Ita scilicet ut cum *Patriarchis* κοινωνίαν habebant, qui multis, post ipsos *Patriarchas,* vixere *Seculis.* Si nempe è *semine Patriarcharum* fuissent oriundi. Illo, dico, *semine,* cui factæ essent *Patriarcharum* Promissiones. Sic ergo *Ecclesia* ipsa *Apostolica* in *Cælis Archetypa* erit, ad quam *terrestres Ecclesiæ* omnes exigendæ sint. Recteque adeò *Ecclesia* prima *Apostolica,* eadem *primariâ* vocis significatione C A T H O L I C A appellanda erit. *Particulares* autem *Ecclesiæ* hodiernæ, si *Catholicæ* nomen tuebuntur, si *superædificatas* se probabunt ipsis *Apostolorum fundamentis.* Nempe si *Apostolorum doctrinam* inviolatam servârint. Favet *Tertullianus* de Præscr. c. 20. *Tot & tantæ Ecclesiæ, una est illa ab Apostolis prima, ex qua omnes. Sic omnes primæ, & omnes Apostolicæ, dum unam omnes probant unitatem.* Atque hinc, ni fallor, meliorem elicio, quam supra dedi, rationem, cur Epistolæ *Canonicæ* supremæ *Catholicæ* appellatæ fuerint. Hoc enim ipso *nomine* appellationem illam merebantur, pro illius seculi ratiociniis, quòd fuerint *Apostolicæ.* Ut e-
nim

nim *Apostolorum Ecclesia* propterea Nomen *Catholicæ* habebat, quod fuerit *Archetypa*; sic & *scripta Apostolorum* rectè *Catholica* habenda erant, quod scripta fuerint *Ecclesiæ Archetypæ* atque *Cælestis.* Sic enim similiter scripta *Veteris* Fœderis *Canonica* πλάκας τῶν ὐρανῶν, & πρῳφητέιαν ὐρανῦ vocat Auctor admodum antiquus, & hujus, ni fallor, *seculi* quo cepit nomen Epistolarum *Catholicarum.* Auctor scilicet *Testamentorum Patriarcharum* Græcè nuper editus à Cl. *Grabio.* Πλάκας item ὐρανῶν memorat coævus illi, si forte ab illo alius, Auctor Πρῳσευχῆς 'Ιωσὶφ ab *Origine* laudatus. Idem ut videtur qui scripsit Testamenta *Trium* primorum *Patriarcharum.* Nam in Testamento *Jacobi* locum habere potuit *Oratio* illa *Josephi* Res certè è *Cælestibus* illis *Libris* collectas non aliunde colligunt Patriarchæ quàm è *Scripturis,* quamvis indecorum Auctori visum fuerit ut Juniorum *verba* ipsa advocarent Patriarchæ. Et *Legem igneam* legimus, *Deut.* xxxiii. 2. quæ etiam ipsa, pro ratiociniis seculi *Apostolici* Mysticis, ad *Legem Archetypam* fuerit referenda. Imo *Legem Mundo* antiquiorem agnoscunt etiam *Rabbini,* quæ alia esse non potest quam *Archetypa.* Id ergo volebant, ut *Ecclesiæ* omnes *Catholicæ* appellandæ sunt quâ cum *Archetypâ* conveniunt quæ *sola* propriè *Catholica* est , sic & *scripta humana*

omnia

omnia ad *Scripta Apostolica* exigenda esse,
& *Catholica* eousque consei i posse quà *scriptis
Apostolorum* consentanea sunt　Sunt enim
Archetypa omnia παραδείγματα ad quæ *Ectypa* exigenda sunt si *titulis* illis appellari velint quæ vei è propriéque solis conveniunt
Ai chetypis.　Ita pro Ratiociniis *Platonicorum*.
Sic recte etiam *Barnabæ* Epistola *Catholica*
appellabitur, quòd etiam Ipse *Apostolorum*
unus esset qui *Ecclesiam* constituebant *Catholicam* & *Archetypam*, quamvis cum numero *Duodenario* non censeietui　Sic autem, inquietis, *Paulinæ* etiam *Epistolæ Catholicæ* essent appellandæ.　Imo & *Evangelia*, saltem illa quæ Auctoies habebant *Apostolos*.　Rectè quidem, pro Nominis *ratione*.　Cur tamen eo *nomine* non appellarentur, eam iationem fuisse arbitior, quod
à *vivis Apostolis* in lucem publicam emanârint, vel saltem *testimonium* acceperint.
Vivi enim Ecclesiam *Archetypam* aliquatenus
constituebant *Apostoli*, nondum tamen *Cælestem*, cui propiie conveniebat Nomen *Catholicæ*　Sed *Catholicæ*, quæ appellantur,
Epistolæ tum demum in unum collectæ *corpus Catholicæ* nuncupatæ sunt, cum non amplius in *terris* versarentui *Apostoli* · seu Epistolarum *Auctoies*, seu *alii*, qui illas *testimonio* suo comprobaient.　Inde factum, ut
de earum pleiisque dubitatum sit, quæ *diuturniori*, post *Apostolorum excessum*, intervallo

vallo innotuerint. Obſervavit ergo *Euſebius*
qui *primi inter Veteres* harum *Epiſtolarum*
meminerint. Et quidem de S. *Petri* &
S. *Joannis* primis teſtes reperit *memoriâ*
Apoſtolorum *recentiſſimâ,* quamvis non ſub
ipſis *Apoſtolis.* Satis tamen idoneos ut fidem
earum *firmam* fecerint & *indubiam.* Reliquarum *primos* teſtes *juniores* fuiſſe idem obſervavit *Euſebius* Sic ergo colligimus à *con-
ſenſu* cum *Apoſtolis,* ſaltem in *Doctrinâ,* ven-
dicandum eſſe nomen *Catholici* Nec illud
modó Etiam neceſſarium eſt, ut ſint συσω-
μοι, ſi velint eſſe συμπολῖται. *Corporis* autem
Politici unitas à *Corporis Regimine* cenſenda
eſt Illi ergo *unum* cum *Apoſtolis Corpus*
faciunt qui *Regimen* ab *Apoſtolis* relictum
hæreditariâ ſucceſſione inviolatum conſer-
vârunt. Non illi certè qui *Regimen* illud
perverterunt, & è *Monarchico* fecerint *Ari-
ſtocraticum.* Non illi, inquam, qui non *hominibus* tantummodò in officio conſtitutis,
parere nolebant, ſed & *Ordinem* univerſum
ab *Apoſtolis* relictum penitus etiam ſuſtule-
runt. Sed & alio quoque nomine κοινωνίαν
cum *Archetypâ Eccleſiâ* abruptam querimur.
Præſunt enim Eccleſiæ *Cœleſti Pater* ipſe
Filiuſque ut *Unitatis* Myſticæ *Principia.*
Proinde ſolæ *Eccleſiæ* illæ κοινωνίαν ſervant
cum *Archetypâ,* quæ, ſimiliter ut *Archetypa,*
Unitatis Principia habent, quibus *Pater* &
Filius repræſententur. Quæ illa *Viſibilia*

Uni-

Unitatis Principia rejecerunt, *Patrem* proinde *Filiumque* ut *Unitatis Principia* reje-
cisse censendæ sunt.   A *Patre Filioque* proinde *alienæ*, & ab illâ quoque *Archetypâ Ecclesiâ*, quæ sub *Patre Filioque* uniuntur.   Ita
certè Argumentandum erat pro illius seculi
more in RATIOCINIIS *Mysticis*   Proinde ne
Catholica quidem illæ *Ecclesiæ* censendæ sunt
quæ κοινωνίαν rejecerint cum *Archetypâ* illâ
Ecclesiâ, à quâ *Catholicæ* nomen ad *Particulares* Ecclesias derivandum erat.   Poterat
quidem, fateor, si vellet Deus κοινωνίαν
Unitatemque Mysticam cum *Archetypâ Ecclesiâ*
servare in quocunque demum Visibilium
Ecclesiarum *Regimine*, etiam non *Monarchico*.   Id tamen *velit* necne, ab illius li-
berrimo pendet *arbitrio*   Potestque idem
rectissimè, in *beneficiis* à *libero* ejus *arbitrio*
expectandis, homines obligare ad *media* similiter à *libero* ejus *arbitrio* instituta.   Ita
certè *Naamanem* noluit aliâ aquâ *fluviali*
à *leprâ* purgare, quàm *Jordanis*, ut fuerit
proinde beneficio *cariturus*, si potiùs patriæ
Syriæ fluvios voluisset experiri   Et sanè
obligatio illa, pariter ac *sanctio*, æquissima
est, in *mediis* quantumvis *arbitrariis*, ut siquis *media* adhibere nolit, is ne quidem
beneficiis fruatur.   *Lex* porro sine *pœnâ*
nulla est.   *Pœna* autem illa cum *sanctione*
arctissimè cohæret, ne *immorigeri* paria cum
parentibus *præmia* consequantur.   Alienum
                                                     præ-

præterea eft à Divinâ *Majeftate*, ut fui
ferat, etiam in *leviffimis*, contemptum. Illum præfertim quo fiat ut penitus abolea-
tui *Divina Inftitutio.* Is autem neceffarius
eft eventus *abrogati Unitatis Principii.* Imo
tantum abeft ut *Deus* hæc impune laturus
fit, ut fuerit femper, in rebus *Sacerdotalibus,*
leviffimorum etiam *rituum* feveriffimus ex-
actor. Saltem caufa nulla prorfus eft cui
Deus illorum *inventa* rata habeat in *Cælis,*
qui fuas in *terrâ Conftitutiones* abrogaverint.
Faciet hæc una confideratio, ut nulla fit
illis cum Ecclefiâ *Cælefti Catholicâ* κοινωνία,
nec adeò ipfæ *Catholicæ* habendæ fint.

Jamque ex hac Vifibilium Invifibilium-
que κοιγωνία, etiam eorum ratio facilis reddetur, quæ de *Ecclefiæ Unitate* habet S. *Cy-*
prianus, non fibi *fingularia,* fed his iifdem
ratiociniis *Hellenifticis* ubique receptis confentientiffima. *Una* erit imprimis Chriftianorum omnium *Ecclefia,* quantumvis fpatio
diffitorum. *Ecclefia* enim *Populus* appellatur qui Jus habet publicorum *Comitiorum*
reliquorumque *Civitatis Jurium.* Proinde
Unius Civitatis plures *unâ,* hoc fenfu, ne
quidem effe poffunt *Ecclefiæ.* Poteft autem
una Civitas plurium *Urbium* effe communis.
Ita erat *Romana Urbium* earum, in quas
deductæ fuerant *Romanorum coloniæ.* Ita
S. *Paulus Tarfi* natus, eo ipfo nomine *Civis*
erat *Romanus.* Poftea *Caracallæ* vifum eft,

35.
Explican-
tur verba
S *Cypriani*
de *Unâ*
Ecclefiâ,
Uno Epi-
fcopo,
Uno Epi-
fcopatu,
cujus *a fin-*
gulis in fo-
lidum pars
teneretur.

ut

ut omnes Imperii *Romani*, quà patebat, *Cives* participes faceret Civitatis *Romanæ*. Inde *Urbem Romanam communem patriam* appellat *Censorinus*. Ad quem videndus *Lindenbrogius*. Ita factum ut quicunque in aliquam *Romani* Orbis *Civitatem* admissus fuisset, is idem *Civis* fieret *Romanus*. Similiter se res habuit in *Ecclesiis Christianis*. Ecclesiæ *omnes*, quantumvis invicem *dissitæ*, in Civitatem admiserunt *Cælestem Hierosolymitanam*, & ab eâdem excludebant, & proinde in *illius* Civitatis *Archetypam* etiam *Ecclesiam*. Ita ni fuisset, *Ecclesiæ unius* Communio propriæ *ditionis* limitibus fuisset constricta, nec *Jus* plane ullum contulisset ad *Communionem* aliarum omnium secum parium *Ecclesiarum* Nec potuisset *unius* Ecclesiæ *censura* obstare quo minùs *pulsus* ab *illius* Communione subditus ab *aliis Ecclesiis*, reciperetur. Sed cum *Jus* haberent Ecclesiæ *singulæ* admittendi in Ecclesiam *Archetypam*, quæ eadem *Catholica* erat, inde natum *Jus* est admittendi in *reliquas* omnes universi Orbis *Ecclesias*, quòd earum *nulla* repudiare possit illum quem pro suo jam agnoverat Ecclesia *Cælestis Archetypa* atque *Catholica*. Non certè illum quem *Christus* invisibilis *Episcopus* admiserat per *visibilem* suum in *terris* vicarium Et viceversâ cum *singulæ* Ecclesiæ *Jus* haberent *pellendi* ab Ecclesiâ *Archetypâ* & *Catholica*, inde

Censor. c. 16.

Inde etiam fequebatur, ne ab aliis reciperentur *Ecclefiis* aut *vicarius Chrifti vifibilibus,*
quos *Chriftus* ipfe per *vifibilem* vicarium loci
ad quem fpectabant, à fe ipfo, & *Ecclefiâ*
fuâ *Cœlefti* & *Catholicâ* alienos pronunciaverat. *Jura* certè harum Ecclefiarum omnium una eademque, & cum *Cœleftis Ecclefiæ Juribus* planè eadem, faciunt profectò ut invicem eædem effent quæ ita cum
uno *tertio* coaluerint à quo acceperint ut
Ecclefiæ etiam ipfæ appellari potuerint. Nam
Archetypis illis ut *Unitatem*, ita *Veritatem*
etiam, tribuebant *Platonici.* Et ἀλήθειαν
inter Communionis *Myfticæ* & *Archetypæ*
beneficia recenfet etiam S. *Joannes* Apoftolus. Itaque pro Sententiâ *Hellenifarum*,
non magis *variæ Ecclefiæ* habenda erant hæ,
quas nos in terris vocamus *Ecclefias,* quàm
pro diverfis *folibus* habendi effent unius e-
jufdemque folis *Parhelii.* Hoc enim ipfo
exemplo explicabant *Platonici* ut potuerint
unius ejufdemque *Archetypi* varia tamen E-
ctypa effe atque ἐκμαγεῖα Ὀυσίωσιν certè
Ecclefiæ ita omnes ab *Archetypâ Ecclefiâ* mu-
tuabantur, ut, quæ cum illâ non coaluerint,
illæ *Ecclefiarum* Jura planè nulla haberent,
nec adeo nomen mererentur *Ecclefiarum*,
quà quidem *Ecclefia* Societatem defignabat
Juribus Spiritualibus ornatam. Eadem porro ratio quæ *Ecclefias* omnes quæ hanc habent cum *Archetypâ* κοινωνίαν, *unam Ecclefi-*
am

am probat, etiam *Episcopos* omnes unum
reverâ *Episcopum* esse vincet, eorumque omnium unicum esse duntaxat *Episcopatum.*
Solus enim omnia operatur *Invisibilis Episcopus.* Is in Ecclesiam *Archetypam* admitte-
bat, atque ab eâdem excludebat , & *beneficia* Communionis *Mysticæ* omnia contulit abstulitque. *Unica* autem *Visibilium
Episcoporum* opera fuit ut Invisibilis Episcopi vices, pro suâ quisque ditione, sibi de-
mandatas haberent , ejusque proinde nomine sententias in terris pronunciarent ab ipso in *Cælo* confirmandas. Itaque cum non
suo, sed *Christi*, nomine omnia agerent,
proinde *unicam* repræsentabant omnes *Christi Personam.* Ad eundem planè modum
quo siquis unus in pluribus *Curiis* res agen-
das haberet, & in singulis *Procuratores* suo
nomine acturos designaret. *Unicam* profectò omnes, quamtumvis multi, *Personam* in
Lege sustinerent. Illius nimirum qui vices
suas illis crediderat Soli enim illi acqui-
rendæ erant, vel *remittendæ*, Legis *Actiones*
Et solus lucra sententiarum faventium, ac-
quisiturus erat, vel *damna* adversarum lui-
turus. Nec enim sibi quicquam *Procurator*,
sed *Domino*, lucratur è rebus fidei suæ commissis. Ipsum certè *Episcopi* nomen, non
hominis, sed *Dei*, fuisse jam ostendimus
Proinde *homini* aliter convenire non potest
nisi *Dei* potiùs partes quam suas, sustinen-
ti,

ti. Is ergo folus & verus *Epiſcopus*, cujus *pro-*
prio nomine geritur *Epiſcopatus*. Non ille, qui
officium *alienum* fuæ fidei commiſſum duntaxat exequitui. Eademque de cauſâ pluſ-
quam unus eſſe non poteſt in Oibe univerſo *Epiſcopatus*, cum unicum fuiſſe proba-
verimus, qui veiè proprieque dici poſſit *E-*
piſcopus. Magis autem Paradoxum foitaſſe
videbitur, quòd hujus unici Epiſcopatus
partem à ſingulis in ſolidum teneri dixerit *Cy-*
prianus. Eſt tamen etiam illud, pro utra-
que parte, veriſſimum. *In ſolidum* tenetur
à ſingulis *Unicus* ille *Epiſcopatus*. Tantùm
enim poſſunt *ſinguli* quantum *omnes* Orbis
Epiſcopi collatis in medium Suffragiis. Ad-
mittunt enim in *omnium* Communionem
ſinguli, atque ex eâdem rejiciunt, quo nihil
majus poterunt *unitæ* omnium ſinguloiumque
Sententiæ. Et tamen Gregis univerſi
parti tantummodò præſunt *ſinguli*. Dant
enim auferuntque Communionis *Myſticæ*
beneficia *omnia* etiam *ſinguli*. Non tamen
omnibus, ſed ſuæ duntaxat Gregis univerſi
parti, pro ſuâ cujuſque *ditione*. Sic nulla
eiit, quæ videtui, pugna.

S. Cypr. de Unit. Eccleſ

Jus ergo illud quod *ſingulis* Πρωτοκαθέδροις
acceſſit e clade Eccleſiæ *Hieroſolymitanæ*,
hoc eiat, ut eodem *loco* eſſent quo fuerat
olim Πρωτοκαθέδρ۞ *Hieroſolymitanus*. Nempe ut, pro ſuâ cujuſque *ditione*, eſſent *Uni-*
tatis

36.
Unde fa-
ctum ut
proprium
ſibi *Colle-*
gium per
ſe conſti-
tuerent *E-*
piſcopi.

tatis Myfticæ *Principia.* Hinc autem fequebatui, Jus totum *Communionis dandæ,* vel *negandæ,* fuiffe penes Πρωτολαγιθέδρυς. Et quidem ipfo illo novo nomine *Episcopatús.* Ita certè illos credidiffe, qui tunc vixerint, cùm novum illud Jus *devolveretur, è Praxi* conftat ubique receptâ. *Literas* enim *Communicatorias* non *alii* dabant quam *Episcopi,* nec ab *aliis* quàm *Episcopis* accipiebant, fi quidem *plenæ* fuiffent Epifcopoium *fedes* Vel inde colligitui *Jus* omne *Communionis* feu *dandæ,* feu *negandæ,* penes *Episcopum* fuiffe, & quidem *folum.* Inde factum, ut non alii locum habuerint in *Conciliis.* Saltem ab hac Epochâ, de quâ jam agimus, *cladis* Ecclefiæ *Hierofolymitanæ. Confilia* quidem *Presbyterorum* nonnunquam audita fateor, maximè in *Conciliis Diœcefaniis* Sed *Sententias decretorias,* fed ὁϱισμὺς, fed *Canonum Sanctiones,* ab aliis nufpiam legimus, præterquam *Episcopis* Vel inde intelligimus *Episcoporum* tantam fuiffe in fuis *Diœcefibus* Poteftatem ut illas integias, fine ullo Suffiagio fuo, concluferint. Ceitè S. *Cyprianus,* cum *Presbyteri,* fe inconfulto, *Communionem Lapfis* darent, in fui *Episcopatus contumeliam* factum interpretatui, non autem *Presbyterorum.* Non ita ceitè factuius, fi Jus *Communionis* commune habuiffet cum toto *Presbyterio.* Inde factum ut *Episcopos* omnes *Collegas,* non autem *Presbyteros,* appellârit.

pellârıt. Imo hoc ıpſo *Collegarum* nomine
à *Presbyterıs* diſtınxerıt. Non alıâ certè de
cauſâ quam pıopter *Jura* quædam *Epıſcopıs*
omnıbus communıa, quæ non fuerınt tamen communıa cum *Presbyterıs* Sıc enım
Conſules, Prætores, Trıbunos collegas ſolebant
appellaıe *Romanı,* pıopter communem om-
nıum cum nomıne etıam *Poteſtatem* Itaque quòd proprıum peı ſe *Collegıum* con-
ſtıtuerınt *Epıſcopı,* ıd non alıunde fluxıt
quam quòd proprıa ſıbı *Jura* poſſıdeıınt.
Hınc nemınem agnoſcıt *Epıſcoporum Epıſco-*
pum, ſolı autem *Deo* ejuſque *Chriſto* Epıſcopum *actûs ſuı ratıonem reddıturum* docet. *In Concıl.*
Nec *ıllum* de *alterıus Epıſcopı* actu judıcare *Carthag.*
opoıtere, nec de ıllıus alıum *Epıſcopum.*
A *Deo factos Epıſcopos* omnes cenſet, ejuſque *Chriſto,* non autem à *Presbyterıo,* quıc
quıd tıadat ın contrarıum fabulator *Euty-*
chıus. Et à *Deo* pœnam metuendam, ſı-
quıs *factus* officıa debıta *negaſſet* Nunquam
ıta de *Presbyterıs,* aut de *unıverſis* etıam *Pres-*
byterıs. *Monarchıam Epıſcoporum* abſolutıſſı-
mam fuıſſe produnt ılla, ſaltem pıo ıllıus*Seculı*
doctrınâ quo vıxıt S. *Cyprıanus* Imo ıllıus
etıam quo vıxıt *Ignatıus.* Adeo multa u-
trobıque communıa ſunt Ideo *Romanı*
Presbyterı ımmınutam ſuam Poteſtatem ag-
noſcunt, ſede *vacante,* cùm deeſſeı *Epıſco-*
pus quı reıum geıendaıum *Auctorıtate* fuı-
ıſſet ınſtructus. Ideo *Presbyterıs ſuıs* adeo
multa

multa præcipit, in Seceſſu ſuo, S. *Cyprianus.*
Minimè ſanè neceſſaria, ſi tanta tum agno-
ſcerentur *Presbyteriorum* Jura, quanta volunt
fuiſſe *Presbyterani.* Nec hoc contentus, addit etiam illis *Epiſcopos* gregi ſuo finitimòs
ſiquid fuiſſet majori *Auctoritate* gerendum.
Cur illud, quæſo, niſi potiori loco haberetur *Episcopi,* ne quidem proprii, Auctoritas,
quàm proprii loco etiam *univerſi Presbyterii?*
Sic ille in cauſâ *Schiſmaticorum* ſuorum cum
eſſent à *Communione* pellendi. Dandæ e-
nim adimendæve, ſine *Epiſcopo* Auctore,
Communionis nullum erat, his temporibus,
probatum *exemplum* in *Presbyteris,* quorum
ne quidem *Jus* erat mittendi *Literas Communicatorias* ad vicinos *Epiſcopos.* Sed planè
irritæ fuiſſent *cenſuræ* niſi à vicinis *Epiſcopis* comprobarentur. Aliter certè loquuntur de *Presbyteris* qui tum ſcripſerunt cum
adhuc vigeret *Primatus* Eccleſiæ *Hieroſolymitanæ.* Ἡγεμ҉ας colendos præcipit S *Paulus.*
Presbyteris debitam reverentiam urget in-
culcatque συνερχ҉ Apoſtoli S. *Clemens.*
Neuter Πρωτοκαθέδρε meminit, vel *unius*
cujuſpiam *Presbyteri* Alia omnia S. *Cyprianus.* *Rebelles* nuſquam cenſet *Presbyteris,*
& ne quidem *Presbyterio univerſo,* ſed *uni-
co, pro tempore, Sacerdoti.* *Hujus* vindicem,
non *Presbyterii, Chriſtum* urget, quaſi *Jura*
omnia Eccleſiæ *Hieroſolymitanæ* non ad
Presbyteros alios, quàm Πρωτοκαθέδρον, fuiſſent

iffent devoluta; reliqui autem adhuc, quales antea manfiffent, *nullâ* proifus *coercendi* Poteftate præditi. Poterant & alia addi huc fpectantia, fi quidem fuiffet neceffe. Fecit autem ne neceffe effet Auctor admodum acutus Tractatûs vernaculi, *De Principiis Seculi Cypriani.*

Sic ergo fe rem habuiffe conftat, faltem de *Facto.* Et ne quidem eft cur de *Jure* ita fuiffe dubitemus, pro illis, quæ jam folidiffima fuiffe vicimus, *Ratiocinis.* Nam certè *Unitatis Principium,* quod plufquam *Unius* effe ne quidem potuit, ne quidem potuit *Episcopo* commune effe cum *Presbyterio.* Illud autem, fi *Episcopo* proprium fuerit, *Jus* omne *Communionis* ejufdem *proprium* efficiet. Nam *Principium Unitatis* illud appello fine quo *Unitas* conftare non poteft, fi abfit, quæcunque demium alia adeffe fupponamus. Et quidem hoc *Episcopi* proprium evincunt illa, quæ dixi, *Ratiocinia.* Sic enim invicem nectuntur *Myftica* & *Vifibilia* Myfticorum *Symbola,* ut qui caret *Symbolo,* is ne quidem rei per *Symbolum fignificatæ* particeps effe poffit. *Myftica* autem *Unitatis* Principium *Chriftus* eft, idem *Invifibilis Episcopus,* cujus proinde *Symbolum* aliud effe non pòteft quàm *Episcopus Vifibilis.* Ita qui *Episcopo* unitur, is idem *Chrifto* unietur, & qui

37.
Recte certe, pro illius Seculi *Ratiocinus*

qui aliam sequitur *Communionem* quàm *E-
piscopi* hâc ipsâ de causâ à *Christi* Communione erit alienus, licèt cum *toto* com-
municaret *Presbyterio.* Qui autem cum
Christo non communicat, ille ne quidem
Corporis illius Membrum esse potest,
nec *Spiritûs* illius particeps *Unitatis* Mysticæ *vinculi,* nec *beneficiorum* Unitatis *Mysti-
corum* Rectè ergo sine *Episcopo Ecclesiam* ne
quidem esse posse censuit *Ignatius.* Et rectè
item *Ecclesiam* definivit S. *Cyprianus, Gregem Episcopo adunatum.* Pro horum nempe *Ratiociniorum* tenore, quà quidem *Ecclesia Societatem* designat *Juribus Mysticis*
ornatam. Itaque quàm certum est ad
Communionem Episcopi alium neminem *admittere* posse, nec ab eâdem *excludere,* præter ipsum *Episcopum* Ita pariter certum
erit, ad *Mysticæ* Communionis *beneficia* alium neminem *admittere* posse, nec ab iisdem *excludere.* Sic penes solum *Episcopum*
erunt Societatis Christianæ præmia omnia
atque pœnæ. Inde sequetur penes eundem esse Visibilis Ecclesiæ *Regimen* omne,
Potestatemque, qualis in hac Societate, locum habet, *Legislativam.* Et quidem sine
æmulo. Sancire enim *Legem* is solus potest, qui *præmia* Societatis merentibus conferre potest, & vicissim peccantes *Juribus*
Societatis omnibus privare. *Æmulus* autem *Episcopi* esse non potest qui ne qui-
                                                    dem

*Ignat. ad
Trall. c. 3.*

dem *fibi* Juia *Societatis* retinere poteft fi diffentiat ab *Epifcopo.* Quod fanè non poteft, pro his ratiociniis, vel univerfum *Presbyterium.* Nihil ergo in eo alienum eft ab ævi etiam *Apoftolici* ratiociniis, quòd feculis *proximis* proprium fuiffe crediderint *Epifcoporum Collegium.* Et ne quidem in eo, quòd *Deum* ejufque *Chriftum Epifcoporum Auctores* fecerint, non item *Presbyterorum.* Quòd nempe utriufque *Perfonam* ut *Vnitatis Principii,* non *Presbyteri,* fed *foli* fuftinuerint *Epifcopi.* *Presbyterorum* autem conftitutio fatis commodè ad *Vnitatis* Myfticæ *Vifibile Principium* referebatur. Inde & illud rectè fequebatur, *Deum* vindicem honoris *Epifcopalis,* non item *Presbyterii,* effe metuendum. In *Deum* enim ut *Principium Vnitatis,* & *Epifcopum,* non *aliorum* injuriæ referendæ erant quàm *illius,* cui vices fuas credideiat *Deus,* quifque *Dei* ipfius *Perfonam* his nominibus fuftinuerat, *folius* nempe *Vifibilis Epifcopi.* *Supremæ* enim *Poteftatis* vindiciæ *Deo* conveniebant, quæ *alium* præter *Deum* neminem haberet, ad quem fieret *provocatio.* Non autem *Subordinatæ* in *Supremæ* tutelâ pofitæ. Sic omnia conveniunt examuffim *ratiociniis* modò memoratis, quæ *Ævi* etiam *Apoftolici* fuiffe probavimus.

N Nec

38.
Utiliſſima
erat præ-
dicta
*Regiminis
Eccleſi-
ſtici* forma
uniendis
in ſe Ec-
cleſiis.

Nec ſanè eſt quòd in hâc *Regiminis Eccleſiaſtici* conſtitutione repiehendamus, ſi
animis pacatis ea expendatur.   Eſt potiùs
è contrà, quòd in eâ miremui *Prudentiam*
planè *Divinam*, & *Societati* iegendæ conſen-
taneam.   Erat enim ſanè Chriſtianoium
Societas quædam *una è multis* conflata, quæ
Concordiam invicem coleie tenebatur, nullo
tamen *Brachii Secularis* auxilio ſuffulcienda.
Huius autem Unitatis *vinculum* illud eiat,
ſi à *Deo* majora *Præmia* expectanda eſſent, &
majores etiam *Pœnæ* metuendæ quàm a *Brachio Seculari*. Ita enim futuium eiat, ut *Deo*
firmiùs quàm *ſeculo* adhæient, & *ſeculo* quantumvis renitente, *unio* tamen *firma* atque *in-
avulſa* conſtaiet.   Tum ſecum *invicem* uni-
enda erant *duo Peculia*, vetus atque novum,
quod ſane primis illis *Apoſtolorum* temporibus
experiebantur eſſe difficillimum.   Hoc autem ita effectum eſt, ut & *Chriſtiani* eundem *Deum Patrem* coleient quem *Judæi*,
& *Judii* quoque paiitei ac *Chriſtiani*, ad
Filii cultum obligaientur.   Sic demum
enim *ambo* in iiſdem cultûs *objectis* conven-
tuii eiant.   *Filii* autem colendi neceſſitatem
exinde uigebant *Chriſtiani*, quòd in προσ-
ελύσει ad *Deum Patrem* προσαγωγὴ *Filii*
neceſſaiia eſſet, quæ *Filii* etiam κοινωνίαν
neceſſariam faceret.   Poterant autem *di-
verſis* in *locis* tam *Pater* coli quàm *Filius*.
Et ſanè quo minùs *eundem* in *locum*, eoſ-
demque

demque *Conventus*, cogerentur cum *Judæis*
incircumcisi *Christiani*, obstrabant recepte
apud *Judæos* opiniones de *impuritate Gentilium* sine *Proselytismo Justitiæ*. Itaque eosdem *Conventus* urgebat S. Joannes Apostolus in quibus nullum locum habere possent
qui *Patrem* colerent sine *Filio*, aut etiam
utrumque simul, nisi in *eosdem*, Sacrorum
causâ, *cœtus* cum *incircumcisis* convenirent
Ita penitus tollendus erat *paries intergerinus*
qui *Judæos Gentilesque* antea diviserat.
Sic tamen *primas* tulere *Judæi* dum perstaret Ecclesia *Hierosolymitana* Unicum
enim erat utriisque, tam *Judæis*, quàm *Gentilibus*, Principium *Unitatis*, & quidem in
homine *Judæo* Is ἐγκευλεκομὸς erat, de quo
S. Apostolus Postea sæpissimè contigit ut
Principium Unitatis, in multis Ecclesiis,
homo esset *præputiatus*. Et tamen vel ita
necesse erat *Judæis* ut illum ipsum hominem pro *Unitatis* Visibili *Principio* agnoscerent, si quidem *salvi* esse vellent, si nempe *Patrem*, quem adeo venditabant, agnoscerent. Erat enim & *Pater Episcopus Invisibilis*, & *Patris* vicarius ipse ille *præputiatus Episcopus*. Ut proinde à *Patre* alienus
futurus esset qui illius *Episcopi* communionem repudiaverat. Ita *Judæos Gentilesque*
invicem firmissimè *uniebant* hæc Ratiocinia,
cum & *Unitatis Principium præputiatum* ferrent *Judæi*; & *Judæum*, si sors tulisset,

N 2   vice-

viceversâ *Gentiles.* Erat præterea manifeftum *Subditorum* officium, cui *parti* ad-
hæiendum effet, in quantacunque Corporis *difcordiâ.* Idem certè à *feipfo* ne quidem difcrepare potuit *Epifcopus.* Salva
autem erat cum *Patre Filioque* Communio, falva Communionis illius *omnia* etiam
Myftica *beneficia*, dum falva effet *Communio* cum *Epifcopo.* Alibi *falus* nulla, fi
aliam aliquam, quàm *Epifcopi* Communionem amplecteientui. Quæ, quafo, *media*
efficaciora excogitari poteiant ad *Unitatem*
Corporis Politici conferuandam, à quâ nemo potuerit, nifi fuâ culpâ, abeiraie?
Rationem certè fi ducem fequerentui, nulla
potuit *externa* quantavis *violentia* illos ab
Epifcopo divelleie.

39.
Utiliffima
item *Con-
cordiæ* Ec-
clefiarum
*diverfa-
rum* fecum
invicem
ftabilien
di

Ita *fingulis* Ecclefiis confultum optimè,
ne etiam *fingulæ* à *Perfecutionibus* diffipa-
ientur. Etiam bono Ecclefiarum *omnium*
Publico confultum Regimine illo quod de-
fcripfimus. Dum *colligendæ* effent, & *plan-
tandæ,* Ecclefiæ, admodum utilis eiat *Primatus* ille Ecclefiæ *Hierofolymitanæ.* Fecit
potiffimùm ad *Judæorum* faciliorem con-
verfionem *lenta* illa, atque *gradibus* vaiiis
peiacta, mutatio. Ceitumque eft *veteri*
Peculio *primas* concedere. *Deum* ipfum
Chriftumque voluiffe, quas ne quidem, nifi
culpî fuâ giaviffimâ fuiffent amiffuri. Noluit

luit ergo *aliquos* è *novo Peculio*, ejufque
Juribus excidere *veteris* quoque Peculii
Judæos Utque *pauciffimi* exciderent, *moram*
dedit Præjudiciis veteribus exuendis neceffariam. Nec fimul Juribus *omnibus* excidere voluit *gentem* ipfam *Judaicam*, cui
gratior erat *Gentilium* admiffio dum fub
Judæo univerfi Peculii *capite* cum *Gentilibus*
unirentur. Et quo latiùs Collegii *Apoftolici* & Epifcopi *Hierofolymitani* patuit Auctoritas (dum eam prorfus *Infallibilem* effe
conftabat) eo erat etiam *utilior* bono Ecclefiarum omnium publico. Id fane docet
Hegefippus, tantifper *Hæreticos* prodire in
publicum non aufo dum *unius* Ecclefiæ
fententiâ damnati, fpes nulla deinde effet
ut ab *aliâ* aliquâ Ecclefiâ reciperentur.
Tutius erat, ut tum demum è latebris
creperent cum Ecclefia *alia* nulla *alterius*
fententiâ concluderetur, cum facilius effet
ut, *multarum*, nec ab invicem *pendentium*,
Ecclefiarum *multæ* adeo *variæque* effent fententiæ, & *minor* effet *confentientium* Auctoritas propter ipfam illam *diffentientium* dif-
cordiam. Et quidem ad *fidem propagandam*
utilior erat *unius* Ecclefiæ Auctoritas quæ
aliarum omnium longe latéque dominare-
tur, ut junctis viribus *omnes* rem Evangelii
publicam promoverent; non item ad ferendas procellas *Perfecutionum.* Hoc certè
experta eft *Ecclefia* ipfa *Hierofolymitana.*
N 3   Illâ

Illâ enim *aiſſipatâ*, actum fuiſſet de *Regimine* & Diſciplinâ Chriſtianâ univerſâ, niſi *Juris* illa, quam dixi, *devolutio* effeciſſet, ut *uno* capite amputato, nova *alia* multa in illius locum oborirentur. Sic autem factum ut res *Chriſtiana* penitus opprimi non poſſit dum vel *una* ſupereſſet Ecclesia diſciplinæ, in ſuâ ſaltem *ditione*, obſervatrix. Proinde *ſingulæ* opprimendæ erunt ab eo qui velit *omnes* opprimere, dum *ſingulis* duntaxat nocent *propria* ſibi *Perſecutiones*. Id unum videbitur in hac Ecclesiarum *ſingularum* paritate difficillimum, quo Pacto ſervari poſſit omnium unanimitas in ſententiis *ſingularum* mutuò *confirmandis*. Quæ niſi ſervetur, ſingularum diſciplina *periclitabitur*, vel etiam penitus erit inutilis. Atqui neceſſe non eſt ut hoc ſaltem verum eſſe poſſe *probemus*, quod conſtat olim Primævis illis, de quibus agimus, temporibus de *Facto* fuiſſe veriſſimum Vigebat enim *tum* certè Diſciplina pariter atque *Concordia* admodum inſignes Redeant ergo eædem *opiniones*, quas nos *veriſſimas* eſſe probavimus, pariterque *ubique* recipiantur. Nec erit deinde cur dubitemus, quin quod olim *rationi* conſentaneum videbatur, id quoque nunc ſimiliter videatur. Redeant & animi Religionis, Pietatis, Diſciplinæque, ſtudioſi. Redeant Primævus *ardor*, & ſui abnegandi *zelus*, & *fides* ad duriſſima ma quæque parata, contemptrixque Mundi *Patientia.* Redibuntque *felicia* illa *Tempora* tam *Disciplinæ,* quàm *Concordiæ,* frugibus uberrima. Sunt certè *Leges Gentium* nullis proftantes Publicis *Archivis,* nullis commiffæ *Magiftratibus* qui coerceant illos qui quid illis adverfum admiferint; ipfâ tamen *rationis,* quâ nituntur, perfpicuitate Sacræ, ipfâ communis utilitatis commendatione charæ, ipfâ *Divinæ Providentiæ* cuftodiâ (quæ generis *humani* commodis invigilat) etiam, fine ullo Magiftratu, metuendæ, ut rara admodum fit quæ illas *violet* audacia, etiam his ipfis, quibus vivimus, *Romuli fæcibus.* Et quidem tantundem intereft *fingulorum Epifcoporum,* ut *Collegarum* omnium fententias *ratas* habeant fi *fuas* à *Collegis* confirmari velint. Nos item *Jus* probavimus ut Epifcoporum *fingulorum* cenfuræ ubique *confirmentur.* Sic nihil obftabit quo minùs, in hac ipfâ *Epifcoporum* omnium *paritate,* vigeat tamen *Difciplina* tam *Fidei,* quam *Morum,* confentientiffima. *Paritas* certè ipfa *lites* illas omnes ablatura erat, quæ è *typho feculari,* ex *Æmulatione,* vel ex *Invidiâ,* fæpe oriuntur.

N 4 Ita

40.
Epiſcopo-
rum *im-
paritas*,
quæ dein
ceps ob-
tinuit,
ſingulo-
rum Ep-
ſcoporum
Pactis tri-
buenda.

Ita ergo *relecti* ſunt ab *Apoſtolis Epiſcopi*
ſingularum Eccleſiarum *Poteſtate* ſibi invicem *pares.* Nam ſi ad *unam* aliquam *Eccleſiam* fuiſſet *Juris Hieroſolymitani* devolutio, ut volunt Aulæ *Pontificiæ* adulatores ;
Sic illius Πρω῀οκρ᷍α϶έδρῳ *proprium* fuiſſet nomen *Epiſcopi,* ut *reliquarum* Eccleſiarum
Præſides ne quidem *Epiſcopi* fuerint appellandi. Non ſcilicet *Inviſibilis Epiſcopi,* ut
Principii Unitatis, vicarii Sic nulla fuiſſet
Poteſtas in aliis, ut antea, Eccleſiis , ſed
propria fuiſſet *illius* Eccleſiæ Itinerariorum
Legatorum. Quæ tamen conſtat in *Praxi*
fuiſſe falſiſſima. Sequitur ergo, quacunque
deinceps obtinuerit *imparitas,* eam omnem
ſingulorum Epiſcoporum pactis eſſe tribuen-
dam, tantundemque valere quantum illa
valent *Pacta* Quamdiu obtinuerit *paritas*
ſtatuere difficile eſt, tot primævis monumentis deperditis. Suſpicor autem obti-
nuiſſe ad tempora fere *Conſtantini.* Tunc
enim incipiunt Conciliorum *Canones* de rebus *Diæceſanis privatis* Nam certè *Canones,*
qui *Apoſtolici* appellantur , *Conſtitutionibus*
ipſis, quarum *licinia* ſunt, *antiquiores* non
exiſtimo, quicquid dicat in contrarium Cl.
Beveregius. Imo vel ex his Epiſcoporum
pœnis, & privatarum *Diæceſeon* Legibus, ne
quidem *Primævos* fuiſſe colligo. Et *Canones* adeo ad quos referunt Patres *Nicæni*
atque

atque *Antiocheni,* non *fcriptos* arbitror, fed
in ufu receptos, quales funt Leges *Gentium,*
& noftræ *Angliæ Confuetudines* Antea *Canones,* pro fuâ cujufque *Diœcefi,* condidit
abrogavitque Diœcefeos *Epifcopus,* ad alias
utique *Diœcefes* non fpectantes, uti nec ipfe *Leges* ab aliis accepit *Diœcefanus.* Sic in
Ecclefiâ *Africanâ,* alii *Mœchos Pœnitentes* in
Communionem fuam *accipiebant* Epifcopi,
alii fpe omni Communionis in perpetuum
excludebant. Salvâ interim *Communione,* &
falvo *Commercio* Literarum *Formatarum.*
Nec *Mœchos* enim exclufos *accipiebant* Collegæ *fine* proprii, qui excluferat, Epifcopi
Literis , nec admiffos *repudiabant* viceverfâ
Collegæ, fi *Literas* Epifcopi fui *Communicatorias* attuliffent Imo ne quidem *Syno-
dus* fub S *Cypriano,* omnium *Proconfularis
Africæ* Provinciarum, vel *uni* Epifcopo dif-
fenfuro imponendum cenfuit, fi quis *unus*
in fuâ Diœcefi maluiffet *Hæreticorum Baptifmum* admittere. Salvâ interim *Communione* futurum pollicetur Synodi *Præfes* ipfe
S. *Cyprianus.* Itaque *Baptizatum* ab *Hære-
tico* fiquis è *Collegio* Epifcopus *Literis* fuis
Communicatoriis muniviffet, admiffuri erant
reliqui *Collegæ,* quem fine *novo Baptifmo*
non fuiffent alioqui *fuæ Diœcefis* fubditum
admiffuri Videmus hic Synodum *confu-
lendi* potiùs in commune caufâ, quàm *imponendi* per fuffragiorum multitudinem, *Poteftatem*

testatem sibi vendicare. Planè *talem*, qualis in illis *Conventibus* esse solet quibus *supremarum* Potestatum *Legati* in unum *consulendi* causâ conveniunt. *Principis* vel unius *refragantis* Legatus Legatorum *plurium* in contrarium suffragiis non tenetur. *Supremos* enim, in suâ quemque ditione, *Christoque* soli obnoxios *Episcopos* agnoscit ibi S. *Cyprianus. Jus* ergo negat, imo pro *tyrannide* habet, si vel *unum* vellent è *Collegis* in verba sua, multitudine *suffragiorum*, adigere. *Rationem* addit quòd *Collegarum* suorum nemo se pro *Episcopo* venditaret *Episcoporum.* Argumentum idem est quo usus fuerat antea *Tertullianus*, cum imponentem *Collegis* suis Episcopum *Romanum* ipse Ironicè *Pontificis Maximi* dicterio perstringit. Habet enim uterque pro *absurdo* siquis *homo* se *Episcopo* superiorem venditaret Et quidem, pro *Ratiociniis* praedictis, satis congruè. Nomen enim *Episcopi Deo* proprium fuisse probavimus *Ipsum* enim *Invisibilem Episcopum* esse, qui verè propriéque solus *nomen* illud mereatur *Episcopi.* Is certè *Episcopus* erat a quo *Polycarpo* ἐπεσκυπημθῥίον dixit *Ignatius.* Ita *Episcopum* esse *Episcopi* idem valebit, quod esse *Deum.* Et de *Episcopo*, ejusque *actu judicare*, eodem redibit, ac si quis de *Deo* ejusque *Christo judicium* sibi arrogaret. Sic enim aliis in locis idem argumentatur S. *Cyprianus.* Et quidem diutissimè

utiſſimè in hac ipſâ Ecclefiâ *Africanâ* hujus paritatis veſtigia fuiſſe arbitror. Nam in *quarti* etiam *feculi* Codice *Africano,* cavent illius Ecclefiæ *Canones,* ne quid fibi arrogaret quiſpiam *Epifcopus* quod *typhum* redoleret *fecularem.* Itaque prioritatem in *aliis,* præter *Proconfularem,* Provinciis, non ab *Vrbis dignitate,* fed à *Confecrationis ordine,* arceſſebant. Ut ea demum *Vrbs* prima in *Ecclefiâ* haberetur quæ *antiquiſſimum* habuiſſet *Epifcopum* Qui certè *ordo* erat inter *pares* omnium æquiſſimus. Sic enim *fingulis,* etiam *poſtremis,* ſpes erat *Primatûs,* fine ambitu, fi nempe *diutiſſime* honore fruerentur. Vetabant ergo ne *Metropolitanus* alio titulo à *Collegis* fratribus internofceretur, quàm ut *primæ fedis* vocaretur *Epifcopus.* Nullos hìc legimus *Patriarchas* aut *Archiepifcopos,* aut alia iſtiuſmodi nomina ἀρχὴν denotantia, fed modeſtiora alia, *Primatum, Seniorum, Senum,* loci tantummodò ordinifque ſpectantia *præcedentiam,* non autem aliquam in Collegas *poteſtatem.* Nec in *Africâ* modò, fed in aliis quoque Provinciis, modeſtiam fimilem fuiſſe verifimillimum eſt. Certè in *Italiâ,* & in Urbe Principe à quâ *Chriſtianitatis* colonias, non diu ante *Tertullianum,* deductas exiſtimo. Id innuit, ni fallor, ipfe *Tertullianus.* Nec incredibile eſt inde factum ut Epifcopi etiam *Romani Primatus* titulum,

titulum, five *Senum,* etiam apud ipfos ob-
tinuerint *Africanos.* Propter honorem, ut
videtur, primæ *Converfionis.* Certè à *Latinis* converfi fuerint oportet quibus *lingua*
vernacula non alia erat quìm *Latina.* Sed
Græcè fcripferunt omnes primi feculi *Chriftiani.* Etiam *Romani, Clemens* atque *Her-
mas.* Itaque à *fecundi* feculi *Romanis* mo-
deftiam illam didicerunt *Africani.* Et fanè
modeftiores *Victoris* deceffores à *Xyfto* ad
foterem fuiffe obfervavit S. *Irenæus.* Quanquam enim idem de *Pafchate* fentirent cum

*Ap Eufeb
l v Hift.
Eccl. c. 26.
Gr.*

Victore, in eo tamen erant diffimillimi,
quòd non fimiliter, ut ille, de rumpendâ
Communione cogitarint cum Epifcopis *alia*
fentientibus. Si quidem Synodi *Gallicanæ*
nomine literas dederit ad *Victorem* ipfe *Irenæus,* ita Synodi *præfes* fuit. Scripfit enim
nomine τῶς ἐν τῇ Γαλλίᾳ ἀδελφῶν ὧν ἡγεῖτο,
inquit *Eufebius.* Anno illo *Commodi* X⁻.
nonagenario major erat, pro noftris rationibus. Ut proinde vel propter *Confecrationis*
fenioritatem *Synodo* præeffe potuerit. Jungit illum certè *Eufebius* cum *Palmâ* quem
Ponti Epifcopis hoc ipfo nomine præfediffe
fatetur, & τῶς κτ' Γαλλίαν παροικιῶν *Epifcopum* ipfum agnofcit *Irenæum.* Ait enim

*Eufebius,
H E. V.
c. 23. Gr.*

fuo tempore γεαφλὼ extitiffe τῶς τε κτ' Πόν-
τον Ἐπισκόπων ὧν Πάλμας ὡς ᾽ΑΡΧΑΙ-
ΟΤΑΤΟΣ περυτέπακτο, ἢ τῶς κτ' Γαλλίαν ὃ παροικιῶν, ἃς εἰρωαῖΘ. Ἐπεσκόπει.
Hu-

Hucufque ergo obtinuit forma illa *Metropolitanorum*, quæ *loci* potiùs quàm *Potestatis* prioritatem illis affignavit. *Vestigia* hujus *paritatis* habemus ufque ad Concilium *Nicænum*, nec admodùm *evanida*. Ne tum quidem *novos* fecit *Episcopos* major Provincialium Episcoporum *pars*. *Omnium* autem fuffragia necessaria erant, fi quidem fieri potuit, ut ea haberentur. Necessarium erat certè *Metropolitani*. Sed fieri potest ut *tacentium* ea fuerint fuffragia quæ hìc non necessaria fupponuntur, non autem *refragantium*. *Plurium* autem fuffragiis ne *tum* quidem rei decernendæ potestatem commissam fuisse constat. Et fi *tacentium* fuffragia fuerint quæ negligebantur, ne quidem fraus ulla facta est *Juri*, etiam *tacentium*. Tacentibus enim jure merito imputari potuit quod *tacuerint*, ni adeo abfurdè pro *confensûs* Argumento haberi potuit ipfum *filentium*.

Et quidem Synodi *Potestas* illa in *novo* Episcopo defignando, omnium erat, ni fallor, antiquissimum. Et ne quidem fortassis ex *Episcoporum* fingulorum *Pactis*. Nam nemo est fortè in cujus fraudem cedat illa fedis vacantis à *Synodo* impletio. Non *Episcopus* certè, quem nullum in fede fupponimus. Proinde fi ulla fit injuria, ea in folum convenire poterit *Presbyterium* Et

41. *Episcoporum in* fedes *vacantes* fufficiendorum *Jus* non ad *Presbyteria* fpectabat, fed ad Collegii Provincialis *Episcopos*

Et si quidem *summum* Judæorum *Sacerdotem* fecissent *Presbyteri*, sic potuit ad *Presbyteria Christiana* idem *Jus* devolvi, ut etiam ipsi sedi suæ primæ vacanti *supplendæ* sufficeient   Sed jam vidimus in *Synedrio Hierosolymitano Judaico* Collegium Presbyterio integro *superius*, nempe *Archieraticum*.   Et quidem intei *illos* fuisse certum est qui *summi* etiam *Sacerdotis* munera omnia, *necessitate* exigente, præstaie possent   Nempe obstante summi Sacerdotis *valetudine*, aut *Legali* aliquâ *pollutione*   Sic enim in *Sanctum* etiam *Sanctorum* penetraie potuit alius in vicem ejus sufficiendus, seu *Segen* is fuerit, seu alius quispiam è *Collegio Archieratico*.   Sed *Collegii* illius *superioris* vestigium nullum eiat in *Christianorum Presbyteriis*.   Imo ne quidem in Ecclesiis *reliquis*, Πρωτοκαθεδρίᾳ *vacante*   pi æterquam *Hierosolymitanâ*.   Et *Presbyteriis reliquis*, nec olim *Potestatem* fuissc, nec *novam* aliquam, post Ecclesiæ Hierosolymitanæ cladem, *Potestatem* accessisse jam evicimus.   Si nulla fuerit in *Presbyteriis* istiusmodi *Potestas* quæ sedem *supplere* possit vacantem, ita necessariò confugiendum fuisset ad Πρωτοκαθέδρους.   Illis enim *novi Juris* devolutio *Potestatem* dedit ut Suiis novi *Successioni* prospicerent : Utque quod ab *illis* gestum esset, id à *Deo Christoque* ejus gestum conseretur: Nempe quia *Deum* ipsi & *Christum* ut *Unitatis*

tatis Principia repiæfentabant. Non item
Presbyteri Itaque *Presbyteris* pais nulla
pioifus fuit in hac 'Επισκοπῇ quæ ad Principium Unitatis refeiebatui. Nec adeo
Poteſtas ulla ut *Deum Chriſtumque* ejus
obligaient, qui ne quidem ipfi *fibi* vendicare poterant ut pro *vifibilibus Epifcopis*
habeientur Hac nempe vocis *fignificati-*
one quâ propria erat *Vifibilis* Unitatis Principii Sed veiò *Deo Chriſtoque* Vifibilium
Epifcoporum conſtitutionem tribuit, non S.
modò *Cyprianus*, veium etiam *Ignatius*. Et
certum eſt *Epifcopos* à *Collegis Epifcopis* factos, faltem ætate S *Cypriani* *Novatianus*
certé εἰς 'Επισκοπὴν παρα' τῆϛ συμφερνσάντων Socr E.
ἀυτῇ Επισκόπων προχειρισθεὶς, teſte Socrate. H iv.c.27.
Et quidem *tribus Epifcopis* manus imponen- Cornel.
tibus, ut nos docet *Cornelii* Epiſtola ad Ap Eufeb.
Fabium Antiochenum. Nec occurrit anti- H E. vi
quius (quod quidem meminerim) hujus c 43 Gr.
moris *exemplum* in bonis probatæque fidei
monumentis. Nihil tamen obſtat quo minùs fueiit ab initio. Imo *Traditioni Di-*
vinæ, & *Apoſtolicæ obfervationi* tiibuit S.
Cypiianus, *ut ad Ordinationes rite cele-*
brandas, ad eam Plebem, cui Præpofitus or-
dinatur, Epifcopi ejufaem Provinciæ proximi
conveniant, & Epifcopus deligatur, Ep lxvii.
Edit. Oxon. Quòd fi non à *Presbyteriis*,
fed finitimis *Provinciis* novi femper *facti*
fuerint *Epifcopi*, ratio nulla occurrebat quæ
noii

non *communis* fuerit *Collegii universi*, saltem *Provincialis.* *Pares* enim omnes *sibi* invicem fuiſſe vicimus, ut proinde nemo fuerit *excludendus.* Et dandarum accipiendarumque *Literarum Communicatoriarum* commercium erat itidem *commune* cum omnibus. Ita pariter *omnium* intererat ut idoneus *collega* deligeretur cum quo illud potuerit ſervari *commercium.* Nec ulla erat in hac *Perſonæ* deſignatione *Episcopi* Ἐπισκοπὴ, cùm primò *conſecraretur Episcopus.* Nondum enim *erat,* dum deſignaretur, *Episcopus.*

42.
In cauſa *Sacrificii,* *Hæreſis* aut *Schiſmatis,* ne quidem opus erat *depoſitione.* Primis hiſce temporibus nullæ in *Episcopos* ſententiæ quæ *Poteſtatem* vere *ſuperiorem* arguerent.

Difficilior Quæſtio erat, cum jam *factus* Epiſcopus *Epiſcopatu* eſſet *exuendus.* Num ſcilicet & illud poſſent *Collegæ,* qui tamen vere *Episcoporum* non audebant eſſe *Episcopi.* Et ne quidem hîc dubitandum erat, quin potuerint *Collegæ* eum ſaltem pro *Collegâ* non *agnoſcere,* qui *ſe ipſum* Epiſcopatu *exuerat* per *crimina.* Sed *crimina* talia eſſe oportet, quibus non ſolum *meruerit* ut exuerentur, ſed quæ ipſo *Facto* illum *exuerint,* atque *incapacem* reddiderint officii *Episcopalis.* Nam ne hîc quidem Quæſtio fuerit de *Episcopo,* ſed de illo, qui *olim* fuerat, jam verò *non* ſit ampliùs *Episcopus.* Hîc ergo tantummodò de *facto* quæritur. De eo ubi conſtat, *non* habet reus, quâ exuatur, *Poteſtatem Episcopalem* ; nec opus erat *Judice*

qui

qui eum *exaat*, sed quo sedes illius antea *vacua* suppleatur Tale crimen erat Idolis *sacrificâsse*. Nec enim ulla est *Communio Christo* & *Diabolo*, 1 *Cor.* x. 21. Ergo *mensæ Diaboli* particeps *mensæ Domini* particeps esse non potest Multò autem minùs communicantium omnium *caput*, & *Principium Unitatis.* Nulla ergo dubitatio erat, vel seculo S. *Cypriani*, de successoribus in locum *Martialis* & *Basilidis* sufficiendis, qui hoc Piaculo se polluerent. Ineptè ergo Concilii *Sinuessani* Impostor, qui dubitare suos facit Episcopos de sententiâ in *Marcellinum* Sacrificio pollutum profeiendâ, quod *primæ sedis* fuisset *Episcopus* Atqui de eo non hæsitabant seculi *Cypriani* Patres, qui *Episcopos* nullos *alii* obnoxios fecerunt. Tale crimen erat *Hæresis.* Nam finis *Literarum Formatarum* hic præcipuus eiat, ut commune *Fidei* depositum hoc commercio inviolatum servarent. Itaque qui aliam sequebantui *Fidem*, Jus nullum habebant *Collegii Orthodoxi*, nec Commercii *Literarum Formatarum.* Itaque ne quidem opus erat ut tales *deponerentur*, sed potuit eorum *sedes* ut *vicui* suppleii Similis erat causa *Schismatis.* Divisit enim ab *Ecclesiâ*, & proinde à *Collegio Sacerdotali*, & Collegii *Commercio. Foris* enim sunt, *alieni*, & *nulli* pro Principiis S. *Cypriani.* Itaque *sententiâ* nullâ opus est quæ illos *ejiciat* ex *Ecclesiâ*, vel

O   *exstat*

exuat officio. Hucufque ergo nulla eft *Potestas* in *Episcopos* Sed verò nullas legimus
his temporibus *Episcoporum depofitiones* propter *crimina* quæ non *Poteftatem* ipfam *Epi-
fcopalem* fuftulerint. Nullas propter *morum*
vitia fola, nullas propter Ecclefiam *malè
administratam*, & proinde nullas quæ *Poteftatem* in *deponentibus* Epifcoporum *fingu-
lo, um* Poteftate *fuperiorem* fupponerent. *Fide*
falvâ atque *Communione*, nullas legimus *E-
pifcoporum* in *Epifcopos* excommunicationes à
Collegiis probatas, quantâvis *fedis* dignitate
feculari pollentibus. Imo *reprehenfos* legimus ipfius *Vrbis Principis* Epifcopos, quoties id conarentur, *Victorem* fcilicet atque
Stephanum. Et quidem à graviffimis om-
niumque prudentiffimis illorum temporum
Epifcopis. Nulla autem *onera* legimus *fingulis Epifcopis* impofita, etiam à *Synodis* quantumvis confentientibus. Tantum abeft ut
impofita legamus per Synodicorum fuffragiorum tantummodò *majoritatem*. Non
tamen propterea omnem, etiam *Epifcoporum*,
fubordinationem abrogandam arbitramur, nedum *Synodorum*. Hoc tantùm dicimus, è
fingulorum confenfu nata *Jura* tantifper ob-
tinere tantummodò debere dum manebunt
beneficia quorum intuitu *Pactis* conventis *finguli* confenferant *Epifcopi* Nec enim com-
miffis fuæ fidei *Juribus* cedere poterant *Fidei commiffarii*, nifi propter majus *Societatis*

                               fibi

fibi creditæ lucrum. Aliter *fides prodita* non
obftabat quo minùs *Jus* fuum *Succeffor*,
focietatis nomine, vendicaret Ratio nulla
erat cui *Chriftus* in *Cælis* ratam haberet
Poteftatis à fe demandatæ *prodrtionem*, aut
ut *Succeffori* Poteftatem illam eandem *non*
mandaret, quam ne *decefforem* quidem oportuit *alienare*. Imo ne quidem *validè* alienare potuit.

Cedere enim *Juribus* non *fuis*, fed fuæ
duntaxat *fidei*, alieno *nomine*, commiffis,
nullo *lucri* profpectu, planè *irritum* eft.
Meliorem enim conditionem *Societatis* fibi
creditæ facere poffunt *Fidei commiffarii*, non
autem *deteriorem* Ceffio ergo *fimplex*, nil-
lo *melioris* profpectu, proifus *invalida* eft.
Eademque erit ratio, fi *conditio* poftea defecerit Sic enim eodem res redibit, ut res
aliena fuæ *fidei* conceffa, nullâ proifus com-
penfatione factâ, in *alienam* Poteftatem tran-
fierit Ita autem *fuam* focietatem *deteriori*
loco conftituerint quàm repererant. Nam
ante *Pacta*, fuffecit fibi *Ecclefia* quæque ad
fui confervationem. Poftea non fufficiet,
fi ad *dependentiam* obligetur, ceffantibus
beneficiis quæ hoc unum *independentiæ* beneficium compenfarent. Hâc itaque de caufâ deficient *Jura* Ecclefiæ *Romanæ* conceffa
propter *Urbis* dignitatem, quæ tum *Metro-*
polis erat *Imperii univerfi*, ut nos docent

Patres

45
Pa æ Tr
matus ab
Urbe, aut
a S. *Petro,*
plane nul-
lus. Sy-
nodorum
Generali-
um obli-
gatio nul-
la, antea
quam re-
cipiantur
Provincia-
lium quæ,
& quouf-
que pro-
bandæ,

Parres *Chalcedonenses*. *Jura* autem S *Petri* nomine vendicata, jam è Principiis nostris constat quàm nullâ prorsus ratione, pro Ecclesiæ *Primævæ* sententiâ, fulciantur. Nec enim *Primatum* ullum *Apostolorum* omnium habuit S. *Petrus*, cùm *Romæ* versaretur. Nec *successorem* habuit in *Apostolatu*, multo autem *minùs* in Apostolorum *Primatu*. Nec si *successorem* habere debuisset, proinde sequitur ad Ecclesiam *Romanam* successionem illam spectare, sed potiùs ad *Hierosolymitanam*, in quâ *primo* constitutus fuerat *Apostolus*, & quidem illius *Collegii Apostolici* quod Ecclesiæ *Hierosolymitanæ* proprium fuisse probavimus. Nec constat illum *huic* Ecclesiæ *renunciare* voluisse, nec, si voluisset, etiam renunciare *potuisse*, ne violaretur *Apostolorum* numerus *duodenarius Judæorum* δωδεκαφύλῳ respondens. Imo post *mortem* S. *Petri*, Apostolos *reliquos* è Peregrinationibus suis Religionis ergò reversos, in *Simeonis Cleopæ* consecratione partes habuisse ut Membra Ecclesiæ *Hierosolymitanæ* docet *Eusebius* Itaque *aliunde* beneficia proferant oportet Adversarii, si qua forte ulla possunt, quæ Primævam illam *independentiam* compensent. Hæc enim sola ratio esse potest, cur *Jura* Ecclesiæ *illi* concessa *retineantur*, cùm *ratio* jam olim *defecerit*, cui primò fuerint *concessa*. Synodis generalibus *cessionem Juris* ab *Ecclesiis singulis* ullam

Iam fuiffe planè non conftat. Nec verò
fine *Juris ceffione*, ratio ulla eft, (quæ proprium confenfum præcedat) cū *Concilii*
quantumvis *numerofi* Decretis *abfentes Epi-*
fcopi teneantur. Non jam urgeo, quod
modò è feculi *Cyprianici* Principiis verum
oftendi, ne quidem *Jus* effe *Synodo*, ut vel
fingulos Epifcopos refragantes fuffragiorum
majoritate concludat. Ne quidem, id fi
liceret, unquam tamen in *Concilio nume-*
rofiffimo Epifcoporum *majoritas* erat quæ
Concilio *ipfi* interfuerit. Quæ ergo ratio
effe poteft cui multo *plures* abfentes à præ-
fentium longe *pauciorum majoritate* teneantur? Senferunt hoc multi modeftiores *Ro-*
manenfes, qui ne quidem *Conciliorum Gene-*
ralium decretis obligationem concedunt antea quàm à *fingulis* Ecclefiis *recipiantur*.
Sed verò fi ab ipfo *Concilio* ulla fuiffet
obligatio, ne quidem *Jus* fuiffet *fingulis* Ecclefiis ut confenfum *negarent*. Peccat enim
fubditus, qui legitimæ Poteftati refragatur.
Cum autem à *fingularum* Ecclefiarum *con*
fenfu obligationem arceffunt (quem interim
confenfum agnofcunt effe *liberrimum)* planè
fequitur non *alienæ* Auctoritatis illam, fed
fuæ effe *obligationem*. Ita non video, cur,
quæ *fingulæ* Obligationis *Auctores* fuerint,
non item *fingulæ revocare* potuerint, quas
intulerant fingulæ, *obligationes*, utcunque
primò à *Conciliorum Generalium* decretis

an-

anfam accepiffent. Sed penitus ignota e-
iant primis hifce feculis, *Concilia* illa *Generalia* Proinde *Jura Originalia* nulla proifus habere poterant, fed talia tantummodo qualia *ex* Originalibus jufta aliqua tranflatione emanarint Erant autem his ipfis quoque feculis *Concilia Pro-
vincialia* Et quidem fortaffis à prima
Juris *Hierofolymitani* devolutione Jam
enim dixi *Collegis* Provinciarum *omnibus*
Jus fuum fuiffe in conftituendis *fingularum* Ecclefiarum *fuccefforibus,* feu per
literarum fuffragia, feu etiam in *Synodis.*
Nondum tamen erant, ut dixi, qui confti-
tuebantur, *Epifcopi* Et *confilii* caufa *Concilia Pafchalia,* & *Autumnalia,* fuiffe conftat. Pro exemplo *Graecorum Pylagorarum,*
aliorumque fortaffis *Ethnicorum Sacerdotum,*
ne quidem *ipfa* cum *fingularum* Ecclefiarum
juribus *pugnantia.* Et cùm controverfiae
effent inter *Epifcopos* fibi invicem *pares,* nec
alium *Judicem* habentes, non video ubinam
commodius dijudicari potuerint quàm in
Synodo Provinciali Erant quidem, etiam
fub Apoftolis, *Judices privatorum* quoque
Chriftianorum, ne in *hoftium* cognitionem
emanarent. Multo magis *Epifcoporum,*
quorum *arcana* fanctiora erant, & majori
fcandalo, fi innotefcerent, conftituta. Hìc
ergo *fingulos Epifcopos,* in fuâ quemque
caufâ,

1 Cor vi
1, 2, 3, 4

causâ, *Judices* ne quidem constituerat ipse *Christus*, cùm forent judicia illa invicem *pugnantia*, nec liti finem impositura. Nullum ergo erat incommodum si lites hujusmodi à *Collegio Provinciali* dirimerentur. Nec enim esset hoc de *Deo* aut *Christo* *judicare*, aut *Episcoporum* se facere *Episcopos*, si de illis tantummodò causis *judicium* sumerent quæ spectant ad Episcoporum *commune commercium*. Hic enim qui *commercium* solvit, is primò *violatæ Unitatis* est reus. Nec enim *hujus* Unitatis Principium erat, quam ipse, pariter ac alii, servare debebat. Erat ergo communis *Concordiæ* tutela penes *Collegium*. Nec erat cur quis dubitaret quin *Concordiæ* violator ejici potuerit è *Collegio* cujus nolebat *Concordiam* servare, aliusque in locum illius à *Collegio* substitui qui *Concordiam* servaret. *Suffectus* autem *eodem jure Episcopatum* habiturus erat quo & *decessor*, uterque nimirum à *Collegio*. Itaque si *datus* à *Collegio* Episcopatus *Deo Christoque* imputatus fuerit, pariter *ablatus Deo* esset *Christoque* similiter imputandus. Et si *dato* à *Collegis Episcopo* obsequium *debuerint* subditi, pariter *ablato* Jus omne ad subditorum obsequia similiter *auferebatur*. Sed verò in causis quæ nullum habebant cum *alienis* Diœcesibus nexum, nullam planè *æmulum* habebat *Episcopus*, sed liberrimam *suæ* Diœcesis adi-

O 4   mini-

ministrationem, nullis *appellationibus*, quæ
locum habebant in Canonibus *recentioribus*,
reprimendam   Paulatim deinde à rebus
commercium commune spectantibus ad res
Diæceseon privatarum *proprias* processere *Sy-*
nodi, ut & in his quoque parum necessariam
Uniformitatem stabilirent; quidque, in *suâ*
cujusque *ditione* faciendum esset, præscri-
berent   Et quidem *censurarum Ecclesiasti-*
carum metu, si aliter fecissent. Non dico
jam quàm recté. Utcunque jam tot *secu-*
lorum elapsu, accessit ad *primariam* obligationem *Præscripto*, & Episcoporum *sin-*
gulorum consensus fidei et am datæ *jure-*
jurando sancitus   Hæc nemo dubitat magni facienda esse   Præsertim tantisper dum
beneficia Synodalium commerciorum pro-
priorum Jurium *damna* compensabunt.
Non item vicissim, cum *Synodorum* etiam
commercia interciperentur, ut ne amplius
sperari possint.   Tum enim *Synodorum* e-
tiam *beneficia* intercipi necesse est   *Cessio*
enim *jure nulla* est cum *deficiunt*, quorum
intuitu facta fuerat, *beneficia*. Redibunt
ergo *Jura vetera*, & *Jus* etiam *resumendi*,
& *sibi* prospiciendi, cum desunt *Synodi*
quæ prospiciant.   Idemque dicendum de
Appellationibus à *suo* cujusque *Episcopo*,
ad *alios* seu *Episcopos*, seu etiam *Conventus*
Ecclesiasticos. Sunt enim etiam ipsæ Primævis *singulorum* Episcoporum *Juribus*
                                     pariter

pariter adveififfimæ. Hæc tamen obi-
tei.

Sed quoifum hæc tam multa de Ecclefiaftici Regiminis oiigine? Nempe ut e-
vincerem *momen'ofiffima* effe pro *veri* Chri-
ftianifmi *Ratiociius*, quæ *levia* admodùm
habentur ab iis qui Chiiftiana *dogmata*
potiùs è juniorum *Theologici, Inftitutionibus,*
receptifque vulgò *opinionibus*, metiuntur,
quàm à *veris* eorundem *originibus.* Duo
autem potiffimùm intelligo, quæ noftræ
caufæ pioiam faciunt atque puppim. *Re-*
gimen fcilicet *Epifcopale,* ejufdemque à *fe-*
culari Magiftiatu *independentiam* Utrumque figillatim expendamus. Equidem fi
nihil aliud complecteretu, Regimen *Epi-*
fcopale quàm *Potestatem* à *Populo*, antea *li-*
bero, fui cuftodiendi causâ, conceffam;
non effet admodùm cur folliciti effemus
de *formâ*, dum formæ *mutatio* ab eâdem
Potestate profluxiffet quæ Regiminis *Auctor*
fuiffet. Sed longè aliter fe iem habere
conftat, cum *aliunde* mutatio piovenit quàm
à primario *Regiminis Auctore* Mutatio nimirum ab *homine*, cum Regimen ipfum
fuiffet à *Deo* Tum enim non eft cur à
Deo Myfticæ Unitatis *beneficia* expectet
homo, fi *conditiones* Myfticæ Unitatis *confe-*
quendæ à *Deo* pofitas ipfe iepudiaverit.
Sed veiò *Deo* placuiffe jam oftendimus, ut
Unitatem

44.
Epifcopo-
rum in Ec-
cleiiis Po-
teftis
multo,
quam vul-
go credi-
tur, *mo-*
m.ntofior.

Unitatem *Mysticam Visibilis* imitaretui.
Cum eigo Unitas *Mystica Capitis* sit *My-*
stici, Personæqu. Mysticæ *singulais* , sequitur Regimen *Monarchicum* esse oportere *So-*
cietatis illius *Visibilis* quæ nos compotes faciat *Unitatis Societatisque Mysticæ* Nec sanè ulla potest esse *perpetua* excusatio *Re-*
giminis à *Deo* instituti in perpetuum *abro-*
gati Nulla certè *præmiorum* justa expecta-
tio dum *media* præmiorum à *Deo* instituta,
& quidem propriâ nostrâ *culpâ*, negligimus.
Et ne quidem *spes* ulla *veniæ*, si *nostras*
conditiones *Deo* imponamus ut *beneficia* à
Deo solo præstanda consequamui Certè
spes nulla ut *Ecclesiarum singularum* sententiæ ab *Ecclesiis omnibus* confirmentui, dum
erunt *singulæ* quæ à *Regimine* in aliis ubique recepto desciverint Jam enim ostendimus *Collegii* duntaxat *Episcopalis* omne illud fuisse *commercium* Nec *Collegas* Episcoporum *alios* esse constat, præterquam
Episcopos. Imo r∙ctè ita censuisse *Primæ-*
vos evicimus. *Rationem* enim omnem, cur
aliæ Ecclesiæ ad *singularum* sententias confirmandas obligentur, à *Deo Christoque* esse
petendam. Ut *illas* proinde tantummodò
sententias confirmare teneantui, quæ à *Deo*
Christoque ejus prolatæ censendæ sint. *Deo*
autem *Christoque* nullas imputari potuisse
præterquam *Visibilium Unitatis Principiorum*,
atque adeo *Episcoporum*. Tum demum autem

tem sententiæ *metuendæ* erunt, cum *Jus*
habebunt apud omnes *indubium*, ut ab
omnibus confirmentur, Tum demum redibunt prisca *fides* atque *Pietas* cum *nulla*
erit Ecclesiæ cujuscunque *censura* in *impios*
quæ non erit *ubique* metuenda. Tum demum redibit generosa *Primævorum* in se
invicem *charitas*, cum vigebit ubique *Concordia*, cum nullum amplius supererit *Im-
pietatis* Asylum, cum ubique *infamia* erunt
(pro eo ut merentur) *partium studia* Christianos à se invicem alienantium. Digna
hæc profectò quæ junctis viribus prose-
quantur Primævæ *Fidei* Primævæque *Puri-
tatis* cultores Faxitque Deus, ut, bono
Ecclesiæ Catholicæ *publico*, horum numerus
indies *augeatur* Faxit item ut in *ordine*
etiam *vestro* augeantur, Ecclesiarum *Rectores*
in Christo Venerabiles. Quo enim *plura*
boni poterunt, eo erunt etiam bono *Publico* utiliores.

Ad vos ergo, Ecclesiæ *Reformatæ* pro-
ceres, imprimis nostra sese convertit Oratio. Liceat, quæso, vestrâ pace, ea profiteri quæ *Boni Publici Pacisque* studium
extorsit, etiam invitissimis *Tyrannidis* Ecclesiasticæ profligandæ studium in errorem
contrarium potuit incautos impellere, ne
Rectoribus Ecclesiasticis, quod *æquum* erat,
planeque *necessarium*, concederetis *Episcoporum*

45.
De Re-
staurando
Episcopatu
Exhorta-
tio ad *Re-
formatos*.

porum cum *Potestate* aboleviftis plerunque
nomen, quod tamen nos à *Deo* ipfo du-
ćtum oftendimus.   Etiam cùm retinuiftis
nomen, quod *Latinè* tantundem valeret,
Superintendentium.   Vix puto quicquam magis obftitiffe quo minùs procefferit, pro
voto, *Reformatio*   Erant enim fanè multi
admodùm etiam ex *adverfâ* parte, quibus
neceffaria videbatur *Reformatio*, modò *jufta*
fuiffet Reformantium *Auctoritas*   Id tamen
intelligebant, quanto *Corporis Politici* peri-
culo futurum erat fi *zelo* magis quàm *fano
confilio* incitatus quifque *Poteftatem* fibi ar-
ripuiffet ad quam non fuerat legitimè vo-
catus   Sic enim fore metuebant ne quicquam falvum effet quod non *Reformationis obtentu*, abdicaretur.   Itaque *ferenda*
potiùs illa *fcandala* cenfebant, quàm ut *ita*
Reformarentur, qui lubentiffimè Refor-
mantes fuiffent *adjuturi* fi & æquis *limitibus*, & juftâ *Auctoritate* muniti, *fcandala*,
pro fuâ quifque ditione, amoviffent   Ac-
ceffitque, ad augendam Periculi fufpicionem, quòd legitimâ atque *Ordinariâ Vo-
catione* deftituti ad *Extraordinariam* confu-
gere coacti fuerint.   Intelligebant enim Viri Prudentiffimi quantam fceleratis *portam*
aperturus effet prætextus ille quidlibet
audendi, fi quidem fine *Extraordinariæ Va-
cationis Extraordinariis Argumentis* admitte-
retur.   Intelligebant quàm *brevis* ævi futuræ

tura effet Chriftiana *Sefta* fine vinculis *Corporis* Politici, quamque ad *Politici Corporis* folutionem fpectaret, fi quocunque demum prætextu, *supremæ* Poteftatis *Jura* ufurpare permitterentur qui *vocationem* ad fup·emæ Poteftatis Jura *legitimam* nullam prorfus habebant. Infignis erat in hanc rem Hiftoria *Semiramidis,* quæ, cum *unius* diei à viro *Nino* Imperium impetrâffet, *perpetuum* fibi Imperium, cæfo Imperii *Auctore,* effecit. Intelligebant *futurarum* etiam *Reformationum* fpem omnem præcîdi, fi abrogatâ *Epifcoporum* Poteftate, quæ tanto *Ecclefiarum* confenfu à *primis* ufque, poft *Apoftolos,* temporibus recepta fuerat, alia aliqua, *incertis* admodùm è Scripturâ *Ratiociniis* in illius locum fufficeretur. Et quidem nullo poffidentium *confenfu,* per fubditorum *violentiam.* Facile intelligebant, ipfam obftare illius *novitatem* quo minùs *tanto* tamque *firmo* fubditorum *confenfu* reciperetnr quæ diutiffimè *receptam* firmatamque è poffeffione rejecerat. Intelligebant, his ipfis novantium *succeffibus* audaciam factam *novaturis,* metum autem diffidentiamque *poffidentibus* Et planè *precarium* forè *Regimen* à Subditorum *violentiâ* natum atque ftabilitum· Nec adeo fuffecturum futuris Reformationibus, fi *multi* effent *potentefque* reformandi, Regimen

men illo infirmius quod *victum* fuerat à
pervicacibus. *Ecclefiafticos* autem, quorum tutiffima, in *Reformandis* Ecclefiæ
fcandalis, fuiffet *Auctoritas*, hâc ipsâ violatione Poteftatis *Epifcopalis*, à fe aliena-
bant, & *hoftes* fibi infenfiffimos effecerunt
Tot nempe *Principes* in *Germaniâ* feculari
pariter atque Sacrâ dignitate potentiffimos
Hi enim fi ad *Reformatos* fefe contuliffent,
fedibus exuebantur, ut expertus eft *Her-*
mannus Colonienfis Archiepifcopus, honore
etiam *Electorali* confpicuus. Nec quicquam
habebant quo fieret tantæ contumeliæ *com-*
penfatio, ignobiles ipfi apud *Reformatos*,
& in ordinem *vulgarium Miniftrorum* re-
digendi. Non dico hæc quàm *alienos* fecerit à *Reformatione* illos quorum *Auctori-*
tas in negotio Reformandæ Religionis de-
buit omnium effe *præcipua*. Id potiùs dico, quod apud *Pios cordatofque* (quales
hic deligimus) *Judices*, facilè concedetur
effe graviffimum, quòd *Deum* ipfum, ut
videtur, alienârint tot illa bonorum Ecclefiafticorum *Sacrilegia*, conciliandis *Prin-*
cipum animis, non *permiffa* tantummodò,
verum etiam aliquatenus *probata* tum hoc
imprimis *Sacrilegium Poteftatis Ecclefiafticæ*,
Jurium Ecclefiafticorum omnium *fanctiffi-*
mæ, & *fummi* in Ecclefiâ *ordinis* extirpa-
tio. *Deum* hæc *Chriftumque*, ut ex *Igna-*
tio

tio vidimus & *Cypriano*, Epifcoporum *vindices* irritarunt. Inde non eft quòd miiemui, *secùs* rem, quàm fpeiabamus, eveniffe, atque indies iem *Reformationis* publicam *labafcere*, atque ad *interitum* veigere. Quotquot ergo *Pacem* Primævam atque *Difciplinam* Piimævam cupitis eò redeatis unde *excidiftis*, eò ubi eratis cum & Vos *Pace* illâ & *Difciplinâ* fiueremini, eò ubi fuiftis cùm *feliciffimi* effetis. Nullus fit *pudor* ad meliora redire Illis potiùs *exemplo* eftote quos ipfi ad fui Refoimationem hortamini. Qui *trabem* in oculis alienis obfervatis, etiam *feftucam* è propriis ejicite Nolite committere ut per vos ftet quo minùs *Veteri Concordiâ* fruatur *Ecclefia Catholica*, cum antiquis etiam Pacis conditionibus. *Scandalum* Virorum *Optimorum Piudentiffimorumque* è medio amolimini. Accedat ad *caufam* Reformandi bonam jufta etiam Reformantium *Auctoritas*. Reftauratifque *Epifcoporum* Juiibus, Ita *Deum Chriftumque* pro *ultoribus amicos* facietis. Sic demum fpes erit ut etiam *illi* ad *Reformationem* accedant quibus hoc *unum*, vel *præcipuum*, in *Reformatione* difplicebat. Nec vobis deerit fub *Epifcopis* χειροθεσια *Presbyterorum*, quam folam ad *legitimam Vocationem* ipfi fufficere cenfetis. Nec aberit *fupremi Ordinis* Auctoritas, quam, præter vos, alii fere omnes *neceffariam* exiftimant. Quod eigo dubitatis

bitatis hoc saltem *plurium* opinionibus concedere, cum & *vestris* opinionibus prospex-
eritis ?

46
Juribus
Episcopo-
rum Pri-
mævis ad
versissima
sunt quæ
sibi ven-
dicat *Pon-*
tifex Ro-
manus.

Facilius hoc Vobis condonare oportet
Romanenses qui etiam ipsi, ut non *Ordinem*
ipsum, at saltem *Jura* Ordinis *Primæva*
oppresserint. Hoc certè fecerunt, qui Pontificem Romanum *Principium Unitatis* ipsis
fecerint *Episcopis.* Vidimus autem nullum
Episcoporum Episcopum agnovisse *Primævam*
illam, quam Nos pro reliquarum omnium
norma habemus, *Ecclesiam.* Vidimus pro
absurdo habuisse si quis *ita* loqueretur, aut
si quis *ita* sentiret, ut id verum esse seque-
retur. Vidimus qui id pro absurdo habuerint, è veris receptisque *Principiis,* & per
sequelas etiam *legitimas* receptasque fuisse
argumentatos. Quòd nempe *supremam,* &
Deo ipsi *Christoque* proximam, Potestatem
designarit nomen ipsum *Episcopatûs.* Vidimus ne quidem *Episcopis Romanis* peper-
cisse Patres *Primævis,* si quando alias *Com-*
munionis suæ conditiones *externis Episcopis*
imponerent præter communem *Fidem* &
Concordiam Literarum *Formatarum* commercio necessariam Ipsum laudat S. *Cyprianus*
hoc nomine *Cornelium,* quòd ne quidem
aures Schismaticis suis *Africanis* apertas habuerit. Et *Transmarinas* etiam *Appellati-*
ones, etiam post *Cyprianum,* quarto quoque
seculo

seculo damnârunt Patres *Africani* Quis
ergo locus *Jurisdictioni* illi, quam *Pontifici
Romano,* ut *Unitatis* saltem *Exordio* concedit Cl. *Du-Pinius?* Est enim certum
reliquos *Episcopos omnes* pro *Unitatis Exor-
diis* habendos esse, pro Principiis Seculi
Cypriani, pariter ac *Romanum.* Id quoque certum, è S. *Petri Primatu* pariter in
suos Schismaticos, ac *Cornelii,* argumentari
S *Cyprianum,* ut proinde *unius Sedis* proprius esse non possit. Id quoque certum,
qualiscunque demum fuerit S. *Petri,* quam
venditârit, in *Apostolos* προτοκαθεδρία, *Romæ* tamen fuisse nullam. Nec enim *Romam* venit S. *Petrus* antea quàm Ecclesiæ
Hierosolymitanæ, ipsique adeò S. *Petro,* præficeretur S. *Jacobus.* Et *Romæ* certum est
nullos habuisse, quibus *præsideret* S. *Petrus,*
Apostolos *Hierosolymitanos. Romæ* ergo *præsidere* potuit qui *olim* Apostolis fortasse præ-
sederat, non item *Romæ* potuit *Apostolis
præsidere.* Frustra ergo hinc eliciunt *Jus
Romæ* aliquod fuisse, ut *prima Sedium Apostolicarum* haberetur. Nedum ut *Episcopus*
quis superior fuerit *Apostolis,* aut *Apostolorum* successoribus *Episcopus.* Sed *Unitatem
Sacerdotalem Româ* ortam fatetur S *Cyprianus.* Potuit quidem de *Africâ* suâ id fateri,
ut nihil commune habuisset cum *Cathedrâ*
S. *Petri.* Non item de aliis Provinciis
Christianis. A *Romanis* enim *Afros* con-

versos fuisse verisimillimum est, & cum *fide*
accepisse ab iisdem etiam *Episcopos*, quos
Christo proximos agnoscit semper *Cyprianus*.
Quæ ergo *Jura* esse poterant *Episcopi Roma-*
ni in Episcopos *Africanos*, pro Principiis
seculi quo vixit S *Cyprianus?* Nempe, ut
in *Africâ* saltem per *Legatos* de *rebus* saltem
Africanis decerneret, & per *Canones Afri-*
canos. Atqui ne quidem *Jus illud* Pontifici *Romano* permittunt Principia seculi *Cy-*
prianici. Nam ne quidem in ipsâ *Africâ*
Appellationes esse poterant ab *Episcopis*, cum
de *unius Episcopi actu* statuere *alteri Episco-*
po non liceret ; cum id tantundem haberetur ac si de *Deo* ejusque *Christo Judicium*
fieret ; cum pro *Tyrannide* haberetur in
Ecclesiâ minimè ferendâ , cum *Synodis* ipsis *Africæ* propriis & Provinciæ *Proconsularis*
Metropolitano, *Jus* illud negaret S. *Cypri-*
anus, ipse primæ sedis *Metropolitanus*, cum
primarum Sedium etiam *titulos* qui *typhum*
Secularem redolerent, abominaretur. Tales nimirum qui *Potestatem* in *Collegas* de-
signarent, qualis erat *supremorum* in *seculo*
Magistratuum in *subordinatos.* Quæ autem,
quæso, *Judicia* esse poterant in *privatos E-*
piscopos secundum *Canones*, cùm nulli adhuc
essent in privatis *Diœcesibus Canones* superioris *Auctoritatis* quàm fuerit ipsius *Diœce-*
sani? Potuit quidem *Primatus* locum, etiam
in Synodis *Africanis*, Episcopus habere *Ro-*
manus.

manus. Et proinde in *illis* quoque *causis*
quibus *Synodi* Poteftatem *majorem* agnovi-
mus quam fuerit *privatorum Epifcoporum.*
Et quidem eò retulerim verba illa fufpecta
Canoni *Nicæno* à *Romanis* interpolata : *Ecclefia, Romana femper habuit Primatum.* Sed
verò illud quoque *Jus* confenfu Ecclefiarum
Africanarum confecutus eft Epifcopus *Rô-
manus* Nec *majus* illud quàm cæterorum
ipfius *Africæ Primatum.* Sermonis enim
Africani *vox* ipfa *Primatis* erat, vix puto
illis temporibus, *alibi* ufurpata. Nec
proinde ad *majorem Poteftatem*, quàm in
Africâ ipfâ folebat, defignandam ufui panda. Sed verò in *Africâ* ne quidem S. *Cyprianum*, qui *primus* erat Africanarum Provinciarum omnium *Primas*, Poteftatem fibi ullam in *Collegas* vendicâffe, jam fatis,
ut opinor, oftendimus. Erant præterea
hæc non *Africæ* propria, fed Ecclefiæ *Primævæ* univerfæ *Ratiociniis* confentanea. Itaque neceffe erit, fi verum fateri volunt, ut
noftram hanc *Jurium Epifcopalium* omnium
paritatem magìs *Primævæ Ecclefiæ* confentaneam fuiffe concedant, quàm fit *Romani
Pontificis* Poteftas illa *exfors* quam tuentur
Romanenfes. Utinam meminerint molliores
quæ de Juribus hifce tam acriter difputata
funt, in ipfo quoque Concilio *Tridentino.*

P 2 Illud

Illud saltem, ni fallor, (si vera sint quæ *Nos* è *Primævæ* Ecclefiæ *Ratiociniis* probavimus) apud *Romanenfes* omnes lucrabimur, Primatum illum, quem tuentur, *Romani Pontificis*, ad *fidem* fpectare non poffe. Et ne quidem *non-fcriptis* Apoftoloium *Traditionibus* accenfendum, qui tamdiu poftea cœperit quìm è *vivis* exceffiffent *Apoftoli.* *Fides* certè *Catholica* nulla eft, ut vidimus, quæ non eadem fuerit *Apoftolica. Fides* enim *Catholica Ecclefiæ Catholicæ* erat, quam *Archetypam Cæleftemque* fuiffe probavimus, *Vifibilis* autem nullius, nifi quà convenit cum *Archetypâ* atque *Cæleſti.* Archetypam autem Cœleftemque Ecclefiam *Apoftolorum* fuiffe probavimus, quorum *fundamento fuperædificari* illos oportet qui *crefcere* volunt *in templum fanctum in Domino*, Eph. ii. 20, 21. Erant autem feculis etiam *fequioribus* fuæ quoque (fi fit illis habenda fides) tam *Revelationis*, quàm Revelationis teftimonia *Miracula* Has tamen *Revelationes* non moramui, dum faltem fidem *Apoftolicam* atque *Catholicam* integiam fervamus. Dum fcilicet ea omnia *vera* credimus quæ tradiderunt *Apoftoli.* Nec fanè pro *Hæreticis* habendi funt qui non credunt pofterorum *Revelationibus*, quæ planè nihil affine habent cum *femel traditâ Sanctis fide*, *Jud.* v. 3. Rogamus autem, obfecramuſque

que in Domino, ut præconceptas opiniones exuant de his *posterorum Revelationibus*, si quidem *Fidei* verè *Apostolicæ* idonei *Judices* haberi velint

Non tamen propterea quòd ad *Fidem* non spectat, *officium* negabimus, si vel *humano Jure valido* litatur ille *Primatus.* Nobis interim, in his Infulis *Britannicis*, fufficit, quòd & *nostro Jure* usi sumus in *Juribus pristinis* refumendis. Et quòd jam legitimam *Præfcriptionem* habemus in *antiquorum Jurium* etiam *poffeffione* Nec fanè videmus, cui, si res integra effet, *Primatus* ille restituendus effet. Jam certè vidimus, Ecclesiæ *Hierofolymitanæ* exemplo, quàm lubrico statu res *Christiana* univerfa fuerit, dum ab *unâ* aliquâ *Ecclesiâ* aliæ penderent *univerfæ.* Illâ enim *proftratâ* univerfæ concidiffent, si quidem in *unâ* illa posita fuiffet falus, nisi etiam per *Juris* illius novam *devolutionem*, jam ita comparatum effet ut deinceps Ecclesiæ *fingulæ* sibi fufficerent. Non item si jam antea recepta fuiffet opinio, de *fide* effe ut Ecclesiæ *Hierofolymitanæ* reliquæ omnes *fubjicerentur.* Ita enim, illâ fublatâ, jam de *fide* ipfâ periculum fuiffet, cum jam *nulla* effet ampliùs *Ecclesia* illa cui reliquæ omnes obfequium debuerant. Certè Ecclesiæ Catholicæ *Unitas* nulla prorfus fuiffet, cum jam Principium *Unitatis Catholicæ*

48.
Incerta admodùm eft *Unitas* illa Ecclesiæ *Catholicæ* quæ ab *unius* Ecclesiæ *Epifcopo*, tanquam cæterorum *apice*, arceffitur.

P 3

licæ in nihilum recidisset Sed nec ullam
sedis *Hierosolymitana perpetuitatem* polliciti
fuerant *Apostoli*, imò contiarium prædix-
erant. Et erant in *prospectu* illius cladis
etiamnum in vivis *Apostoli*, qui quid sibi
voluerit *Deus*, in tantâ rerum conversione,
edoceient. Neutrum est quod dicant *Romanenses*, si quidem similitei Ecclesia *Romana* defecisset. Docent *portas inferorum
in Ecclesiam non prævalituras*, S *Matth* XVI 18.
quam tamen docent in suæ Ecclesiæ *Romanæ petrâ* esse fund.tam. Nec jam amplius expectant, cum casus ille contingeret,
qui doceant, quid faciendum erit, *Apoſtolos*, Age, ergo, videant, Ecquid *secur.ta-
tis* habeant quo minùs casus ille *universæ*
illorum *Ecclesiæ* funestus eveniat. Eamque
habent planè *nullam*. Jam certè *Unitate*
illâ qualicunque fiuuntur, quòd *sui Juris*
sit, nec *Principi* terreno, piæteiquam *Papæ* obnoxia, Urbs ipsa *Romana* Si alium
aliquem *Dominum* agnosceiet, *concidat* necesse est *Unitas* illa *Catholica* omnis quæ ab
illius Episcopi *Unitate* arcessitui. Fac enim,
Urbem illam in suam potestatem redegerit
Princeps aliquis *Infidelis* ; aut etiam *Chri-
Stianus*, alienæ tamen à Pontifice *Communionis*. Credimusne permissuios *Principes*,
qui cum *Pontifice* sentiebant, frequens illud
subditorum suorum cum *Pontifice commercium*,& vim tantam mummariam in *hostium*
deseiri,

deferri, ut eum *divitem* faceret, qui *divitiis* exutus *hoftem* locupletaret. Si tamen secùs facerent, *fe fuofque* Catholicæ Ecclefiæ *Unitate* excluderent, fi quidem *Unitas* illa *Catholica* ab Ecclefiæ *Romanæ*, tanquam *Capitis*, Poteftate atque Regimine, penderet. Sic penitus *diffoluta* effet *Ecclefia* illa *Catholica* quæ fine illà tam inceitâ, Capitis *Unitate* fubfiftere non poffit *Corpore* nimirum à *Capite* feparato. Sic enim *Ruffici* Patriaichæ *Conftantinopolitano*, à quo *Chriftianitatem* acceperant, renunciarunt, nullo tamen *hoftili animo*, cum illum *Turca* fibi obnoxium feciffet. Nec multo melior res fuiffet, fi vel *fuæ* Communionis *Princeps Romam* expugnâffet. Nam *uno* illo *Principe* excepto, reliquorum *nemo* pro communi *Patre* illum agniturus fuerat quem illius *mancipium* effe conftabat. Ita lubricum illud eft *Unitatis Principium*, ut nifi *Princeps unus*, qui fedem *Romæ* haberet, *Chriftianis* omnibus imperaret, vel nifi *Romæ* ipfa *Principem* alium à *Papâ* neminem agnofceret non fit *Ecclefia Catholica Unitatem* habitura. Quis credat illam, tam incertis conditionibus, *Unitatem* à *Chrifto* effe potuiffe, vel *Apoftolis*? *Romæ* quis affixam credat, cum *primas* etiam in *novo peculio Judæi* habituri fuerint, *Urbfque* eorum *Metropolitana Hierofolymitana*, ni

P 4   pro-

propriâ culpâ deftinatis fibi Juribus *excidiffent?* Nec folvent nodum hunc *Papæ auferibilitas.* Sic *Gerfon* fedis *Papalis* à *Româ* in aliam *Urbem* tranflationem appellat, pro more *Scholæ* Barbaro. Sic enim aliquantifper *fedem* in *Aventone* habuit Pontifex *Romanus.* Tantifper autem duntaxat tenere potuit hæc *tranflatio* dum *Romæ* nullus alius effet legitimus *Romanæ* Urbis *Epifcopus* Fac ergo *Princeps* qui *Romam* occupâffet, *Chriftianæ* tamen *Religionis* atque *Epifcoporum* ufum fubditis *Romam* incolentibus permiferit Ita fieret, ut qui *Aventone* fuiffet fubftitutus, fede jam *Romanâ* plenâ, potuerit is quidem *Epifcopus Aventonenfis* appellari, non autem certè *Romanus.* Sed Jurium Pontificalium *rationes* omnes non *fedem* fpectabant *Aventonenfem* fed *Romanam Romæ* fediffe volunt S. *Petrum,* non autem *Aventone.* Nec alia Urbs *Imperii Metropolitica* erat præterquam *Romana.* Sic *Romæ Caput* fuiffet à *Corpore* feparatum, *Aventone* Caput *nullum,* fed *pars* tantummodo *Corporis* à Capite *feparati.* Abfit ut ita *Corpori* fuo à *Domino* confultum putemus, aut ab ipfis etiam *Apoftolis.*

Hæc

Hæc certè *Juris Hierofolymitani* ad *fin-gularum Ecclefiarum* Πρωτοκαθεδρους devo-lutio Ecclefiæ *univerfæ* bono longè commo-dior eft, quàm fi ad *unius Ecclefiæ* facta fu-iffet *Epifcopum* qui *hæres* effet *ex affe*, ut volunt *Romanenfes* Jam certè vidimus com-modiorem effe *ferendis Perfecutionibus* quas promifit prædixitque ipfe Dominus. Si quidem nullæ fuiffent rerum humanarum, quas experimur, *viciffitudines*, non effet, fateor, cur dubitemus, quin quo *amplior* effet boni *Epifcopi Jurifdictio*, eo *latiùs* pa-teret et illius *beneficium*. Quis autem unquam præftabit in *unâ* aliquâ *fede* perpetuam *bo-norum* fucceffionem? Eft autem viceverfâ recolendum, latiùs pateret ejufdem *incom-moda* fi quis *malus* latè patentem ditionem occupaverit. Et penes *unum malum* fuc-ceffor em effe ut *multorum* deceffor um *bo-norum* bona diffipet, in nihilumque redi-gat Latiùs ergo patet *periculum*, proinde majus quàm ut à *beneficio* illo compenfetur. Id quoque recolendum, *vim* effe externam *nullam* huic *Epifcoporum* Poteftati annexam ; contra *multas* effe quæ eam Perfecutionibus impedire poffint, eoque *plures* quo *latiùs* patentem habet *ditionem*, quæ à pluribus *Principibus* occupari poffit : Et quidem pe-nes *Principes Seculares* effe ne à *longè* diffi-tis regionibus concurfus hominum *frequentes* effe

49.
Bono Ec-clefiæ Publico utilior e-rat Epif-coporum omnium paritas, quam fi *unus* fuif-fet *Epifco-pi Hiero-folymitani hæres E-pifcopus Romanus.*

esse possint, qui tamen ad *Regiminis* exci-
citium planè necessarii sunt Itaque *di-
strictum* quo *ampliorem* habet *Episcopus*, eo
difficilius illum, invitis *Principibus*, admi-
nistrabit. Et certè *talem* Potestatem *Epi-
copis* commisit *Christus*, quæ sævientibus *Per-
secutionibus*, & *Principibus* quantumvis *re-
luctantibus*, procedat tamen, & commissum
fidei suæ gregem tueatur. Proinde *angu-
stiores* districtuum limites Societati *Christianæ* commodissimi sunt, qui nec adeo mag-
nam *Juris* sui *cessionem* exigunt ut rectè
administrentur. Alioqui, si *infimis* non *liceat* se movere dum Superiorum longe *di-
stantium* præcepta accipiant , fiet profectò
ut, commercio illo impedito, desit *singulis*
Episcopis *Potestas* quâ Gregi suo consulatui.
Quod certè *incommodum* gravius est quàm
ut commercii Regiminis *distantis* beneficiis
ullis possit compensari. *Minus* enim est
Regiminis distantis *beneficium*, majus autem
periculum. Itaque *minor* est *ratio* cui *Juribus* suis pristinis *cedatur* per *Pacta*, quæ
tamen *plurium* Jurium *cessionem* exigunt in
distanti quàm in *propinquo Regimine*. Con-
sultiùs ergo *Primævi Christiani*, quorum
Concilia pleraque Provinciarum limitibus quibus conventum est, concludebantur. *Maxima* Provinciarum *paucarum* ambitum non
excedebant, & quidem *finitimarum*. *Episcopo* adhuc nullo in *Coepiscopos* Potestatem
exer-

exercente Tum tamen multæ oppressæ
Hæreses, & quidem suffragiis *Episcoporum*
multo, quàm post *Concilia Generalia*, con-
sentientioribus. Nihil ergo necesse erat, ut
ab eâ, quæ tum recepta erat, Episcoporum
paritate recederetur.

Venio jam ad *secundum* caput, de quo
agendum dixi, *Episcoporum* scilicet à Potestate Seculari *independentiam*. Et quidem
de *Facto* certum est, his ipsis *Primævis* seculis, quibus *obsequium* in *Magistratus* in-
culpatissimum erat, *Potestatem* tamen in
subditos sibi *Christianos* exercuisse *Episcopos*,
Magistratibus quantumlibet *invitis* atque *re-
fragantibus*. Certum præterea est districtus
fuisse *Urbium* cum *Suburbanis Regionibus* qui
eosdem *Episcopos* agnoscebant, ne quidem
ipsos Christianis *concessos* ab *Imperatoribus*,
aliisve, *locorum* in quibus conventus age-
bantur, *Magistratibus*. Fecerunt hæc ut in
illos *Actiones* essent per Leges de *Factioni-
bus*, de *Sodalitiis*, de *Hetæriis*. Vel inde
manifestum est, *Corpora* fuisse *Visibilia*, (licèt *Invisibilium* præmiorum *spe* consociata)
& *Visibilibus limitibus* invicem distincta,
dum nullus adhuc accessisset *consensus* secularium *Magistratuum*. Certum est etiam
coævos illorum temporum *Christianos* Jura
hæc *Visibilium Ecclesiarum*, & *districtuum* e-
tiam *Visibilium*, defendisse, & Conscientiâ
sese

(marginal note) 50
*Principibus
Jus nul-
lum est in
Episcopo-
rum Spiri-
tualia.*

fefe *obstrictos* ut defenderent, credidiffe.
Deo nempe dante *Jura* illa, quæ non de-
derat *Magistratus* Certè *Ecclefiam* in horum *Jurium possessione* reperit *Constantinus*.
Et *Principia* horum *Jurium* talia vidimus
quæ ne patiantur quidem ut Jurium illorum *particeps* potuerit effe *Magistratus* De-
um Auctorem illorum fuiffe probavimus,
qui *Magistratuum Jura*, cùm vifum effet,
potuit etiam *minuere* ; vel Jura eadem *aliis*
dare, ob *alium* tamen, quàm cur *Magistra-*
tibus conceffent, *finem*. Jus illud omne nititur Ecclefiafticæ Societatis *beneficiis*. San-
ctio enim *Ecclefiafticæ Societatis* inde pendet,
quòd qui in illam nomen dare *nolit*, vel
Societatis communi *Regimini* pervicacem fe
præbuerit, eum *beneficiis* Societatis *carere*
necefle fit. Sed verò *beneficia* Societatis
Ecclefiafticæ majora funt quàm ut ea *terrenus*
ullus potuerit præftare *Magistratus* Non
poteft *ille* in Ecclefiam Catholicam Cœleftem *admittere*, nec illi *Dominus Epifcopus*
Invifibilis vices fuas commifit, aut in fe recepit, quod *is* acturus effet in *terris*, id fe
ratum habiturum in *Cælis*. Nufpiam *Ma-*
giftratui Divinum illud vel *nomen* conceffit
Epifcopi, quo vel innueret ad *fe*, quà *Epi-*
fcopus eft, fpectare *Acta Magiftratús*. Nihil
itaque habet *Magiftratus* (qui cum *Cælefti*
Ecclefiâ commercium nullum habet) quo
aliæ, extra ditionem fuam, *Ecclefiæ* obligentur,

tur, ad *fententias* in *fuâ* ditione natas, confirmandas, quo tamen Ecclefiarum *Epifcopos*
infignitos jam oftendimus, quo etiam fit
ut Ecclefiarum *fingularum* rebelles ab Ecclefiarum *omnium* Communione pellantur.
Id autem, ni fieret, non effet cur Ecclefiarum *fententias* admodùm extimefceremus.
Faciunt eodem *documenta* illa S. *Cypriani*,
de *Epifcoporum* judicio fummo, *Chriftoque*
foli & *Deo* illius Patri obnoxio. Nempe
hoc fine, non modo ut rerum Ecclefiæ propriæ, *Judicem* Epifcopo *fuperiorem* neminem
effe probarent, verum etiam ut *Deum vindicem* metuendum oftenderent, fiquis *Epifcopi Judicio* reniteretur in rebus fidei fuæ
commiffis. Idque fane de *Sacerdotio* fenferunt *Saulus* & *Uzzias*, cum ipfi rebus
Sacerdotalibus fefe immifcerent Et fanè
Epifcopum Sacerdotem fummum fupponunt illa omnia, quæ memoravi, *Ratiocinia*. Quod
verò in contrarium objicitur de *Abiathare*,
quem *fummo Sacerdotio* expulerit *Solomon*,
fatis, ut opinor, commodè à noftris Fratribus folutum eft in *Tractatibus* de hoc
Argumento *vernaculis*. Certè, quod ad *Jus
Confcientiamque* attinet, à *fortiori* procedit
Argumentum illud S. *Cypriani* in caufâ
Principum *Secularium* Nam ipfos etiam
Collegas Epifcopos *Epifcoporum Judices* effe
negat, in illis faltem, quas dixi, caufis, quos
tamen *Dei Chriftique* vices geffille confef-
ferat,

ferat, & quos alioqui, quà *non* erant *summi,*
Collegarum *Judices* fuisse probavimus. His
enim certè causis *Episcopos* Principibus *su-*
periores agnoscunt, non modò juniores *La-*
tini Pontificiæ Tyrannidis *assertores,* verum
etiam *Græci* apud quos nulli erant istiusmodi *Jurium Secularium* violatores, apud
quos nulli unquam erant *Episcopi* qui *Prin-*
cipes possent terrore *alio,* præterquam *Re-*
ligionis, ipsiusque *officii* reverentiâ, coercere.
Sic *Theodosium* majorem à *Clericorum* can-
cellis arcuit S. *Ambrosius,* quod *Purpura non*
faceret Sacerdotem. Minus adjutus nullis præterquam *Seculi futuri* atque *Evangelii.* Sic
primus quoque hisce, de quibus agimus, seculis *Sacerdotium Imperio* anteponit Auctor
vetustissimus *Testamentorum Patriarcharum,*

Test. Jud.
N 21
Edit Græ
Lat Oxon
a Cl. *Gra-*
bio. Philo
de Gig.
p. 830
832. de
Monarch.
p 819.
Joseph
Ant. Jud.
l. iv. c. 4.

antiquior *Origene.* Sic & *Judæi* ipsi, *Philo*
& *Josephus,* à quibus opinio ad *Christianos*
emanavit. Et *res* ipsa verum esse probat,
ut nullis fulciretur *Auctoribus Animarum* e-
nim bonum *Corporum* bono anteferendum
esse nemo dubitare potest, qui hoc saltem
exploratum habet, quid sit vera *Religio.*
Et *Potestas* illa in *Cælis* quæ *Deum Christum-*
que ejus obligat ut *Cælum,* pro sententiâ
Episcopi, seu *aperiatur,* seu *recludatur;* Quis,
quæso, æquus rerum arbiter ambigat, quin
sit mille hujus Mundi *Imperiis* anteferenda ?
Et *latiùs* illam patere jam ostendimus quo-
vis *uno* Seculari Dominio, cùm ad *omnes*
totius

totius Orbis *Ecclesias* earumque *Communiones*
Jus conferant Ecclesiarum *Baptismi*, etiam
singularum. Tale nihil potest in ditionibus
alienis Terrenus quisquam *Magistratus.* Itaque cum *rerum*, in quibus versatur Potestas
Ecclesiastica, *Spiritualium* Jus nullum habeat
Magistratus, sequitur ne quidem *Potestatem,*
quæ in illis versatur, ab eodem *dari* posse
vel *auferri.* Inde præterea sequetur, siquis
Episcopum amoveat à sede *Magistratus,* Jus
interim illius in *Cœlis,* ut antea, integrum
constare. Nempe quia *Jus nullum* potest
obtendere *Magistratus* quo *Christus* teneatur
in *Cœlis,* ut *Christus* ratum habeat quod ipse fecerit in *Terris.* Sed verò à *Christo* est,
non autem à *Magistratu,* Jus illud omne
quo obligantur subditorum *Conscientiæ.*
Christo ergo *Episcopum* adhuc agnoscente,
irritus erit, nec quoad Conscientiam ullate-
nus validus, Actus ille *Magistratûs.* Similiter in *Christum* peccabit *Invisibilem Episcopum* qui obsequium debitum *Episcopo* Visibili Christi Invisibilis *Episcopi* vicem etiamnum gerenti negârit, eumque ita metuat
oportet *Episcoporum* Visibilium legitimorum
omnium *ultorem* atque *Vindicem,* acsi nihil
fecisset *Magistratus.* Similiter ergo arcebi-
tur ab Ecclesiâ *Cœlesti* & *Archetypâ* si se ar-
ceri patiatur ab *Episcopi* Communione *Terrestri.* Inde *Jus* etiam amittet ad Communionem *Ecclesiarum* reliquarum Visibilium
omnium,

omnium, nempe deftitutus *Episcopi* fui *Literis* Communicatoriis. Salvâ ergo *Confcientiâ* ab *Episcoporum* noftrorum *ita* exutorum Communione difcedere non audemus. Nec enim poteft Magiftratus *abfolvere* nos ab *Obligatione* quâ *noftris* tenemur *Episcopis.* Multo autem minus audemus *Altaria* eorum Altaribus *adverfa* agnofcere. Nedum *adverfos,* qui illorum *thronos* occupant, *Episcopos,* pro S. *Cypriani* documentis, *profanos,* & à *Chrifto* alienos, omnique adeo *Jure* deftitutos ad *Ecclefiam Archetypam* atque *Cœleftem.* Involvit porro eadem Schifmatis caufa etiam illos qui Schifmaticos Epifcopos *Confecrârunt,* aut qui cum illis, eorumve *Confecratoribus,* communicant. Hos enim omnes *alienos à Catholicâ communione* cenfuerunt coævi S. *Cypriano* collegæ, in caufâ *Novatiani.* Nam & *Martianum Arelatenfem* qui *Novatiano* communicaverat, illi à Communione *rejecerunt.* Similiter *Fabium Antiochenum* rejecturi fi etiam ipfe in Schifmate perfeverâffet. Hæc Nos tenet infelix & dolenda *neceffitas* quo minus cum *Patribus, Fratribufque* olim in *Chrifto* dilectiffimis, jam *communicare* audeamus. Faxit *Deus* ut quantocyùs liceat ad *Concordiam,* falvo *Bono Publico,* redire.

Sic

Sic itaque oftendimus, in hanc *Epifco-* *porum* Poteftatem *Jus* planè nullum effe Principibus *Secularibus.* Ferre autem *Inju-* *rias* ne quidem ipfi recufaremus, fi quidem falvâ *animarum* falute, fi falvis aliis gra- vioribus in *Epifcopos*, in *Ecclefias* officiis, fi falvo *Boni Publici*, & quidem magis *ne-* *ceffarii*, ftudio id liceret. Hîc autem nec à *Nobis*, nec à *Vobis*, ampliùs ferendas, VIII Pietatis Antiquitatifque Studio Vene- rabiles, exiftimamus. Non dico hæc ad *Pietatis Antiquitatifque contemptum* fpectare. Hæc enim *levia* funt præ iis quæ metuen- da ominamur, fi *primi* hi *Sacrilegorum* co- natus è voto fuccefferint. *Cœpit* quidem à Nobis. Non tamen eft quòd proinde in Nobis *ftaturam*, nec ultra *proceffuram*, hanc *Laicorum violentiam* vobis polliceamini. Plus æquo hactenùs *Principibus* indulfimus, iniquiores autem in *Ecclefiam* plerique fui- mus, qui caufam Reformationis profeffi fumus. Dum fcilicet ab *Ecclefiafticis* me- tuebamus, *Principes* autem propitios habui- mus, non fatis profpeximus *Ecclefiæ confer-* *vandæ* cum *Principes* effent à nobis in fu- turum *alientores.* Id certè confecuti fumus nimiâ illâ *Cleri* infectatione quæ tum ne- ceffaria utilifque videbatur, ut & *juftis* Ju- ribus *Clerum* exuerimus, & *Laicos* ubique *Clero* infenfos reddiderimus, minufque,

51.
Non eft
quod *Prin-*
cipibus ad-
modùm
fidant feu
Reformati
feu etiam
Pontificii.

Q quàm

quàm par erat, Sacri Ordinis *reverentes*
Erat quidem Principibus gratissima Poteftatis *accessio* ex illorum *spoliis* à quibus *ipsi*
olim fuissent *spoliati*. Sed *media* potiùs via
tenenda erat, ut dum *Cæsari* quæ fua erant
afferebamus, ne interim *Deum Deique Vi-
carios* fuis *Juribus* fraudaremur. Nec fen-
fimus, dum firma effet inter *Principes* atque *Ecclesiasticos* Concordia, harum conces-
fionum *incommoda*. Dum *idem* utrique volebant, *metus* erat nullus, fore aliquando ut
invicem *committerentur*. Securi ergo *deces-
forum* errores *Juribus* fuis adverfos fove-
bant *Ecclesiastici*. Inde audentiores facti
Laici malignitatem quam in *Ecclesiasticos*
conceperant, *securiùs* jam atque *fidentiùs* exercebant, ipfis *Ecclesiasticis*, ut videbatur,
Auctoribus; & *minarum*, quæ à *Laicis* imminebant, metu, Jura etiam *propria* pro-
dentibus. Inde *Jurium* fuorum *tepedior*,
etiam apud *Ecclesiasticos*, defenfio, dum &
concordes invicem effent in eorum oppug-
natione *Laici*, & difcordes *Ecclesiasticos* fecerat illa ipfa *proditio*. Acceffit ad partes
Laicorum firmandas, non modò *vetus* illa,
ante Reformationem, *æmulatio* jam *adver-
farum* partium *confessione* firmata, fed *vis*
etiam *externa*, quam nullam præ fe fere-
bant noftri *Antiquitatis Primævæ* cultores,
fed *Principum* propriam omnem, fine *æmulo*, fatebantur. *Vim* illam *externam* fequebantur

bantur Ecclesiarum *reditus,* illosque pars *corruptior* (quæ *majorem* in *Corporibus* plerisque partem facit) etiam *Ecclesiasticorum.* Causam è contra *Ecclesiasticorum* debilitabant non modo *Jurium* suorum *ignorantia,* verum etiam *obligationis* quâ ad *Jura* sibi credita, *Societatis,* cui fuerant præfecti, nomine *asserenda* tenebantur, dum *obligationes* suas è *receptis* potiùs *opinionibus,* quàm è *Primævis Originibus,* metirentur. *Jam* certè contrariam partem etiam *tepeditas* in causâ *Religionis* adjuvat utrorumque, tam *Laicorum,* quàm *Ecclesiasticorum.* *Laicorum* quidem, ne id concederent quod jure merito Ecclesiasticis concedendum esse ipsi etiam convincerentur: *Ecclesiasticorum* autem ne lites in se *molestas* suscipiant, pro *Juribus* etiam propriis *asserendis.* Estque sanè *tepiditas* illa *major* apud *Reformatos* in Reformatione *propugnandâ* quàm in *oppugnandâ* apud *Romanenses.* Sæviunt in Nos *Principes* Pontificis *Romani* partibus addicti. Quòd *nostri* invicem non *sæviant,* non invidemus. Fruantur sane cultu eo *Deo Christoque* minùs grato, eo *Christianitati Primævæ* dissimiliori, quo est *sævitiæ* addictior. Nos, si *Deo* potiùs quàm *homine* nitamur, *gratulabimur* potiùs, & pro *causæ melioris* Argumento habebimus, quòd *feritate* Adversarius simus inferiores. Id po-

Q 2

tiùs

tiùs dolendum exiſtimamus, quòd *Principes*
noſtri ad *defectionem* procliviores ſunt. Fa-
ciuntque pro Adverſariis hujus *Mundi* com-
moda quæ etiam alios ad *defectionem* ſoli-
citent. Nec *zelum* ullum præ ſe ferunt in
deficientium exempla qui nondum Reformationis *profeſſionem* exuerunt. Hæc ſanè docent quàm ſit *Reformatis* fiducia omnis *in-*
certa quæ reponitur in *Principibus.* Nec
eſt propterea, quòd ſibi proinde admodùm
gratulentur *prudentiores* Adverſarii, *Vim*
ſanè illam pro Argumento *Veritatis* habendam nemo ſanus dixerit. Poteſt eadem
in illos *retorqueri* quæ jam *pro* illis militat.
Suntque profectò in *abſolutis* illis Monar-
chiis vices iſtiuſmodi omnium *facillimæ.*
Neminem habent Pontificis *Romani* ſtudi-
oſiorem quàm fuerit olim *Henricus* noſter
VIIIus. Is tamen ipſe *poſtea* eidem fuit
infenſiſſimus. Rex ipſe *Galliæ* noſtrorum
hodie *Perſecutor* acerrimus, non tamen eſt
quòd de illius *firmitate* admodùm fidant ipſi quoque *Romanenſes.* Durus admodùm
fuit in *Epiſcopos* ſuæ quoque *Communionis*
Pietate atque Sanctitate inſigniſſimos dum
Jura ſua *Legibus* conceſſa tuerentur. Durus etiam in ipſum *Pontificem,* levioribus de
cauſis, quàm fuit noſter *Henricus.* Laxior
eſt præterea *Galliæ Papiſmus* quàm Eccleſiarum *reliquarum* partibus *Pontificis* ad-
dictarum.

dictarum. *Pragmaticam Sanctionem* & *Ecclefiæ Gallicanæ Libertates* venditant, quæ *modicam* admodùm *Pontificis* in *Galliâ Potestatem* patiuntui, cum fcilicet à Pontificibus *irritati* ad *minas* veniunt Etiam de *Patriarchâ* fibi conftituendo difputatum, cum metus effet ne pro voto fuo procederet *reconciliatio* Et notiffima funt in hanc fententiam dogmata Facultatis *Sorbonicæ* Regiis ftipendiis hoc ipfo fine nutritæ, ut, fi quando molefti videbuntur, *Pontificibus* opponantui. Illa Controverfia autem omnium graviffima eft, quam habent cum Aulâ *Pontificiâ* de ipfo Controverfiarum *Judice Supremo*. *Pontificii Conciliis* omnibus ipfum anteponunt *Pontificem*, eumque *folum* in *Cathedrâ Infallibilem* ftatuunt, *Concilii* etiam *Generalia* non alitei quàm fi à Pontifice *Romano* approbentui Imo doctrinam contrariam pio *Hærefi* habent, quam tamen tuentui *Galli*, multique è *Germanis*, aliifque qui doctrinam Conciliorum *Senenfis*, *Pifani*, *Conftantienfis* fequuntui, atque *Bafileenfis*. Itaque *Hæretici* invicem fint oportet, qui invicem *damnati* funt à Judice illo quem Pars altera *fupremum* cenfet atque *Infallibilem* Nec vi deo fanè ut poffint invicem, pei *Principia*, communicaie qui funt invicem *Hæretici*, *damnatique Hæreseos*, à fummo Controver-

fiarum *Judice.* *Factio* ergo *una* potiùs,
quàm *Communio*, funt cum *Italis Galli.*
Deeft tantummodò *occafio* quæ *Factionem*
rumpat nullo nexam *Principiorum* coagulo.
Quis autem præftabit quamdiu *Factio* ob-
ftitura fit quo minùs ad *Principia* redea-
tur ? Etiam fub hoc ipfo Principe *Perfe-*
cutore ingratas Pontifici *Propofitiones* tue-
batur *Clerus Gallicanus.* Nec antea *revo-*
cabat quàm idem *Propofitionum* Auctor Princeps revocare *juberet.* Quis inde non intelligat quàm non fit *Juris fui* Clerus ille, etiam in Caufâ *Religionis*, fi ad *Regem*
conferatur, qui de *fuis* adverfus *Pontifices*
Libertatibus adeo gloriatur ? Non poffunt *Propofitiones* ipfæ, pro *Principis* arbitrio, è *veris falfæ* fieri. Et ne quidem
Cleri poterant mutari de *iifdem* Propofiti-
onibus *fententia*, hoc folo *Argumento*, quod
Regi vifum effet effe *revocandas.* Si *falfæ*
illæ fuiffent *Propofitiones*, cui, quæfo, *Pon-*
tificibus opponebantur ? Si *veræ*, cur poftea
revocabantur ? Cui autem, *jubente Rege*, fi
Rex ipfe *Clerum*, cùm de *Religione* ageretur, *Judicem* agnoviffet ? Id certè faciendum erat, fi fidus *Cleri* Amicus effe vellet,
ipfiufque *Religionis.*

Laici ergo nulli funt quibus tutò *credi*
poffint *Ecclefiæ Jura,* fi id vel maximè *li-*
cuiffet. Præcipuè verò *illa* quæ, fi malè
adminiftrentur, magno *Ecclefiæ damno* con-
ftitura fint. Et fanè *talia* funt de quibus
jam monemus. *Ecclefiæ* bona *Spiritualia*
omnia *Deus* non *Sectæ Chriftianæ,* fed *Cor-*
pori illius *Politico,* conjunxit, non fcilicet
Fidei Chriftianorum, fed *Societati.* *Bapti-*
zamur in unum Corpus, 1 Col. xii. 13. Et
panis Euchariftici *fractio participatio Cor-*
poris Domini eft. *Quoniam unus panis unum*
Corpus multi fumus, omnes qui de uno pane
participamus, 1 Cor x 16, 17. *Corpus* autem *Domini Ecclefia* eft. *Col.* 1. 24. 1 *Cor.* xii.
27. Sunt item *Sacramenta* illa hujus *Cor-*
poris Politici *vincula.* Illud ergo fi *folva-*
tur, unà etiam Chriftianitatis beneficia omnia perire neceffe eft. Nullum erit jam
ampliùs *Corpus Chrifti* cui *uniamur in terris,*
quodque per unionem cum *fe* participes
nos faciat *Ecclefi Cæleftis & Archetypæ,* &
Jurium quoque *Cæleftis* Ecclefiæ *Cæleftium.*
Unio nulla eft cum *Ecclefiâ* Invifibili nifi
per *Vifibilem;* nec cum *Episcopo* Invifibili
Deo ejufque *Chrifto* nifi per *Episcopum* Vifibilem, & quidem illum *legitimè* vocatum.
Nec enim *alterius* Episcopi Acta *rata* habiturus eft Invifibilis *Episcopus* in *Cælis,*
nec alterius quàm Episcopi. Exigit ergo

52.
Spectat
plane ad
Ecclefiæ
diffolutio-
nem fi hoc
Jus *Epif-*
copos Offi-
cio *Spiri-*
tuali ex-
uendi
Principi-
bus conce-
datur.

à nobis omnibus *Salutis* cujufque propriæ
ratio ut pro hoc *Corpore* enixis viribus de-
certemus   Exigit & *boni Publici* ftudium,
Fidei femel fanctis traditæ, Pietatis atque
Difciplinæ. Harum omnium *tutela* pendet
à *Corpore* Ecclefiæ *Politico*, & ab illius Corporis *Rectoribus*, & ab *obfequio* Rectoribus
debito, fine quo *nihil* poterunt *Ecclefiæ Re-*
ctores. Fidem tuemur dum *Communione* eji-
ciuntur *Hæretici*, dumque Excommunica-
torum *confortium* abominantur omnes qui
Ecclefiæ veræ *Communionem* profitentur. Jam
quoque experimur ac dolemus, quàm nihil
fit in *Fide* tutum ex quo *Epifcopis* parere
defierint quorum *obfequio* Poteftas *Epifcopo-*
rum nititur, quâ (deftituti à brachio Seculari) *Hærefibus* obviarent   Similiter de
Pietate dicendum, methodum tam effica-
cem nullam effe quâ in *perpetuum* ftabilia-
tur, quàm fi dedicerint *Pii* omnes officia
locis magìs *officiifque* debita, quàm *Perfonis* ,
aliifque omnibus Auctores fuerint ut ea ac-
curatiffimè obferventur   Sic enim & ipfi
Humilitatem fuam exercebunt quæ *Pietatis*
omnis potiffima fecuritas eft.   Sic addent
aliis fuis officiis etiam bonum *obedientiæ.*
Sic & faciliorem *Deo* rationem redditur
funt, fi quid fecus, quàm volebant, evenerit, dum *fui* officii *limites* non excefferint,
fed conftitutis à *Deo* Rectoribus debita mu-
nia perfolverint.   Sic *Poteftatem Ecclefiæ*
ad

ad ædificationem augebunt in *moribus,* cen-
furarum metu, reformandis *Majorem* certè, *Deoque* Publici *Regiminis* Auctori, *gra-
tiorem;* quàm fit alioqui quantumvis *piorum privatorum.* Reverentia enim *Perfo-
narum* meritis folvenda, & minùs *latè* patet, & minùs *Confcientiam* coercet, *mori-
turque* tandem cum *Perfonis.* Officia *locis*
debita à *Subditis* omnibus debentur, &
metu *pœnæ præmiorumque* fpe urgentur, ef-
ficiuntque ut penes *Succeffores* fit bona
cœpta promovere, atque ad optatum *finem*
denique perducere. Sic porro participes
fient *Pii* bonorum omnium quæ adjuti à
Piorum privatorum officiis præftabunt boni
fidelefque Ecclefiarum *Rectores* Sic *Deum*
ipfum *Chriftumque* propiores magifque propitios habebunt, quos in Vifibilibus vene-
rantur *Epifcopis.* Sic demum revivifcet
hactenus neglecta *difciplina* cum conftabit,
pro merito, *pœnarum* Ecclefiafticarum *ter-
ror, præmiorumque defiderium* Tot illa *animarum,* ac tanta lucra, *Piis* omnibus ac-
cendendis fufficient ut *Rectorum* Ecclefiafticorum *Auctoritatem* junctis viribus affe-
rant atque promoveant, *Magiftratibus* utcunque reclamantibus. Ne quidem vera
Magiftratuum Jura, pro *Ecclefiæ* Primævæ
Principiis exemplifque violaturis. Sed *Corporis* Chriftiani *Politici Unitatem* diffolvet,
fi *Jus* Magiftratui afferatur, ut *Jura Epi-*
fcopalia

scopalia donet auferatve; ut subditorum *Conscientias* ab *officiis* quæ *Episcopis* debebantur, *absolvat.* Sic enim nullum habebimus Ecclesiæ *Corpus* cùm videbitur *Magistratus*, si nec *Rectores* habebimus, nec *officia* illis, *Conscientiâ* saltem *Deoque* obligante, solvere tenebimur Ita certè sentiebant *Principum* Patroni, cum illorum *Jura* usurpabant *Pontifices Romani.* Cum *deponendi* Principes, subditosque à susceptis Juramentis *absolvendi*, Potestatem sibi vendicarent, ne quidem sibi sufficere ad sui tutelam Corpora *secularia*, si quando à Pontificibus dissentirent. Vertant ergo vicissim Tabulas, expendantque, quo pacto sibi prospicere possit *Ecclesia* in Magistratum *persequentem*, si *Jura* illa *Magistratibus* asserántur. Nolint ergo *aliena* illa *sibi* vendicare quæ cum è *suis* ab *alio* eriperentur, *iniquè* secum agi credebant, & se *necessariâ* Corporibus suis *Potestate* spoliari. Id certè facient si *Judices* in re *alienâ* æqui esse velint, si quod *sibi* fieri non volebant, id *alteri* non facient. Sic etiam peribit Communio Ecclesiæ *Universæ*, si quando videbitur *singularum* Regionum *Magistratibus* Communione illa interdicere. Magis autem adhuc in rei *Christianæ* perniciem cedet, si quæ *Jura* Episcoporum *propria* agnoscimus, ea nihilominus *Magistratuum* metu minisque coacti prodamus.

Sic

Sic enim fcientes volentefque metum *Magiftratuum Dei Chriftique* metui antepone-
mus. Si autem ita vivere affueverimus,
quem, quæfo, locum poterit habere *Religio*, dum quem alium *majorem*, quàm *Religionis*, metum agnofcimus ? Hoc enim
certè nemo poteft qui Religionem *Chrifti-
anam* vel *veram* effe crediderit.

Optandum quidem erat (quod foret, fi
concederetur, æquiffimum) ut qui *Religioni* fe immifcere volunt Principes, darent
operam ut res *Sacras* haberent exploratas.
Eft enim certè iniquiffimum, hoc uno nomine *miferos* effe *privatos*, quòd aliter fen-
tiant de rebus, quarum funt Principibus
longe *peritiores*. Ita fibi quoque optimè
confulerent, ne fe *Piaculo* innecterent ; ne
irritarent in fe numen *oppreforibus* infenfum, patronum autem indigna *patientium*.
Debet Rex *Galliæ* Communionem illam,
quam tuetur, *Pontificiam* inftitutioni *patriæ*,
cui *nos* contrariam debemus. Hanc ipfe
rationem infirmam effe fateatur oportet.
Majus eft quod fequitur. Debet *rebellioni*
etiam factionis *Guifianæ* Religionis obtentu munitæ. Si *Primævæ Ecclefiæ*, fi noftræ
Britannicæ, exemplo fidem fervâffent *Romanenfes* alienæ Communionis Principi, cui
tamen *Jus* erat fucceffionis *legitimæ:* Avus
certè *Patrem*, Pater *Ipfum*, in Reformatorum

53.
Ne qui-
dem com-
modis fuis
inferviunt
Principes
vim Reli-
gioni infe-
rentes.

rum *Communione* educâffet, nec habeient
Adverfarii, quem venditant, *Patronum*
Debet ergo *Communionem* Rex Magnus
rationi, quæ Principibus cara effe non de-
buit, quòd fcilicet fueiit *Communio* illa,
quàm *noftra*, in Principes *infidelior* Utcunque tamen, fi *iationem* placidè accipeie
vellent, ne quidem propriis *commodis* inferviunt Principes vim *Sacris* affeientes, vel
Subditorum, multò autem minùs, *fuis*. A
fide datâ, & *Jurisjuiandi* Religione, pendet omne illud, fiquid habeant Piincipes,
in hoc Mundo *firmum*. Qui autem *fubditos* coegerint ad fallendam, quam *Deo* ipfi dedeiant, *fidem* · quâ, quæfo, *fronte* ex-
pectabunt ut fides *fibi ipfis* data *fanctior* habeatur ? Fidei *obligandæ* iatio eft ut a *Deo*
ipfo fidei violandæ *metus* incutiatui, cum
nullus metus eft à *Principe* Tum demum
enim utile *Jusjurandum* eft, cùm *Dei metu*
continentur quo minùs id faciant, quod,
fi facerent *fubditi*, impune fueiint latuii
ab ipfo Piincipe. *Metum* eigo fupponit à
Deo majorem quam à Piincipe. Et quidem pro ipfis *Jurantium* opinionibus. *Perfecutio* contra fecit ut à Principe majoi fit
metus quàm à *Deo*. Planè eigo *fecurita-
tem* illam tollit quæ tum præcipue expe-
ctatur cùm Principi vis nulla adeft quæ
fufficiat ad *fidem* fui metu *exigendam*. Qui
enim *Deum* toties contemnit quoties à Principe

cipe jubetur, Is majorem Principis, quàm
Dei, metum fateatur, oportet. Itaque,
cum Principem *metuere* defierit, quæ demum poteft, apud illum, *sancta* effe fides?
Qui porro cultûs *proprii* Juramenta Obli-
gationefque negligit, cur, quæfo, illi credatur in Juramentis cultu *alieno* fancitis,
quem ipfe *falsum ingratumque Deo* exifti-
mat? Mirum eft profecto fiquid *præfidii*
in illis ponat *Juramentis* Princeps alioqui
prudentiffimus, vel in illâ alienæ *Communionis* extortâ *professione.* *Animarum* autem
zelum nullum obtendere poterit, quibus
ne *veræ* quidem *fidei* profeffio ad *salutem*
proderit fi non ex *animo* vera credatur.
Si *crederetur*, ne quidem *opus* effet ad pro-
feffionem extorquendam *violentiâ.* Tam
longè abeft ut ad *bonum* animarum faciat hæc procedendi *methodus*, ut contrà
potiùs ad *Religionis* omnis contemptum fa-
ctura fit. Nihil enim poteft *unus* Princeps obtendere quo minùs liceat *aliis* exemplum illius imitari. Imo *irritat* potiùs
ut *inviti* etiam *imitarentur.* Hoc fi fieret,
quo demum fieret Communionis *Pontificiæ* lucro? Hoc fi *proficeret* ad cultum
Pontificium in *Galliâ* promovendum, ad
abolendum proficeret in Reformatorum Principum *ditionibus.* Succedat deinde Principi *Pontificio* Princeps *Reformatus.* Ifque
fimi-

fimiliter *adigat* in verba fua fubditos. Poffunt & *varia* diverfarum Communionum
in eâdem Succeffione effe *vices.* Si omnes itidem facient, fiet denique ut, dum
omnia, pro Principis arbitrio, fe credere
profitentur fubditi, nihil fit tamen quod
reverâ credant, & ex animo, nec ulla poffit
deinceps effe cujufcunque demum *Juris-
jurandi* firma *fides.* Sic nocet Principibus
fi vim inferant *Subditorum* de Religione
Confcientiis. Vel enim Religionis abnega-
tæ etiam *honorem* exuent. Atque ita nihil retinebunt quo poffit *fides* obligata
fanciri. Vel læfæ Confcientiæ dolore *infenfos* animos habebunt in doloris *Auctores,*
occafionibufque quámprimum captandis in-
vigilabunt, ut læfam quoque Confcientiam
in illos *ulcifcantur.* Ita maximùm imminebit Reipublicæ periculum, fiquis vicinus
Princeps illorum *Patronus* Bellum intulé-
rit, & in *mediam patriam* penetraverit.
Præfertim fi qui faveant *fucceffus* ut tutò
audeant quod moliuntur. Gravius autem
nocebit fiquis Princeps *vi* fretus *externâ*
fua etiam, quæ colit *ipfe,* Sacra violaverit.
Deum Sacrorum *vindicem,* propriâ etiam
Confcientiâ tefte, metuat neceffe eft. Et
contemptor Numinis *ipfe* faciet ut & *alii*
fimiliter, illius exemplo, *contemptores* fint.
Hanc enim *fufpicionem* fovent *Athei,* Poli-
ticorum

ticorum *artibus* accenfendam effe *Religionem*, quo Populum deceptum Numinis *metu*, in officio contineant. Idque fanè firmari videbitur, fi ita illam à Principibus tractari obfervaverint, quafi non ejus *veritatem*, fed qualemcunque *terrorem*, in pretio haberent. Huc autem certè faciet, fi *priores* ipfi humanarum virium fiduciâ freti *Deum* ultorem *fpreverint*, quem quantâvis fiduciâ contemni nolint à *Subditis.* Huc faciet fi *Judicia* de Religione à *foris* Religionis *peritioribus*, iectiúfque de illius *veritate* pronunciaturis, ad *fe* attraxerint. Sic enim videbuntur *ufum* Religionis, magìs quàm *veritatem*, ob oculos habere. Huc faciet incerta illa *Propofitionum* earundem nunc *probatio*, nunc *damnatio*, pro nutu Principis, non autem E*pifcoporum.* Huc item, fi *nobiliori*, quàm fit *fua*, à *Deo* Poteftate donatos E*pifcopos* aufi fuerint *exauctorare.* *Fides* data firmiffimum eft *coronarum* omnium munimentum. *Fidei* autem *datæ fecuritas* nulla eft, præterquam *Religionis.* Hac ergo fe *fecuritate* exuunt Principes qui *Religionem* ipfam violaverint.

Faxit

54.
Bono fie-
ret *Refor-*
mationis
publico, si
Episcopi
cum *Pri-*
mævis il-
lorum *Ju-*
ribus re
staurentur

Faxit Deus ut hic *Secularium* prospectus *Pios* omnes tam *Reformatos*, quàm veros Primævæ Antiquitatis cultores, etiam *Pontificios*, ad Religionis veræ *tutelam* convertat Mentem à *Seculo* ad *Cœlum*, *fiduciam* autem à Principibus ad *Invisibilem* in Cœlis *Episcopum* transferamus. *Pietatis* studium omnes excolamus viribus in commune collatis. Hoc sanè necessarium est, tot ubique grassantibus communis omnibus *Christianæ Religionis* hostibus, *Atheis*, *Theistis*, & cultûs *Revelati* oppugnatoribus. Efficiet hæc *zelum* pro Bono Ecclesiæ *Publico* Extinguet *metum* Persecutionum in bonâ causâ ferendarum. Simulque *cautos* faciet, ne quid habeant quod meritò calumnientur Adversarii. Tum & illud expendamus quàm sint ad *Pietatis præmia* necessaria *officia* omnia quæ *Corpori* debemus Ecclesiæ *Politico*. Præmia enim constat non ad Pietatis *meritum* (quale nullum apud *Deum* agnoscitur) sed ad *Pactum* cum *Deo* initum referenda esse. Hoc autem *Pactum* cum *Christo* ejusque Corpore Ecclesiâ esse *Visibili*, cujus nisi *membra* simus, nihil profutura ipsa quoque *Pietatis* officia ad Præmia in *Cœlis*. Quam sit proinde necessarium *Episcopos* in terris agnoscere ut *Christi* gratiam consequamur in *Cœlis*, qui
Invi-

Invifibilis eft *Epifcopus*, Pietatifque veræ
remunerator. Dignentur ergo operam dare,
pro eâ, quam apud fuos tenet quifque,
Auctoritate, veræ Pietatis Antiquitatifque
Patroni *Reformati*, ut cum *nomine Jura*
quoque vetera *Epifcoporum* in fuâ cujufque
patriâ reftaurentur. Sic demum habebunt
collegas cum quibus *Literarum Formatarum*
commercium fervent *aliarum* Ecclefiarum
Epifcopi, penes quos *Jus* erat hujus Commercii, pro exemplo *Primævæ Ecclefiæ.* Nec
fanè video cui, id fi fieret, cum *omnibus,*
faltem *Reformatis* Ecclefiis, *commercium* illud haberi non poffit Nec enim dignos
eo *nomine* puto *Socinianos*, nec qui *Socini-
anis* favent *Arminianos.* In reliquis *Fundamentalia* dogmata nulla video in quibus
difcrepent, quæ quidem *perfpicuè* tradantur
in *Scripturis.* Hæc enim *fola* Fundamentalia appellari poffe, conveniunt faltem *Reformati.* Nec debent *alia* dogmata obftare quo minùs cum Ecclefiis *aliis* Communio fervetur, præterquam *Fundamentalia.*
Hæc enim *fola* ad *depofitum* fpectant, feu
παραθήκην, 1 *Tim.* VI. 20. Nec ob
alia *rumpenda* eft communio *partium* invicem *Ecclefiarum* in quas nulla eft fingularum *Auctoritas.* Interim poterunt *fingulæ,*
pro fuâ quæque *ditione*, & *periculofas*, quæ
fibi videbuntur, Propofitiones, & *fcanda-*

R   *lofas,*

losas, pro captu *Auditorum,* & quæ *tumul-
tus* concitatuiæ sunt minimè necessarios,
prohibere, & quarum *mala* consecutura
majora sint quàm ut à *commodis* compen-
sentur. Harum enim *circumstantiæ,* quæ
ad *locales* spectant *Rectores, majoris* sæpe
sunt, quàm *res* ipsæ, *momenti.* Et in his
quoque *commercii* beneficio, *singularum* Ec-
clesiaium major eiit, etiam in *proprios,* Au-
ctoiitas, dum ab *aliâ* Ecclesiâ *nullâ* in
communionem iecipiantui *singularum* excommunicati sine *proprii* Episcopi *Literis
Formatis,* ne quidem ab *illis* quæ Proposi-
tiones *ipsas* nullâ piopiiâ censurâ damna-
iint. Ad eundem planè modum quo su-
prà diximus, *Primævis Seculis* communi-
câsse invicem *Episcopos* qui *Mœchos* pœnitentes in Communionem *recipiebant,* & qui
eosdem perpetuò *excludendos* esse censebant. Hujus nempe *Primævi dogmatis* beneficio, quòd, in suâ cujusque *ditione,* sententia *Episcopi* pro *Dei* sententiâ *Christi-
que* habenda sit : Nec magìs proinde ab
alio Episcopo *judicanda* quàm *Deus* ipse
ejusque *Christus,* ne pro *Episcopi Episcopo*
se habeie videatui. Sic nihil obstabunt
Communioni *singularum* Ecclesiarum *independentiæ,* nihil *singularum* diversi *mores,*
nihil vel *dogmata* diversa, dummodò non
videbuntur *Fundamentalia,* dum sententias
aliaram

aliarum Ecclefiarum *ratas* habebunt, quas
fanè habebunt, fi nullum *alienæ* Ecclefiæ
fubditum ad propriam *Communionem* rece-
perint fine *proprii* Epifcopi *Literis* Communicatoriis. Quanto funt faciliores hæ
Primæva Communionis *conditiones* quàm
fint illæ quas fibi *invicem* obtrudunt, fine ullâ prorfus Auctoritate, Ecclefiæ *juniores?* Hi fi fierent ad *Concordiam Catholicam* progreffus, maximo, ni fallor, *Reformationis* lucro fierent Tolletur *fcan-
dalum,* quod hactenus obftitiffe dixi quo
minùs jam *progreffus* fecerit pares illis
quos fecit in *initio.* Et ad *illos* lucrandos
faciet quos *unum* illud in *Reformatione* of-
fenderit, quod ea non fuiffet, quam op-
tabant, Reformantium *Auctoritas.* Præfertim, fi ab aliis *Epifcopis* novi fierent
Epifcopi Accedet denique publicis de Reformatione *propagandâ* confiliis fufcipien-
dis par *Auctoritas,* quæ jam *nulla* apud *Reformatos* experimur, *multa* autem apud Reformationis *Adverfarios,* hac certè caufâ
Reformatis *fuperiores.* Obftant iftiufmodi
confiliis *Seculares* quos rerum *terreftrium*
affluentia facilè divertit à curâ *Cæleftium,*
ut rarò cogitent de bono *Animarum* nifi
res eorum *Temporales* hoc ab iis exigere
videantur, qui certè *ordo* indigniffimus eft.
Nec de *Communione* foliciti funt, præfer-

tim ultra propriarum *ditionum* angustias.
Restituti *pristinis* Juribus *Episcopi* Animarum curam a *Christo* sibi creditam agno-
scent quarum *eidem* reddenda sit ratio.   In
hanc ergo curam ut omnium *præcipuum*
incumbent, nec de aliis soliciti erunt nisi
quatenus huc conducere videbuntur, quem
certè ordinem *Deus* ipsæ præcepit.   Juvabunt *Episcopum* in Synodis Diœcesanis *Presbyteri*, in Provincialibus *collegæ*, quarum
usus etiam restaurandus est, & in *Seculares* asserendus.   Juvabunt & *Collegæ* illi cum quibus *Literarum Formatarum* commercium habebunt, quorum *consensum* nemo *unus* poterit præstare *Magistratus*.   Ex-
citet Deus multos SPENEROS qui
communium Doctrinarum *praxim* sedulò
urgebunt, sine *Enthusiasmo*, sine Superiorum *Ecclesiasticorum* contumeliâ, sine
Communionis & fraternæ *Concordiæ* inju-
riâ.   Tales *Pietistas* felicitet, faxitque ut
in eorum sententiam omnes transeamus.
Sic demum fiet ut *vera*, & sine *scandalo*,
reviviscat, & progressus indies majores faciat, REFORMATIO.   Hæc ad
Reformatos.

Jam

Jam ad *alios* illos, quos hujus Controverfiæ *arbitros* appellavimus, convertimur,
nempe *Romanenfes.* Nam & illi quoque
intelligent quàm facilis fit ad *Concordiam*
Catholicam reditus, fi cum *Primævâ Ecclefiâ* convenerint in *Juribus* hifce Epifcoporum fingulorum *priftinis* afferendis.
Sic locum nullum habebit ad hanc *Concordiam* rumpendam Epifcopus *Romanus.*
Nec ad *fidem* fpectabit *fuprematus* ejus in
Ecclefiam Catholicam, nec adeò pro *Hæreticis* habendi illi qui eum non agnoverint.
Manet ergo tantummodo Quæftio de *Schifmate*, fi *Jure* faltem *Humano* Ecclefiaftico
fuprematus ille niteretur. Sed ne quidem
illa manet *illis* qui *Præfcriptione* in *veterum*
Jurium *poffeffione* ftabiliuntur. Nec etiam
illis, qui *Jura vetera* ipfi refumpferunt, de-
ficiente, cui primò Juribus illis *cederetur*,
ratione. Jam enim illis Jus *refumendi* fuiffe probavimus, cum *deficeret* cedendi *ratio*; & *Judices* fuiffe idoneos de *tempore*
quo deficeret. Itaque, quod ad *Regimen*
Ecclefiæ attinet, nihil planè video quòd
obftet quo minùs in *unum* veniant *Collegium* cum Epifcopis *Reformatis* Non certè pro eorum fententiâ qui *Epifcoporum*
Jus *Divinum* afferebant in *Pontificios Athi-
licos.* Nec pro eorum, qui in ipfos *Pon-*

55.
Facient
Primæva
illaEpifco-
porum
Jura ad
*Concordi-
am* cum
modeftio-
ribus Ro-
manenti-
bus.

R 3 *tifices*

tifices Libertates vendicant *Gallicanas*. Prae-
fertim autem eorum qui nullam *Pontificum*
ipforum *conceffionem* pio *ratione* habent,
cur illas fibi liceat vendicaie.   Hoc ceitè
fenferint neceffe eft, qui, vel *invito* Pontifice, *Patriarcham* fibi conftituere licere credebant. Concedant & *aliis* Ecclefiis *Provincialibus* & Nationalibus, fuas viciffim *Libertates*,
quas fanè habent'in pleiifque *Gallicanis* pares.
Nec eiit, quòd hoc factum ab *aliis Ecclefiis* caufentur, quod fe *facturam* mina-
batur Ecclefia *Gallicana*, & *Jure* facturam
defendebat, ni Pacta *Pacis* conciliandæ gra-
tià inite interceffiffent.   Non ceitè, fi ex
animo illa, non autem *Regis* tantummodò
placandi caufâ, defenderit   Sequetur præ-
teiea è dictis, Juie *Ecclefiaftico* natum
Suprematum, eodem *Jure* deponi poffe atque abdicari.   Et quidem ita ut pro *po-
fteris* abdicaretur fi cui tandem *generofo Pontifici* videbitur, è re foie Ecclefiæ *Catholicæ* ut *abdicetur*.   Non me tamen fugit,
alias quoque effe de fide doctrinas quas
obtendunt, quo minùs veniant in idem
Collegium Epifcopi *Romanenfes* cum Epifcopis *Reformatis*. Fateor quidem, fi ad
recentiorum placita, *media* nempe *infimaque
Antiquitatis* fides exigatur. Fateor, fi &
Seculorum *illorum* quoque de Fide *decreta*
habeantui *Infallibilia*. Sed Ecclefiam *Catholicam*

tholicam Nos cum *Archetypâ* eandem fuisse probavimus, quæ eadem etiam esset
Apostolorum. Proinde & Fides *Catholica*
alia habenda non est ab eâ quam prædi-
cârint ipsi, dum in terris versarentur, *A-
postoli*, cum *eâ* autem nihil commune habuisse novam illam *juniorum fidem*, ipsi
quoque faciunt ut suspicemur, cum novas
cuderent *Revelationes*, & nova *Miracula*,
quibus eam Populo commendarent. Minimè sanè *necessaria* si ad fidem spectâsset
Apostolorum eorundem *Miraculis* abunde
confirmatam Ipsi præterea faciunt, ut
suspicemur, etiam *hodierni*, dum sic *evi-
dentiam* novæ fidei à *novâ* Ecclesiæ *declaratione* accessunt, ut, qui *olim* vixerint,
cum nondum illam nupera declarâsset Ecclesia, impune illam, & sine notâ *Hæreseos*,
potuerint etiam negare. Nec sanè pro
veteris fidei novâ tantummodò *declaratione*
haberi possunt cultus *Imaginum* atque *Sanctorum*, quorum nulla apud *Christianos* monumenta sunt indubia in *Primævâ* illâ, quæ
ante *Constantinum* floruit, *Ecclesiâ* Multum præterea detrahet *Romanensium* Aucto-
ritati vel unum illud dogma de *paritate*
omnium *Episcoporum Primævâ*. Vox ipsa
Infallibilitas Scholæ *recentioris* inventum est,
vel *paulò* admodum antiquior. Utcunque
tamen *ratio* nulla est cur sibi *Infallibilita-*
R 4 *tem*

tem vendicent *Romanenſes* niſi quæ probet eadem *eorum* Collegium pro *Eccleſiâ* habendum eſſe *Catholicâ*. Nam *Catholicæ Eccleſiæ ſoli* illam convenire ipſi quoque facilè concedent. Sed verò ſublato *Pontificis Romani* Primatu tanquam *Unitatis* Catholicæ *Principio*, jam nihil habebunt ipſi cur *ſe* pro *Eccleſiâ* venditent *Catholicâ* magis quàm *Græci*. Habent autem *Græci* Eccleſias *Apoſtolicas* longè *plures* quarum conſenſum *Romanenſibus* objiciant. Et tamen Græcos ita longè abeſt ut *Infallibiles* agnoſcant Pontificii ut *errorum* accuſent graviſſimorum. Dent ergo ſe *fallibiles* eſſe. Facilè deinde oſtendemus ſecula *illa* quibus *novæ fidei* decreta ſunt condita, nec *Pietatis* nomine, nec *Peritiæ*, fuiſſe laudanda, ut fidem antiquitùs traditam *intelligerent*, aut fideliter poſteris ipſa *traderent*. Quod ſi *peritioribus* hiſce Seculis *imperitiorum* decreta ſaltem ad *examen* revocare dignarentur, vix erit profectò quin de rebus etiam *iiſdem*, in hâc tantâ *literarum*, & rei quoque *Theologicæ*, luce longè aliter *ipſi* quoque ſenſuri ſint quàm ſenſerint illorum imperiti *majores*. Præſertim ſi *præjudicia* exuerint ab *uſu*, magis quàm *judicio*, contracta. Tam facilem viam ſternent ad *Concordiam Catholicam*, ſi reſtaurentur, etiam apud *Pontificios*, Primæva hæc *Epiſcoporum Jura*. Eo-

Eorundem præterea intererit, si rem *Christianam* strenuè & ex animo promovere velint, ut hæc eadem *Episcoporum* Jura, non modò in *Pontificem* asserant, verum etiam in *Principes* quoque *Seculares.* Idem certè in *Galliâ* patiuntur incommodum quod & in *nostris* quoque passi sumus *Britannus.* Libertatis suæ in *Pontificem* Patronum habent assertoremque *Principem.* Rectè quidem illi, si, ne quidem *ipse* jugum imponeret, quòd, cum ab *aliis* imponitur, idem excutiendum esse censet. Sed *Domini* tantummodò *mutatio* illa est, non autem, ut creditur, *assertio Libertatis. Jugum* certè cum *Libertate* conciliari non potest, à *quocunque* demum imponatur. Si verè *Libertatis* Patronus esse velit, faciat *Episcopis* suis (dum à *Temporalibus* quocunque demum prætextu tractandis abstinebunt) liberrimam in suis viciffim *Spiritualibus* suffragiorum Potestatem. Nolit ipse se *Spiritualibus* immiscere qui adeo sibi *damnosum* esse putat si *se* Ecclesiastici suis *Temporalibus* immisceant Nihil faciat *ipse* quod *Libertati Ecclesiastica* adversum crederet si idem fieret à *Pontifice.* De *Religione* nolit ipse illis sententiam suam *imponere.* Nolit *pœnam ipse* inferre, quòd aliter, quàm ipse, sentiant in rebus ad curam

56
Non prodest *Ecclefiæ* etiam Pontificiæ Principis tutela, si quam tuetur inPontificem, Ecclefiæ Patriæ *libertatem* ipse *violaverit.*

ram

ram suam proprie attinentibus, sed à *Superioribus* tantummodò imponi patiatur *Ecclesiasticis.* Sic demum ipse *credere* videbitur, quam profitetur, *Religioni.* Sic à *Subditis* vicissim impetrabit, ut & *ipsi* quoque credant, ejusque *metu* in *officio* contineantur Alioqui nullum erit *Ecclesiae* lucrum ab istiusmodi *Principis* vel *tutelâ* Si enim Romani Pontificis *Ecclesiasticis Censuris* vis illa opponatur *externa* brachii *secularis,* sic fiet ut *major* agnoscatur *metus* à *Seculari* Magistratu quàm sit illa quo Decreta sanciuntur *Ecclesiastica.* Huic autem *opinioni* si assueverint Ecclesiae *subditi,* jam nihil erit quo ad unam aliquam *Societatem Spiritualem, Communionemque* obligentur, persequente *Magistratu.* Magis item illa nocebit *opinio,* si quam obtinuerit auctoritatem apud ipsos *Ecclesiasticos.* Idque ita verum esse videbitur, si nunquam documenta Censuris *contraria* tueantur nisi cum urgebit *Magistratus,* aut si Magistratûs *jussu* sententiam de *Religione* mutârint. Hoc damnum majus est quam ut à *Patrocinio* ejus temporaneo compensari possit. Aliter certè, siqua *ferenda* esset in *Sacris* usurpatio, magìs illa *decora* fuisset quae ab *Ecclesiasticis* fuisset in *sui ordinis* Ecclesiasticos, quàm à *Secularibus.* Ibi enim saltem *Potestas* aliqua à *Deo* data

obtendi

obtendi potuit à *Deo* confirmanda, quanquam propios *egreffa* limites, quæ *nulla*
poterit in *Sacris* vel *obtendi* ab hominibus *Secularibus.* Et *bono* quidem Ecclefiæ *publico* minùs *obeffet* fiquis *Ecclefiafti-
cus* in *collegas* Imperium exercuiffet nullis
Ecclefiæ Canonibus conceffum. Sic nullum effet exemplum *Sanctimoniæ Sacerdo-
talis* à *Laico* violatæ, quod eo fpectat ut
nullæ deinceps fint fecuræ *Leges,* quod quidem ad *Confcientiam* attinet, nulla *fecura*
hominum *fides,* cum violatur, à quâ reliquorum fecuritas omnis arceffenda eft, ipfa *Religio.* Nihil item in Religione fecurum, exemplo ab illis dato, qui vim omnem *externam* in fuâ habent Poteftate Spectat præterea ad *Numinis Religionifque* contemptum,
fiqui Religionis violatores impune *ferant,* vel
faltem aliquantifper ferre *videantur,* cum
Deus ipfe *Religionem* & *Sacra* in fuum patrocinium reperit Hic enim maximè,
(fiqua demum fit) *Providentiæ* intereffe
putant, ne pœnæ *differantur.* Metum e-
nim minorem futurum, cum *hominum* caufa agitur, fi tardum *Deum,* in *fuâ* quoque
caufâ, *ultorem* experiantur. Non dico hæc
quàm Solide. Sic tamen homines Argumentari folere, jam olim agnovit Auctor
Canonicus *Ecclefiaftis* VIII. 2. *quia non pro-
fertur citò contra malos fententia, abfque ti-
more*

more ullo filii hominum perpetrant mala. Non
eſt quòd dubitemus quin hoc noſtro infe-
lici ſeculo ita Argumentaturi ſint *Impii,*
omnibus in *Religionem* etiam occaſionibus
captandis intenti   Itaque vel *puniet* in *hâc
vitâ,* & quidem *citò,* Deus Sacrorum violatores.   Et ſic metuant neceſſe eſt *Principes* à *Deo,* quam meruerunt, *pœnam.* Vel
differet, aut ad *futuram vitam* reſervabit.
Sic autem longè abeſt ut ſibi gratulentur
impunitatem ad pœnam graviorem dilati.
Amittent tamen vel ita *ſecuritatem,* omnem quam habent à *Religione,* quæ illis
certè *munimentum* eſt tutiſſimum, & mille
exercitibus anteponendum.   Nocent enim
exercitus ſine *fide,* quæ nulla *firma* eſt ſine
Religione   Magìs præterea intereſt Uſur-
patoris *Eccleſiaſtici* ut Religionis *bona* pro-
moveat, cui hæc *præcipua* cura eſt non *alienæ* à Religione curæ *ſubordinata,* Qui rerum præterea Sacrarum *peritior* habendus
eſt eo qui obiter duntaxat proſpicit ſaluti
animarum, præcipuo ſtudio in *alia,* diver-
ſæque admodum *naturæ,* converſo; Cujus
laus maxima in eo ponitur, ſi *rem* Religionis *publicam* effecerit florentiſſimam , Et
qui præterea arctiorem habet *neceſſitudi-
nem* cum *collegis* per univerſum orbem diſ-
perſis, quorum operâ, collatoque in cõm-
mune conſilio, res *Religionis* publica ad-
mini-

miniftranda eft ; Denique qui *Jus* à *Deo* habet *collegas* omnes *obligandi* ut fua Acta *rata* habeant, fi quidem infra limites *proprios* fefe continuiffet, quod nemo poteft præ fe *ferre* Princeps *Secularis.* Meliùs quidem fe res haberent *Chriftiana* fi *Principibus* Chriftianis fua cujufque *anima* charior effet quàm vel *vita,* vel *corona,* Si ex *Animarum* lucro *Animæ* fuæ *præmia* majora à *Deo* reportanda meminiffent quàm è *Regno* fuo utcunque providè fapienterque adminiftrato. Sed non eft quòd miremur *rariores* in Principibus has effe cogitationes quam in *Ecclefiafticis,* quibus hæc præcipua *profeffio* eft.

Sic itaque effudimus in *finus* veftros *querelas* noftras, Arbitri graviffimi. Non eo quidem animo, ut *doloris* noftri participes vos faceremus, quanquam ne quidem illum à *vobis* alienum cenfebit *Chriftiana* veftra *compaffio.* Sed eo potius, ut, exemplo *noftro,* tempeftivè *vobis* confulatis, ne in *fimilem* dolorem ipfi quoque incidatis. Exigit præfectò *tempus* ut, qui zelum habent pro *Chrifto,* cui fe in *Baptifmo* confecraverunt, magnum aliquid pro ejus nomine audeant, ab *uniendis* in *fe,* & *fecum* invicem, *Ecclefias* ; junctifque viribus illas muniant in tribulationes venturas. Ex quo

fluctuare

57.
Officia in *Epifcopos Primæva digna* plane quæ hodiernis etiam *Catechefibus* inferantur.

fluctuare cœpit, dubiufque effe, *Magiftratus,*
difcamus oportet quo pacto *Ecclefias* noftras *Communionemque* inviolatas tueamui,
etiam *fine* Magiftiatu   Huc faciet fi *officia,*
per piædicta *Ecclefiæ Primævæ* dogmata,
Rectoribus Ecclefiafticis debita, *opportune im-*
portune, in *Libris,* in *colloquiis,* in *Concio-*
nibus urgeantui atque inculcentur   .Præ-
cipue veiò ut in *Catechefibus* quædam inferantur huc fpectantia hactenùs neglecta,
maximè apud *Reformatos.*   Sunt enim hæc
officia satìs momentofa, & fatis quoquè latè patentia, ut etiam *Catechefibus* inferantur.
Satis quidem *momentofa,* quòd ab *officiis*
Subditorum pendeat *Poteftas* Rectoium,
& Societatis *univerfæ coagulum,* quod fanè
nullum eft fi fe facilè cujufcunque tandem
ordinis fubditi à *Rectoribus* divelli patian-
tui   Feceiunt hæc *officia* ut graviffimis
Ecclefiæ Primævæ Perfecutionibus *Ecclefia*
tamen *integra* & *illæfa* peimanferit, dum,
præ *Epifcopi Communione,* Magiftratuum
Secularium terrores omnes atque *minas* con-
temnerent omnes ad unum *Chriftiani,* e-
tiam *Laici.*   Eftque fane *Regimen* in *Soci-*
etate & *Communione* res omnium *momen-*
tofiffima.   Quippe fine quo nec *Fidei,* nec
Morum, difciplina ulla *firma* effe poterit.
Itaque fi *Fidei Morumque* Piæcepta digna
habeantur *Catechefibus;* erunt profectò etiam

am *hæc officia* iisdem digniffima. Sed &
illo quoque nomine digna funt hæc officia
Catechefibus, quòd æque *latè* pateant cum
Catechifandis. Nullum enim eft *Ecclefiæ
Membrum* cujufcunque tandem fit *ordinis,*
quod non his *officiis* teneatur quibus *Ecclefiæ* univerfæ *Corpus Politicum* confiftit &
in fuo ftatu confervatur. Imo omnium
fponte hæc *officia* perfolventium *confenfu*
nitatur oportet urgente in *contraria* omnia
Magiftratu. Itaque *rationibus* imbui neceffe eft *fingulos* Ecclefiæ *fubditos* quæ *offi-
ciorum* horum *neglectum damnofiorem* evin-
cant *metu* illo, quicunque demum is fuerit, qui imminebit à *Seculari Magiftratu.*
Convenietque, ut à *teneris* ufque *unguicu-
lis* his *rationibus* atque huic *affenfui,* affu-
everint. Sic erit *firmior conftantiorque* af-
fenfus in die *probationis.* Eja, omnes agite,
junctifque viribus in hæc communia *Ecclefiæ confervandæ* ftudia incumbite Si faciet
quifque quod fuum eft, non erit cur de-
fperemus quin fit *Deus* ipfe quoque affutu-
rus cœptis generofis ad *illius* honorem,
Ecclefiæque bonum, deftinatis.

F I N I S.

E R R A T A.

ERRATA.

PAge 2 Line 23. Lege *Salvus* p. 4 lin. 27 l. *potuit*
p. 9. Marg. l. 'Αρχιερ. in Synedrio. Pag. 12. lin 7.
l etiam, l. 23 24 l *Ratiocinia* P. 13. l 13 del Λόγος,
lin. ult. l. quam. P. 14. lin 3. l arbitrati, lin. 4 l. sonaret,
l. 8. del. &c. P. 16 lin. 6. l cui. l 32. Marg. in Hypoty-
pos. apud Euf Hist. Eccl. P 19 lin. 26. *indignum*, l. *dig-
num.* P. 20. lin. 12 l. *nomen* P. 21 lin 21 l *sibi*, lin.
22. l. cœtus. P. 24 lin 26. l. *Veteris* aut etiam. P. 25.
Marg. l. p. 1031 P 30. lin. 20. l *Cives.* P 32. lin ult
l. *Presbyteris.* P 35. lin 6. l scilicet P. 36 lin 15. l. *ac-
cessoriam.* P. 44 lin 27. l. *Presbyteria* lin 28 l ipsæ
P. 56. lin. 6. l. novæ. P 72. lin. 11. l. obnoxiæ. P. 73. l 11.
l. veniret. P 74. lin. 4. l vidit P. 76. lin. pen. l. *Anen-
cletum.* P. 77. lin. 4. l. vigeretque. P. 82. lin. 12. l. *Chri-
stianarum.* P. 84. lin. 4. post *adfuisse,* l *constat.* p. 99.
lin. 26. l. Κείμενον P 100. lin. 8 l. consulanda, lin. 10.
l. *Ephesini* testimonio. P. 104. lin 25. l *Urbsque.* P 112.
lin. 20. pro *quo* l. *qui.* P 113. lin. 16. l. *Episcopum.* P. 115.
lin. 13. l. Inscriptione Epistolæ. P. 117 lin. 3 l. *constitura.*

6 AP 58

Books

Books *Printed for* R. Smith, *at the* Angel *and* Bible *without* Temple-Barr.

GEorgii Bulli, S T P & Presbyteri Anglicani, Opera Omnia, Quibus duo præcipui Catholicæ fidei Articuli, De S Trinitate & Justificatione, Orthodoxè, perspicuè, ac solidè explanantur, illustrantur, confirmantur, Nunc demum in in unum Volumen collecta, ac multô correctius quàm antè, unà cum generalibus Indicibus edita. Quibus jam accessit Ejusdem Tractatus hactenus ineditus, De Primitiva & Apostolica Traditione Dogmatis de JESU CHRISTI Divinitate. Contra Danielem Zuickerum Ejusque nuperos in Anglia Sectatores, subnexa insuper pluribus Singulorum Librorum Capitibus prolixa quandoque ANNOTATA Joannis Ernesti Grabe, cujus etiam Præfatio huic Volumini est premissa. Fol Pretium 1 l. 10 s.

N. B. This Book is admired by all good and Learned Men. *F. Mabillon* (in his Directions for Studies) Recommends this Especially as an Excellent Work. And this Edition has been deliver'd to the Subscribers, to their General Satisfaction, as to its Correctness and Improvements.   S   *Spicilegi-*

Books Printed for R. Smith.

*Spicilegium S S Patrum ut & Hæreticorum Se-
culi post Christum natum 1, 2, & 3 Quorum
vel integra monimenta, vel Fragmenta, partim ex
aliorum Patrum libris jam impress. collegit, & cum
Codicibus Manuscriptis contulit, partim ex MSS.
nunc primùm edidit ac singula tam Præfatione,
quàm Notis Subjunctis illustrevit Joannes Er-
nestus Grabe.* 2 Vol 8vo Pret 8 s N B The
Third Volume is ready for the Press, and will
be Publish'd with all convenient speed

*Sancti Justini Philosophi & Martyris Apologia
Prima pro Christianis ad Antoninum Pium, cum
Latina Joannis Langi versione, quam plurimis in
locis correctâ ; subjunctis emendationibus & Notis
Roberti ac Henrici Stephanorum, Peronii Billii,
Sylburgii, Scaligeri, Halloixii, Casauboni, Monta-
cutii, Grotii, Salmasii, Valesii, Coterelis, pluribus-
que novis additis , annexis insuper ad calcem An-
notationibus Langi & Kortholti , præmissâ verò
Langi Præfatione , qvê summam hujus Apologiæ
enarravit , Edita à Joanne Ernesto Grabe Vol
1st 8vo. Pret. 3 s. 6 d.*

The Arguments and Reports of Sir *Henry
Pollexfen* Kt Late Lord Chief Justice of the
Court of *Common Pleas*, in some Special Cases
by him Argued during the Time of his Practice
at the Barr. Together with Divers Decrees
in the *High Court of Chancery*, upon Limitati-
ons of Trusts of Terms for Years The whole
Printed from the Author's Original Manuscript,
Revised and Corrected with his own Hand,
and Publish'd with the Allowance and Appro-
bation of the Lord Keeper and all the Judges
N. B.

Books Printed for R. Smith.

N B *Whereas another Author Reports some of these Cases falsly, this sets them right. Fol Price 1 l.*

Sir *Orl Bridgman*'s Conveyances, being Select Precedents of Deeds and Instruments concerning the most Considerable Estates in *England*, Drawn and Approved by that Honourable Person in the time of his Practice To which is added, A Large Table, and every particular Covenant Noted in the Margin to which it referrs, Fol Vol. 2 Price 9 s

Practical Phonography, or, The New Art of Spelling and Writing Words by the Sound thereof; and of Rightly Sounding and Reading Words by the sight thereof, applied to the *English* Tongue By *J. Jones*, M D 4to. price 3 s. 6 d.

The Mysteries of *Opium* Reveal'd, By. Dr *J Jones*, Chancellor of *Landaff*, a Member of the College of Physicians in *London*, and formerly Fellow of *Jesus College* in *Oxford*. Who,

I Gives an Account of the Name, Make, Choice, Effects, &c. of *Opium*

II Proves all former Opinions of its Operation to be meer Chimera's.

III. Demonstrates what its true Cause is, by which he easily and mechanically Explains all (even its most mysterious Effects

IV. Shews its Noxious Principle, and how to separate it, thereby rendering it a safe and noble *Panacea* whereof,

V. He shews the Palliative and Curative Use. 8vo. price 5 s

A Para.

Books Printed for R. Smith.

A Paraphrafe and Annotations upon all St *Paul's* Epiftles. Done by feveral Eminent Men at *Oxford*, Corrected and Improv'd by the late Right Reverend and Learned Bifhop *Fell*. The Third Edition with Additions. 8*vo*. Price 6*s*.

The Theory of Sciences Illuftrated, or the Grounds and Principles of the feven Liberal Arts, *viz* Grammar, Logick, Rhetorick, Mufick, Arithmetick, Geometry, and Aftronomy Accurately Demonftrated and reduced to Practice With Variety of Queftions, Broblems, and Propofitions both Delightful and Profitable By *H. Curfon* Gent 8o Price 5 *s*

The Hiftory of *Charles* the Vth. Emperor and King of *Spain*, the Great Hero of the Houfe of *Auftria*, containing the moft remarkable Occurrences that happen'd in the World for the fpace of 56 Years, all Nations being in a greater or lefs meafure engag'd in the Contefts and Confufions of thofe Times, and giving an Account. 1. How the Houfe of *Auftria* firft came to the Crown of *Spain*, and whence the prefent contefts between the Emperor and King of *France* had their Original. 2 Of the Rebellion of the Commons of *Spain*, and the true Caufe of the Succefs of it. 3 Of the Wars with *France* and taking that King Prifoner. 4. Of the Sacking of *Rome*. 5 Of the Reformation, and Wars which enfued on that Account 6. Of the Affairs of *England*, and Marriage of King *Philip* and *Mary* Queen of *England*. 8. Of the Wars with the *Tvrks*. 9 Of the Taking of *Tunis*, and
other

other Places on the Coaſt of *Africk*, with the unfortunate expedition of *Argiers* 10. Of the Conqueſt of the vaſt Kingdoms of *Peru*, and *Mexico*, in *America* And Laſtly, of the moſt Heroick Action of that Emperots Life, his Voluntary reſigning up all his vaſt Dominions, and retiring to a Monaſtery Written in *Spaniſh* by D. T *Prudencio de Sandoval* Biſhop of *Pamplone* and Hiſtoriographer to King *Philip* III. of *Spain* Made *Engliſh* by Captain *John Stephens.* 8*vo* Price 6 *s.*

Reflections on our Common Failings Done out of *French* by a Perſon of Honour. 1*2o.* Price. 2 *s.*

An Abſtract of the moſt Curious and Excellent Thoughts in *Seigneur de Montaigne*'s Eſſays : Very uſeful for Improving the Mind, and forming the Manners of Men Done into *Engliſh* from the *French* Original. 1*2o.* Price one Shilling and Sixpence

Three Queſtions of Preſent Importance Modeſtly reſolved *viz.* 1. Whether in Juſtice or Reaſon of State, the *Presbyterian* Party ſhould be rejected and depreſs'd, or protected and encouraged. 2 Whether and how far the *Presbyterian* Party may be protected and encouraged, and the Epiſcopal not deſerted nor diſoblig'd ? 3 Whether the Upholding of both Parties by a juſt and equal Accommodation, be not in it ſelf more deſirable and more agreeable to the State of *England*; than the abſolute exacting of the one
Party;

Books Printed for R. Smith.

Party, and the Total Subverfion of the other.
Price 1 s.

A Brief Account of the Unqueftionable Right
of his Majefty the King of *Pruffia*, to the Succeffi-
on of his Grandfather, the Prince *Frederick Henry* of Glorious Memory. Written by his Majefty's Special Command, and now made Publick
by the Permiffion of his Excellency the Baron
S P A N H E I M. Price 1 s.

N. B. In a fhort time will be Publifh'd Propo-
fals for Printing by Subfcription Mr. *Grabe's*
New Edition of the *Septuagint.*

Likewife for a new Edition of his Excellency the Baron *Spanheim's Numifmata* under the
following Title. *viz.*

*Ezechielis Spanhemii Liberi Baronis & Legati Regii
Differtationes de Praftantia & rfu Numifmatum
Antiquorvm.
Editio Tertia ab Auctore recenfita, aucta & praetere
novarum aliquot Differtationum acceffione, novif-
que Numifmatum Iconibus Illuftrata*
ô A⌐ 58

———————————————————

F I N I S.

Lightning Source UK Ltd.
Milton Keynes UK
UKHW022253240720
367142UK00009B/234